名古屋大学グローバルCOEプログラム
ことばに向かう日本の学知

釘貫亨・宮地朝子 編

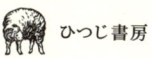
ひつじ書房

序言

　文部科学省は平成19年度から、「21世紀COE」の後継プログラムとして、同じく5年の年限を区切った競争プログラム「グローバルCOE」を開始した。私どもは先のプログラムで「統合テクスト科学の構築」と題する研究計画を構想し、その野心的で、また世界の人文科学が示す趨勢とも合致する統合的、学際的性格を評価されて採択された。そこでは、手段の多様性を越えて人間のコミュニケーションの背後に働く統合的原理を探究することを目指したのであった。その成果は最終報告書『統合テクスト科学の地平』（名古屋大学大学院文学研究科、2007年3月）として公刊された。

　その成果を踏まえグローバルCOEプログラムには「テクスト布置の解釈学的研究と教育」と題する構想を提案した。大学院教育における「教育面」の不足を懸念する文部科学省とプログラム委員会の意向によって、博士課程学生の教育に重きをおいた提案が求められ、私を含む立案に携わったメンバーが苦心の末に策定したのが上記のプロジェクトであった。それまでの5年間のテクスト研究の蓄積を踏まえ、さらに博士論文の作成を課題とする大学院学生の教育を主な狙いとする企画として、テクスト解釈に的を絞ったプロジェクトは極めて適切であるとの確信を持ったからである。文学研究科の学問に共通するのは文字にせよ音声言語にせよすべてテクストであり、その解釈の技法と認識論的な地平に通暁することは、すべての人文学徒が学問的成熟を達成するためのアルファでありオメガである。このような発想に基づいて構築された私どものプロジェクト案は、幸いにしてさらに一段と狭き門となったスクリーニングの関門を通り、12拠点に絞り込まれた採択プロジェクトに入るのに成功した。

　一昨年秋から二度にわたり「事業仕分け」と称する奇怪なパフォーマンスが行なわれ、「グローバルCOE」が俎上に上げられたが、この点については政権の要路にある人たちの見識の水準を露呈しただけであった。米英やフランス、ドイツなどの、私どもが出版した欧文プロシーディングスを介し

て、事情に通じている海外の斯界の専門家に、この政治的パフォーマンスの事情を説明したが、一様にその不見識を批判していたことが想起される。私どものほぼ10年になんなんとするテクスト研究の成果は、地味ではあるものの、欧米の一部の研究者には高い評価を得ているからである。

　「テクスト布置の解釈学的研究と教育」と題するプロジェクトにおいて、「テクスト布置」と「解釈学」が二本の柱である。所与のテクストは、認識論的に唯それだけが孤立して存在するわけではない。他のテクストとの広義の引用関係にあたる間テクスト性、テクストそれ自体への注釈、あるいは解釈としてのメタ・テクスト性、現にあるテクストが成立する過程において生成した前テクストの存在、そしてテクストの帰属ジャンルを表示する題名、章立て、構成などのパラテクスト性など、テクストはこうした布置関係のなかで機能するというのがその本質的な存在様式なのである。私どものプロジェクトでは、この布置構造の解明が一つの柱をなしている。

　第2の柱である「解釈学」が意味しているのは、単にあれこれの解釈の技法ではない。そもそも解釈という知的実践は何を意味しているかという根源的な問いかけなのである。「ヘルメノイテックス Hermeneutics」と名づけられたこの学問は、古代ギリシャ哲学に発し、聖書をどのように解釈するかという教父たちの切実な問いかけと応答の企てを介して、今日の哲学的解釈学へと展開してきた。4世紀の教父ニュッサのグレゴリオスは、旧約聖書の「詩編」を、文法に即して解釈すべきか、あるいは寓意的（アレゴリカル）に解釈すべきかで頭を悩ませた。だが現代の解釈学はハイデガーの存在論的解釈学で大きな転回を遂げ、ハンス＝ゲオルグ・ガダマーは主著『真理と方法』のなかで繰り広げた論理と認識装置によって、それを人文科学における重要な発見的ツールたらしめた。理解の条件としての先入見、全体と部分の解釈学的循環、時間の懸隔の解釈学的価値、作用史の効果等々、解釈実践の現実においてわれわれを知的に刺戟してやまない数々の概念と思索の回路を提示してくれたのである。

　テクスト布置と解釈学的アプローチは、二つの別個な要素ではなく、テクスト布置が解釈学的営為を内側から照らし出し、解釈学的実践がテクスト布置の発見と標定をもたらすような相互浸透的な関係にあると言える。

　このたび釘貫亨氏が組織した名古屋大学グローバルCOE第9回国際研究

集会は、「ことばに向かう日本の学知―テクスト解釈の集積としての学史―」と題し、2010年9月9日から11日にかけての3日間にわたって開かれ、カレル・フィアラ氏の基調講演を含め、総数15の研究成果が披瀝された。報告者としてチェコ共和国、韓国などの海外を初め、沖縄、大阪、福井、名古屋、東京の各地から参加いただいた。報告をいただいた皆さんに心よりお礼を申し上げる。各報告が取り上げた主題は、日本語学を軸として、ソシュールの解釈学的読解、古代・中世日本文学の言語学的考察と多岐にわたっている。「学史」はガダマーの基軸的概念のなかで、かれが作用史(Wirkungsgeschichte)と名づける学説の受容史と最も親和的である。一つのテクストが長い解釈の伝統を具えているとすれば、その時々の認識の「地平」に拘束された解釈学的な成果も残されている。解釈主体は、この解釈史を遡行し、各々の段階の「地平」を見極めることにより、より正確な解釈と理解に到達しうるのである。この研究集会が、わが国における解釈学の発展史のなかで重要な里程標となることを念願する次第である。

開催にあたって釘貫亨教授、宮地朝子准教授を中心とする名古屋大学大学院文学研究科日本語学研究室と、グローバルCOE研究員の皆さんには、研究集会の準備と運営に力を尽くしていただいた。あらためて厚くお礼を申し上げる。

最後に研究集会の記録を、このように立派な形で出版することをご快諾いただいたひつじ書房に衷心からの感謝を申し上げたい。学術出版が益々困難な状況のなかで、採算の覚束ない本書を出版する英断を下された関係者の方々に、深甚なる敬意を表する次第である。

名古屋大学大学院文学研究科特任教授
グローバルCOE責任者　　佐藤彰一

2011年1月

目　次

序言 iii

学史と学説史―序論に代えて―
　　釘貫　亨 1

言語作品の総合モデル化
　　カレル・フィアラ 9

近代日本の文法学成立における be 動詞解釈
　　―記述文法学獲得への道―
　　金　銀珠 27

山田孝雄「喚体句」着想の淵源
　　宮地朝子 49

『手爾葉大概抄』読解―「手尓葉」と「詞」―
　　小柳智一 79

時枝誠記の〈主体的立場〉とソシュールの〈話者の意識〉
　　―〈言語の科学〉と解釈学―
　　松澤和宏 97

消滅の危機に瀕する琉球語文学の研究
　　かりまた　しげひさ 121

漢字文化圏における近代語彙の伝播の一例
　　―『漢城旬報』を中心に―
　　李　漢燮 141

翻訳以前にテキストを考察する方法の実例
　　―謡曲の鸚鵡小町のテキストを踏まえて―
　　ズデンカ・シュヴァルツォヴァー 159

専門知「国語学」の創業―橋本進吉の音韻史―
　釘貫　亨 ……… 173

日本悉曇学と『韻鏡』
　肥爪周二 ……… 193

近世語学"軽重"義
　岡島昭浩 ……… 213

明治期国学と国語学
　山東　功 ……… *1*

万葉仮名の二類の区別はどう理解されたのか
　――"音の区別に基づく"という考えの提起と撤回――
　安田尚道 ……… *25*

近世・近代の漢文訓読と「型」
　齋藤文俊 ……… *49*

辞書の語釈―『言海』の漢語を緒にして―
　今野真二 ……… *69*

あとがき ……… *I*
執筆者紹介 ……… *III*

学史と学説史―序論に代えて―

釘貫 亨

　2010年9月9日(木)から3日間、猛暑の名古屋大学東山キャンパスで「ことばに向かう日本の学知―テクスト解釈の集積としての学史―」と銘打った国際研究集会が催された。これは、名古屋大学グローバルCOEプログラム「テクスト布置の解釈学的研究と教育」の一環として取り組まれたものである。本書は、この研究集会の報告を兼ねた論文集として公刊を企画した主催者と自社からの出版を勧誘されたひつじ書房との共同事業の産物である。書肆のご好意に対し、主催者を代表して厚く御礼申し上げる。

　ところでプログラムの課題にある「解釈学」といえば直ちに想い起こされるのは、19世紀前半のシュライエルマッハーやディルタイのドイツ解釈学であろう[1]。しかし、本プログラムが直接依拠する解釈学は、古典解釈の技法をもとに世界認識の方法としてこれを位置づけた20世紀のマルティン・ハイデガーやハンス・ガダマーらが提唱した哲学体系としての解釈学である[2]。ドイツ形而上学の正統の伝統によれば、世界の存在は自明なものとして与えられておらず、特定の時間と空間に制約された人間は、世界の存在を認識することができない。そこで、世界の存在を前提しないかわりに、絶対的に疑うことのできない思惟主体の純粋経験に立脚しながら経験的世界をさまざまに解釈するのである。

　聖書をはじめとする古典解釈の技法を論理化した解釈学は、もともと歴史的に出現したはずの諸経典や思想書、文芸作品などが古典としての位置を与えられ、時空を超えて人々に感銘を与える根拠を問う学理であった。この営為を世界認識に類推適用すれば、これが哲学者にとって経験表象を「テクスト」とする解釈行為に限りなく近づくことになる。ここに、世界を解釈する解釈学が現象学に隣接する哲学として位置づけられることになった。解釈学

を現象学に隣接させたのがハイデガー、ガダマーの師弟であった。
　ハイデガーの師エトムント・フッサールの唱えた現象学は、日本語学のいくつかの理論に影響を与えている。時枝誠記、有坂秀世は、観察主体の心的過程である純粋経験をそれぞれ「言語」、「音韻」に類推的に適用した[3]。また現象学の水源であるイマヌエル・カント『純粋理性批判』が明らかにした「超越論的統覚」は、後述するように山田孝雄の「文」規定である統覚作用に発想を提供した[4]。ドイツ哲学は、日本語研究の近代化過程に密接に関与したのである。
　グローバルCOEプログラムから筆者に対して、日本語学を中心にした催しを立てるよう命ぜられた時、筆者は学史と学説史を軸にして研究集会を企画することが「テクスト布置の解釈学」を日本語学の側から明らかにするために最も相応しいと考えた。何より日本語に関する知的観察が直接的には院政鎌倉時代に始まる日本文芸テクスト解釈に源を発するからである。
　古今集注釈を柱とする解釈技法を集約した語学的認識が仮名遣いとテニヲハである。これらを技術的支柱とする中世歌学は、王朝歌文の解釈と王朝風歌文の制作を目的としたテクスト解釈学そのものである。古典解釈を目的とした言語観察は、古代以来漢文訓読、音義古辞書の編集、悉曇学、法華経字音学、『韻鏡』注釈などに存し、これらは日本語研究の前史として位置づけられる。中世歌学に始まる日本語研究は、これら先行する言語認識を資源的蓄積としたのである。
　仮名遣いとテニヲハを技術的核心とする日本文芸解釈学は、近世18世紀以後飛躍的発展を遂げた。テニヲハは、中世歌学の秘伝的体質を離脱して富士谷成章の独創的な品詞分類と実証的な助辞研究、本居宣長、本居春庭、鈴木朖ら鈴屋学派を中心にした係り結び、活用論に展開した。仮名遣いは、契沖によって中世以来の文芸の書記規範を超えて古代音声復元の学理として捉えなおされた。その後、喉音三行弁論争を経て本居宣長による極めて信憑性の高い音価推定に到達した。これら近世後期の古典語研究は、テクスト解釈を基本にしながら、徐々に古典古代語の仕組みそのものの再建へと関心が移行した。すなわち古典解釈を目的とした実用語学から古代語解明の学理への移行である。日本語研究は、18世紀以後「学説史」の叙述が可能になる。それは、古典古代語研究の如上の趨勢とともに、この頃から完結した個人の

学説がその論理構成とともに復元できるようになるからである。そのような学説の復元と展開が最も典型的に可能であるのは、契沖から本居宣長、奥村栄実へと連なる仮名遣い論の系統である[5]。

仮名遣い論で描くことのできた学説史は、テニヲハ、活用論などにおいてもおそらくは構想可能であり、今後近世文法学説史の検討が切に望まれる。王朝古典テクストの解釈と王朝風歌文制作という実際的目標から、古典古代語そのものへの関心の移行が18世紀以降の日本語研究の特徴である。日本語研究は、総合的な「学」から論理的骨格が見通せる個別具体的な「学説」へと展開してきた。

また18世紀においては、わが国では新たな言語研究が加わることとなる。西洋の学問が解禁され、医学、自然科学を中心にした蘭学の基礎となる蘭学文典、現代中国語学たる唐話学、さらに幕末には英学、仏学が開始された。同じ時期に『仙台言葉以呂波寄』、『尾張方言』など多数の方言研究や『蝦夷方言藻汐草』などのアイヌ語の研究が始まった。

おおむね以上が江戸時代までの我が国の伝統的言語研究の概要である。平安時代以来、幕末期までの伝統的言語研究の蓄積は、言語学導入以前の明治期前半の日本語研究の近代化の資源となった。

明治維新後の近代国家建設にとって、書記言語と口頭言語の規格化は避けられない課題であった。明治政府は、公文書書式を決定し、それを次世代に教育する要請に迫られた。南西諸藩のしかも下級武士出身者が多く支配者に就いた東京では口頭言語の混沌とした状態が継続したと推測される。彼ら在地武士出身者は、江戸を中心に話されていたLingua Francaたる武家言葉になじみが薄かった。地域差の大きい口頭言語に対して、漢文訓読を基調とした実用的な片仮名交じり文は、近世社会を通じて広く行われており、標準的書記言語として採用されるには適切であった。「普通文」と呼ばれる所以である。普通文の文法を合理的に再編し、それを教育することが政府の言語政策上の課題となった。初等教育における文法教科書と指導書が洋学系と国学系に振幅しながら試みられた。明治前半期における実用目的の規範文法の試みは、国学と洋学の知識が折衷的に統合され、大槻文彦による初めての近代辞書『言海』(1884(明治17)年)と付属文書「語法指南」に結実した。

「語法指南」をはじめ、文部大臣告示『文法上許容スベキ事項』(1905(明

治38)年)、国語調査委員会編『音韻調査報告書』(1905年刊)、『口語法調査報告書』(1906年刊)などの成果には、西洋言語学や音声学の影響は認められない。明治前半期の日本語研究を代表するこれらの実学的成果は、独自の伝統的蓄積だけに依拠して得られたのである。

　これらの成果の上に新しく渡来した言語学の知識を学んで近代科学としての国語学が立ち上がった。明治前半期の実学的日本語研究に対して、明治後半期の言語学と国語学は純粋学理を以て存立根拠とした。帝国大学文科大学博言学科初代教官B.H.チェンバレンに学んだ上田万年はドイツ留学を経て帰国後、1897(明治30)年に開設された帝国大学文科大学国語研究室の初代教官に就任した。国語研究室の創設や上田の「P音考」(1903年)公刊を以て国語学の成立を画期する場合がある。それは、明治前半期の実用目的の日本語研究に対して国語学が史的研究を中心にした純粋学理によって把握されるからであろう。このように国語学の成立を上田に置くことが多いが、実質的には文法論の山田孝雄、松下大三郎、音韻史の橋本進吉が立役者である。

　山田は、大槻による辞書制作のための品詞分類の次の段階として、生きた言語場における伝達が生じうる根拠を問題にした。語とは何か、文とは何かという山田の問いは、規範文法から純粋学理の記述文法への移行を象徴している。しかし、山田は既存の言語学の「文とはひとまとまりの思想の表明である」という類の規定を超えない現状に飽き足らず、思想をひとつの文にまとめ上げる精神作用を説明しようと試みた。母語話者のこの特権的直覚を山田は、カントの哲学からモノの認識の悟性的直観にかかわる「統覚Apperception」の概念を借りた。山田の「統覚作用」は、文の客観的存在証明ではなく母語話者による直観を規定したものであるが、以後の近代文法学における構文論の基礎を構成する概念となった。山田と同時代の文法学者松下大三郎は、部分的に山田から影響を受けつつ文法的諸単位の強固で一貫した形態論的分類基準を提案し、今も強い影響力を維持している。

　上代特殊仮名遣い発見を契機に近代的音韻史研究を立ち上げたのが橋本進吉である。この現象は、すでに本居宣長、石塚龍麿の師弟が見出していたが、橋本は近代の精密な文献学的手法によって事実を詳細に検討し、これが古代の音声の実態を反映するものであることを論証した。橋本の後継者有坂秀世は、この時期新たに導入された音声学phoneticsの知識を駆使して古代

音声を詳細に再建した。橋本と有坂以後の国語学は、歴史的研究、中でも音韻史を中心にして飛躍的に精度を高めた。橋本は、稠密な音韻史研究に新境地を開いたが、観察対象の本質規定に関しては、そこから一歩退く態度を取った。ともするとイデオロギー的水かけ論に陥りがちな本質規定から離れて、目的に至る方法と技術に磨きをかけた橋本の行き方は、戦後国語学の研究者が増加するに伴って絶大な影響を後学に及ぼした。橋本の登場は、19世紀前半のロマン主義的な比較言語学からH. スウィートの音声学とF. de. ソシュールの一般言語学に展開した過程と近似する。彼らは、ともに言語をめぐる本質規定に深入りせず、諸現象に関する技術主義的記述を優先する現代言語学の主要潮流の先駆者である。

　ソシュールと彼の後継者であるプラハ学派に関心を示した橋本と対照的に、有坂は彼の実証的古典音声学を正当化する理論構築に熱心に取り組んだ。彼は、言語学由来の「音素 phoneme」の概念を一度は検討したが、後にこれを放棄し、日本の伝統的な「音韻」および「音韻学」を再理論化する道を選択した[6]。有坂の音韻の定義は、「発音運動の理想、目的観念」とする話者の心的把握を捉えたものである。有坂は、現実の物理的音声が変幻自在定まりなきものであり、ここから共通の要素を取り出そうとする神保格の説を批判し、話者の発音意図を強調する理論を提案した。有坂の発想は、観察者(すなわち話者)主体の心理過程を経た純粋経験としての音韻という考え方であって、これは当時先端的哲学として注目されていた現象学の科学方法論批判の影響を推測させる。フッサール現象学からの影響を公言した時枝誠記は、『国語学原論』において有坂理論を高く評価した。時枝は、自らの「言語過程説」と有坂の「音韻論」との共通性を洞察していた[7]。

　明治後期以後の日本語研究には二つの対照的な傾向があると思う。それは、山田孝雄、時枝誠記、有坂秀世に連なる観察対象の本質論に執着する傾向と松下大三郎、橋本進吉に連なる記述主義的傾向である。前者の系譜に属する研究者は、近世以前の伝統的蓄積を継承しようとする強い自覚を持っており、それゆえ押し寄せる言語学の最新潮流への対抗意識を濃厚に持っていた。

　山田がスウィートやハイゼの文法ではなくカント哲学に自らの正当性を求め、また時枝がソシュールを、有坂がプラハ学派を槍玉に挙げつつ現象学に

拠り所を求めた。言語を研究することとは何かを極限まで問い詰めた彼らの姿勢は、明治後半以後青年学徒の知的活力源であったドイツ教養主義の精神的傾向に一致する。

　教養主義的言語研究と対照的なもう一つの傾向は、本質論から距離を取り、もっぱら現象を記述主義的な説明にとどめようとする専門知というべき潮流である。私見によれば、精密な文献学的手法によって古代音声の実相を浮かび上がらせた橋本進吉の音韻史が専門知創業の画期をなしている。さらに筆者は、形態論に基づく徹底した形式的品詞分類を提案した松下の文法論がこの位置に立つものと推測しているが、これを論証するにはより詳細な検討が必要である。教養主義的日本語研究が観察対象の本質論を発信したのに対して、記述主義的研究は、手堅い方法論を後学に発信して研究水準の向上に貢献した。

　教養主義的日本語研究の流れは、第二次大戦後マルクス主義と合流して単語の定義に特色をもつ教科研文法学派に連なって行く。教科研文法学派は、奥田靖雄を指導者として1950年代に在野の国語教育運動と学校文法批判を主たる動機にして発足した。教科研の単語の定義は、マルクス経済学の商品分析に構想を得たものである[8]。マルクス主義は資本主義社会を変革するための思想体系であり、教科研文法派の登場は、日本語研究が社会問題とどうかかわるのかという青年の問いかけが学説として具現したことを意味する。同派の創業者である奥田、鈴木重幸、松本泰丈、宮島達夫らの第一世代は、学校文法と文献学的国語史研究に沈潜するアカデミズム主流を激しく批難した。しかしその後、戦後生まれの団塊の世代の同派所属やその影響を受けた研究者は、師の世代が行ったようなイデオロギー批判を前面に押し出すことなくアカデミズム内部で活動し、現在に至っている。

　マルクス主義に立脚する教科研文法学派は、今までのところ教養主義的日本語研究の最後の試みである。興味深いのは、教養主義的研究者が専門領域に関連する心理学などの隣接学説は盛んに引用するのに対して、発想の根幹をなす圏外の教養源に関して言及を避ける傾向があることである。山田は、ヴントからの引用はするがカントの名を出さない。時枝は、フッサールの影響を口頭で語ったにすぎない。有坂に就いてはその学説の論理構成と時枝の共鳴からフッサールの影響を推測し得るだけである。教科研文法の単語の定

義におけるマルクスの商品分析の影響は、奥田の初期の論文に見える経済学に類推したソシュール批判から再構成されるのであり、同派の論文にマルクス主義的言説は随処に表れるが単語の定義の発想を提供した『経済学批判』や『資本論』の商品分析への言及は見出されない。

　これらの事実は、日本の教養主義的学術に共通するある韜晦的傾向を示している。彼らが隣接諸学からの専門的知識を大いに開放する一方で発想源への言及を避ける傾向にあるのは、類推によって立ち上げた自説の思弁的性格を隠す意図があったと見るのが自然である。独創的な学者なら誰でも観察対象からじかに一般的原理を導き出したと強調したがるだろう。自説の根幹を啓発した直観と類推の存在は、明かさないまま伏せておきたいのが研究者の人情であり、その啓発を明らかにしたいと思うのが学史家の願望である。

　日本近代の主要言語学説の奥行きのある評価のためには、表面上言及されない思想哲学など歴史的背景を炙り出すこともまた大切な仕事である。そのためには、解釈学の方法が有効である。テクスト解釈の集積たる学史を解明し、併せて我々自ら解釈学を実践するという、学と学説史の重層構造が日本語学史の主要構成であると筆者は考える。

　本論文集は、古代中世以来の学史と18世紀から近現代にいたるまでの学説史を覆っている点に特徴がある。本書に登場する執筆者の方々は、学史と学説史に関する如上の筆者の考えに必ずしも賛同しないであろうが、テクスト注釈の在り方と学説の検討をそれぞれの最先端の現場で最高度に実践していることは疑いを入れない。読者におかれては、本書によって日本語学史と学説史の新鋭の成果を十分に堪能して頂けるものと確信する。

　　　　　　　　　　　　　　　　　　　　　　2010年歳末の名古屋にて

注
1　Wilhelm Christian Ludwig Dilthey (1900) *Die Entstehung der Hermeneutik*
2　Martin Heidegger (1927) *Sein unt Zeit*（桑木務訳 (1960)『存在と時間』(岩波文庫)）
3　時枝誠記 (1941)『国語学原論』岩波書店

有坂秀世(1940)『音韻論』三省堂
4　釘貫亨(2007)「山田文法における「統覚作用」の概念の由来について」『國學院雑誌』108(11)、國學院大学
5　釘貫亨(2007)『近世仮名遣い論の研究』名古屋大学出版会
6　釘貫亨(1996)『古代日本語の形態変化』第1章「有坂秀世『音韻論』の成立」第4節「Phoneme について」和泉書院
7　釘貫亨(2010)「時枝誠記「言語過程説」と有坂秀世「音韻論」をつなぐ現象学の系譜」田島毓堂編『日本語学最前線』和泉書院
8　釘貫亨(2010)「近代日本語研究と教養主義の系譜」斎藤倫明・大木一夫編『山田文法の現代的意義』ひつじ書房

言語作品の総合モデル化

カレル・フィアラ

［概要］

プラハ言語学派の観点に立つと、記号体系の仕組みを重層構造として捉えることができる。言語研究の対象領域を徹底して説明するために、言語作品（各種のテクスト、談話や他の新メディアの表現形式）の中の多層的整合性・規則性を示す必要がある。発言者・執筆者は発言あるいは文章の内容を多層的に構造化し、表現の形式を内容に合わせてプロファイルする。さらに、作品の一部あるいは全部を本来の文脈、談話場面あるいは談話関与者配置の設定から外し、新しい枠付けを作る。古典の文学作品は数多くの文脈再構成、対話者の再配置、モチーヴの再編成などの痕跡を残している。本稿では、各時代を代表する作品—『古事記』、『万葉集』、『源氏物語』、『平家物語』—のサンプルを分析し、被検テクストの再編成暦の復元を試みる。

1　はじめに

　言語学は20世紀の構造主義の影響を受けて複数の研究分野に発展してきた。たとえば具体的な言語データを研究する分野、抽象的な文法モデルの分野、コミュニケーション・プロセスの究明を目指す分野などが挙げられる。
　この流れの中で、プラハ言語学派は言語を複合の階層システムと見なし、各言語思潮の融合を目指してきた。

2　プラハ言語学派の特徴と言語システムの階層性

　1926年に創設されたプラハ言語学サークルは、初めての国際的な言語学共同研究班であった。
　チェコスロヴァキアの言語学者 V. Mathesius、B. Trnka、J. Mukařovský、J.

Vachek、B. Havránek、V. Skalička、M. Weingart などは F. de Saussure の構造主義論を展開し、『プラハ言語学派のテーゼ』の中でいわゆる機能構造主義のプログラムをまとめた。またロシア出身の R. Jakobson、S. Kartsevsky や N. S. Trubetzkoy などがこの言語学サークルに加わり、A. Belič や A. Martinet も協力した。

プラハ言語学派の対象領域は、音素弁別特徴の理論から記号論、初期の談話論、情報論、社会言語学論などの多岐にわたって展開してきた。

本稿では、言語システムの総合分析を試みる。あらゆる言語活動の所産である「言語作品」のうちで、特に日本の古代・中世の言語作品の特性についてジャンル論の観点も取り入れて検討した。

自然言語は、B. de Courtenay と F. de Saussure 以来、一般に記号システムとして意識されてきた。ただここで S. Kartsevsky は、言語は記号システムとしては非対称的であると述べている。また記号の「形態」(signifiant) は生成文法論のような形式を踏まえる規則によって生成されるが、記号の「内容」(signifié) は変容性に富み、その完全な構造化は難しい。

80年代になると、B. Palek[1] や Z. Starý[2] はこの記号システムの問題を取り上げ、S. Kartsevsky の理論を受けて、signifié の「過剰な」構造化に反論した。B. Palek、L. Hřebíček などのテクスト分析の方法論では、言語の階層システムを否定している。

一方、F. Daneš[3] は言語に対する三レベル・アプローチを求め、P. Sgall、E. Hajičová[4] などは、60年代から現在まで統辞構造の多層的機能分析 (multi-level functional approach to syntax) をひたすら展開した。またイギリス学派の M. A. K. Halliday や S. M. Lamb なども60年代にこれを受け継いでいる。

チェコのテクスト言語学研究では、階層システムは少なくとも一つの可能な前提であるとしている。

現在、プラハ言語学派の流れを汲むブルノ学派の P. Karlík[5] は distributive morphology に近い理論を提起している。彼によると、言語構造の生成 module は単一であるが、この module の応用は階層システムの各階層において異なっている。私はこれを階層システムの一種の「穏便な修正論」とみなしたい。

一方、N. Chomsky の生成モデルでは、言語単位の徹底した階層性については認めていない[6]。N. Chomsky[7] は、ミニマリスト・プログラムと関連して言語システムについて説明するとき、次のように述べている。

　　言語はインターフェイス条件への「最適な」解答である、つまり知覚・運動系と繋がる音素のインターフェイスと、意味と繋がる概念・意図系のインターフェイス双方の条件への最適な解答である。

加藤泰彦[8] のまとめによると、N. Chomsky のミニマリスト・プログラムは「いわばすべての理論的アプローチにおいて追及可能な基本的問題の認知の設定と高水準の理論的妥当性の追及をさす」ものである。

これを論拠とするならば、生成文法論の枠には、認知言語学派が主張してきた不備に加え、自然言語の徹底した階層システムの前提を認めないという不備もあろう。

生成文法論のアプローチを改善して展開させた R. Jackendoff や、認知言語学のアプローチを徹底して追及する R. W. Langacker、G. Lakoff、M. Johnson、J. R. Taylor、A. Feldman（特に 2006）[9] なども言語システム全体の階層性は採用していない。

テクストの内容を表すのに、言語構造の各レベルにおいて有限集合のユニットからの選択が行われ、個々のレベル間に交渉、いわゆる trading off が成り立っている。この trading off は J. Greenberg[10] の類型論の枠でも強く意識される。

本稿では、言語記号の形態に関しても、またその内容に関してもそれぞれの階層システムを認めることが必要であると考えたい。

構造主義的な階層システムの応用は、あらゆるポスト構造主義分析 (suprasegmental analysis) の否定できない前提である。伝統的な「語学」(traditional philology、国語学など)、比較言語学、機能言語学、生成文法論や認知言語学の成果は互いに補いあっている。

また言語記号の形式の階層性にともない、言語記号の内容の階層性をも重視しなければならない。形式的な階層システムでは音声、音素、拍、音節、形態素、語彙、成分、文、談話（テクスト）などを区別する。

一方、内容の階層システムでは、メタファー性の度合いを反映する階層システムを認めなければならない。
　A. Feldman の考え方によると、言語表現の一つの解釈は基本解釈であり、それ以外の解釈はメタファーである。ただし、S. Narayan が勧めるように、「一次比喩」、「二次比喩」などを区別することができる。この考え方は R. W. Langacker あるいは R. Jackendoff の分析とはかなり異なり、示唆的である。
　表現の比喩的使用に関しては、性質の異なる複数の比喩化サイクルを個別的に規定する必要がある。
　「心のメカニズム」は「知覚・記憶・連想」などに支えられ、外部世界との相関作用に基づくイメージ・スキーマによって表現される。たとえばいわゆる「容器のスキーマ」、「前後のスキーマ」、「部分・全体のスキーマ」などがある。
　K. Fiala[11] では「全体、部分」などの関係を線形化要素として扱ったが、認知言語学ではこれらの問題を統一してスキーマとして扱うことができる。スキーマの枠はさらにプロトタイプ形成とメタファー拡張によって実現される。
　「プラハ言語学派のテーゼ」の構想は、F. De Saussure が提起した共時対通時の二者択一のような絶対的な対立を超え、より細かな階層的細分化にいたった。
　現在、たとえば R. Kocourek[12] はこのようなシステムの多断層性を継承し、「言語システム周辺」の不完全性、曖昧さや変容性を取り上げ、「システム周辺」の「半径図」を中心域、中間域、さらに外部世界と接する領域に分けている。
　言語システムの中心部では、共時的な捉え方が一般であり、周辺部では通時的な捉え方が一般である。中心部に含まれた古い言語形式は周辺部ではまだ残っていることがあるが、周辺部のあたりから将来システムの中心部に入るかも知れないような新しい言語形式が誕生する。
　W. Labov[13] も、言語パラメーターの通時的変化がシステムの周辺部から中心部に向けて進むが、中心部に完全に浸透してから、システムは初めて安定してくる、と考えている。

3 テクストの生成と言語作品の生成

70年代と80年代のヨーロッパでは、主に生成文法論の拡張として構想された「テクスト文法論」が流行した。しかし、言語作品は、生成文法論に基づく文法だけでは生成することはできない。

言語作品は全体としてユニークであり、単純に成分に分解できる、あるいは絶対的に階層化できるものではない。複数の言語作品間の関係は脱文脈化と再文脈化によってのみ構築される（以下の第4節参照）。

言語の使用者は言語作品を作るとき、まず本主題を選択し、次にその詳細な拡張を行う。つまりテクストを生成することと作品を生成することは全く異なる作業である。

市川孝、林四郎、長田久男等が提起したように、その際の主題の拡張は、累加・追加・後置などのような形で行われる。

具体的な語彙化を進める前に、主題の選択とその展開にともない、言語の使用者は節のパターンとセンテンスのパターンを選択しなければならない。

節とセンテンスのパターンを選択するプロセスでは、「最短節」と「最短文」[14]という単位の形成が重要な役割を果たす。「最短節」は「（接続語＋）（1個の拡張成分＋）述語」からなっているが、このプロセスでは、丸括弧で囲まれた「接続語」の成分をも、また拡張成分をも省略することができる。「最短節」は、二つ以上の拡張成分を持たないということになる。

節はこのような「最短節」から構成され、「複節」の形成度は節間の有縁性のクラスター化と、節間の結合度合いのムードの選択によって決定される。

センテンスのパターンを選択するとき、「最短文」という単位の認定が有利である。

筆者が80年代の研究で示したように、「最短文」は最小の、具体的なテクストの1センテンスとして自立可能な単位である。

重文や非制限的従属節を含む複文をより小さな節に分割しても、談話と文章の内容はほとんど変わらない。ただ制限的従属節は、最短文として独立することにはなりえず、また制限的従属節を独立させても、自然な流れにはならない。

文の切り方の度合いは有縁性に基づくクラスター化によって規定される。またテクストにおける情報の並び方は順序付けの要素[15]によって決定されている。

順序付けの要素には、外部世界における時間関係・因果関係の方向性と、心理的スキャニングに基づく方向性がある。これらの要素には優先順があり、テクストにおける実際の情報の並び方と節・センテンスのパターンは最優先の要素によって選択される[16]。

4 言語作品における脱文脈化と再文脈化

4.1 脱文脈化と再文脈化の概念

言語システムにはもう一つの重要な側面はいわゆる「脱文脈化」(decontextualization)[17]と「再文脈化」(recontextualization)[18]の問題である。

脱分脈化と再文脈化は同時に行われているが、再文脈化の回数が多いほど、脱部脈化が徹底するとみることができる。

F. Daneš、J. Vachek などの考え方によると、通時的パースペクティヴを持つ現象の社会的パラダイムや広義のコンテクストの問題はすべて、言語システムの中心部内のみではなく、周辺部内でも解消されている。

メイナード S. K.[19] はテクストと談話構成の関係を分析し、コンテクストについて次のように述べる。

> コンテクストとは、単に外部の状況によってコントロールされ、規定されるものではなく、コミュニケーションの参加者が創造的に操作する流動的なもので…ある。

この指摘は、「対話の現場」のコンテクストだけではなく、話題の世界を幅広く再解釈する通時的パースペクティヴと、文芸・口承・レトリックなどの技法にも及ぶ。

再文脈化とは、言語の使用者が言語作品あるいはその文章の一部を他の状況、他の場面、他の時間帯に移し、あるいは他の言語使用者の「口」と「文具」に表現させる仕組みである。特に民族文化などでは、このような「脱文

脈化」と「再文脈化」の仕組みは幅広く使用されている。

プラハ言語学派では、R. Jakobson や V. Mathesius などのテクスト間の研究(intertextuality)もこの問題に関わっている。具体的な文脈から完全に外されたものとしてはまず成句、つまりいわゆるイディオムと諺を挙げることができる。如何なる自然言語でも、節より小さな成句が数多く用いられる。

たとえば R. Jackendoff によると、フランスの国営テレビでは、参加者がある手がかりに基づいて所定の成句を当てるというクイズ番組がある。自然言語では成句の数が夥しいので、この番組の放送は数十年間も途絶えることなく続いている。

上古日本語でも成句の数は夥しかったに違いない。たとえば『古事記』、『日本書記』や『風土記』では、スサノヲが「ヌナトモユラニ」天照から授かった玉を鳴らす擬声表現のように口承に基づいた表現や、「元気定まりし時」のように、漢籍の知識に頼った表現が数多く残されている。

4.2　再文脈化における「対話者の枠」の役割

次に「対話者の枠」の再構成について述べたい。

「対話者の枠」といえば、具体的な送り手、つまり話し手、著者などと、具体的な受け手、つまり聞き手、読者などがいて、送り手は受け手に情報を伝える。具体的な人物の視点が不特定される際にも、範疇関連の情報が残されることがある[20]。

「記紀」では書簡とその構成に関わる言及があるが、古代の史料として引用される文書・書簡の信頼性は一般的に低い。

ドイツ、チェコなどでは、古代の年代記(たとえばチェコの 11 世紀の『コスマス年代記』[21])の著者が自作した、いいかえれば「偽造した」書簡や公式文書が搭載されている。

日本の中世文学、たとえば『平家物語』等の異本では、延暦寺が平家・源氏と交わした書簡として設定された文章が含まれている。しかし、これらの異本は明らかに、「でたらめな」引用文を含んでいる。

一方、低階層の人物が著した書簡の場合、政治的な狙いのある操作の確率は下がってくる。一例としては、正倉院で保蔵されるカナ文書を挙げることができる[22]。

ただし、これらの文書は、他の言語作品の引用文あるいは定式の話型をほとんど含まず、再文脈化研究の対象にはなりにくい。

4.3 古代・中世の日本語における言語作品の再文脈化
祈りや呪術の再文脈化

具体的な「対話者の枠」では、具体的な送り手が具体的な受け手に語りかけている。

祈りも本来、具体的な個人の具体的な、「生きた」祈りであり、その内容は定着していないことがある。沖縄の定式の祈りの中でも、自由に変動する文章部分が残されている。

桜井徳太郎[23]が示したように、たとえば沖縄では戦後もシャーマンの巫女が井戸の神に祈るとき、最新の時事に触れ、祈りの中に「地方ニュース」を取り入れることがある。

さらに、「送り手―受け手」という「対話者の枠」から完全に外れたものもある。その一例として定式の祈りや呪術を挙げることができる。

具体的な手紙に関しては、特定の人物Aが特定の人物Bに送るが、定式の祈りは、不特定の人物Xが不特定の人物Yに送るものである。こうした「祈り」が定式化されることによって、祈る主体は不特定になり、また祈りの受け手である神も不特定になることがある。

神道・仏教・道教などが混合してきた九州のシャマニズムでは、死んだ人をアラボトケとして扱う呪術があり、その言葉も形式も定着している。

従来の神道とは対照的に、死人に宛てた儀式としては「口づけ」、「死口」、「死に開き」などを挙げることができる。またいわゆる「隠れキリシタン」の口付けも、すでに「隠れ」の要素も、従来の「キリシタン」（つまりキリスト教）の要素もほとんど失っている。

これらの例では、定式の祈りの受け手であった「死人」までも不特定になり、儀式そのものの従来の意義は転じている。

言語システムにおける文法化の現象だけではなく、儀式の定式化、再文脈化、対話者の不特定化や抽象化も常に進み続けている。

言語作品の総合モデル化 17

歌の再文脈化

　祈りとは異なり、歌(歌謡)は「対話者の枠」から完全にはみ出て、送り手も受け手も不特定になるという傾向がある。

　上記の歌とは本来、声に出して歌われたものであるが、記紀に搭載される歌謡の多くは再文脈化され、その従来の形式や意義だけではなく、その成立の状況からもすでに遠く離れている。

　形が定着していない歌のほうが古いと思われる。「八雲立つ出雲八重垣」の歌は現存する最古の「再文脈化された」和歌であろう。「八雲立つ出雲八重垣」の歌の出現は、上田正昭[24]が示すように、『古事記』と『日本書紀』に共通するが、それぞれのヴァージョン間に興味深いニュアンスがある。

　歌は本来ある国の受領家の神社、あるいはある地方の連の屋敷についての歌である、また新築の家の「柿落とし」として成立したと見なされることがある。また武田祐吉[25]はこの歌を「菅の神社」の建立と結びつける。いずれにしても、この和歌は明らかに再文脈化されたものであり、現存の文脈で成立したものではない。

　書き記された最古の和歌は、西暦640年頃の木簡の「春草の始め」の歌である。その次に記された古い和歌は、この約30年後、670年頃の成立の歌、難波の［ながらのとよさきみや］の南西部から出土した木管の歌であろう。木管成立当時は、両首は新しく成立した歌であった。

　「八雲立つ出雲八重垣」の和歌の成立当時は分からないが、「古事記」ではすでに再文脈化されていることが自明である。それに対し、「春草の始め」の歌は『万葉集』で、長柄豊碕宮の歌は『古今集』の序で始めて再文脈化されているので、やはり「八雲八重垣」の歌の再文脈化は他の最文脈化された和歌より早い。

　次に『万葉集』の歌配列について脱文脈化・再文脈化の立場から考察したい。

　多くの歌は度成立当時の「対話者の枠」から外され、『万葉集』の配列原理に合わされて、再文脈化されている。『万葉集』では、主題によるテーマの並び方と編年軸によるテーマの並び方が並存するが、通常主題による並び方が優先される。

　また、従来一つの巻に含まれた内容は数巻に分割されたようである。その

一例は、K. フィアラ[26]で言及する巻十一・十二の「寄物沈思」歌の二配列（2619～2668 と 2964～3017 番の並行性[27]）である。

両配列では、主題による配列原理に加え、同じ語彙、同じ音節・同じ音素の出現の連鎖が観察される。

この現象の従来の背景は明瞭ではないが、同じ語彙、同じ音節あるいは同じ音素を含む歌は同一配列にまとめられた後、さらに複数の並行する歌配列に分配されたようである。その際、これらの歌を複数の巻に配置し、個々の巻の間に不釣合いが生じないために、類似する音的構造を持つ歌を巻十一と巻十二間に規則的に分配したようである。

和歌の本質は「再文脈化」と「本歌取り」に支えられている。特に、この規模の切り継ぎによる詩歌の再配列は注目に値する。

また歌集の構成を示す標識として選ばれた歌もある。『万葉集』はある成立段階では十六巻であったことが推定される。巻十六の巻末に、雑歌の怕物歌三首（ものに恐るる歌三首　3887～3889 番）[28]があり、これらの歌はそれぞれ海の彼方の死の国に言及すると思われる歌（3887 番）、山奥の野原の「もぐり」についての歌（3888 番）、また「雨夜の歌」（3889 番）である。

呪いのような歌の配置によって、当時十六巻であった『万葉集』の終わりが示された。各巻頭に立つめでたい歌とは対照的に、これらの「恐ろしい」歌が万葉集を締めくくっていたようである。

年代記・編年記録などにおける再文脈化の特徴

年代記や編年記録では「対話者の枠」は背景化し、事件の内容や場面・時間の設定の記述が固定化してきた。

4.4　神話の流動性、再編成と再文脈化

福井県春江町で出土した弥生時代の銅鐸[29]に浮き彫りされた画像が移民の説話を表し、表示された神話的なテーマとして一定の「カタリヨミ」あるいは「ウタヨミ」の段階があったことが推定される。この史料から、口頭伝承の長い歴史が窺い知れる。

古代神話に共通するテーマの中に、神々の姿や性質の問題、ジェンダーの問題、また宇宙の成立あるいは「国生み」の問題が託される。

『古事記』では、初代の神々は無性、あるいは性が定まっていない神として登場する。また語りでは、「陰」の特徴を「陽」[30]の特徴より先に、また女性の役割を男性の役割より先に語ることは、おそらく母系制度特有の特徴であろう。

「陰」・「陽」の係わり合いから発した世界誕生の思想は、日本特有、あるいは中国特有の思想ではなく、世界の多くの国の状況に類似する考え方である。

陰陽思想の根底はすでにシュメールにあり、ヒッタイトやペルシャ等の印欧語族の諸民族もこの思想を古来継承している。

印欧語族の場合、女性名詞の性の表示が、他の名詞の性の表示より古かったことは、言語的事象の背景から明らかである。

『古事記』や『日本書記』に基づく国生み神話の語りは、イザナミがイザナキに話しかけたことから始まったという「初期設定」を展開している。チェコ民族特有の国家成立の神話の中でも、同様の価値転換のテーマが登場する。

『日本書紀』では、アマテラスとスサノヲの争い、またこれらの二柱の神の誓約（ウケイ）の本質を多様化するヴァージョンが並存する[31]。その内、太陽神を女性と見なす神話や、太陽神がスサノヲよりも優勢であったとみる神話では、明らかに母系制度の思想の名残が強い。

また男子の誕生をウケイの対象とする考え方も父系的であり、より新型のヴァージョンであろう。

母系思想は日本の古代国家の個性を守る思想でもあり、一方、父系思想の枠では、大陸の思想に積極的に迎合する側面もある。

4.5 童話・寓話などの中の脱文脈化

伝説とは異なり、童話・寓話の題材は完全なフィクションになりきっている以上、脱文脈化がさらに進んでいる。

上田正昭 (2003)[32] が示したように、童話や寓話は叙事詩よりはるかに自由な形式を持った。『古事記』の中の白兎の物語や、『日本書紀』で初出する浦島子の物語はこれらの物語のきわめて古い例であろう。

4.6　物語における脱文脈化と再文脈化
『源氏物語』について

　日本文学の流れの中で、『源氏物語』は巨大なフィクションとして受け止められている。従来の日本の物語とは異なり、作品の複雑な構造やその構造中の登場人物の思考・発話行為などの捉え方はきわめてユニークである。

　『源氏物語』の本筋の構成は、階層性・反復性のある入れ子型構造の側面と、作者の視点の移動による、様々な観点や技法の重複という側面のために注目されている。

　言語学者 J. E. Grimes[33] はオーストラリア先住民の言語を観察したとき、特殊な繰り返しを含むテクスト構造に注目し、それを overlay structures、「積み重ねの構造」と名づけた。林四郎も『源氏物語』の中で類似の現象を認めている。また小池清治（2003）[34] は、『源氏物語』の時間の捉え方の中で、時間の「停止」や視点の移動を伴う「語りなおし」を観察している。

　たとえば紅葉賀参詣の御幸は三回それぞれ異なる視点から語られ、光源氏の行動もまず一般に語られており、その後も詳細に語りなおされている。

　つまりはじめに要旨のような、簡単な語りが登場し、次により詳細な描写が展開する。『源氏物語』のような多視点の作品の中で、「対話者の枠」が常に複合化する。

　このような重複を整理するのに、ある文章部分を脱文脈化し、他の文章に持ち込む仕組みの中に特殊なパースペクティヴが持ち込まれている。複数の発話がたくみに絡み合う、あるいはあいまいに融合しあうような設定こそ、『源氏物語』ならではの構成である。

　話法転換の仕組みについては、プラハ言語学派の枠では、言語学者 L. Doležel[35] が勧める直接話法、間接話法、擬似直接話法、擬似間接話法などの階層性や重複の研究がある。

　『源氏物語』の文章に関しても、江戸後期の国学研究者中島広足がいわゆる「移し言葉」の分析を進めている。「移し言葉」による再文脈化の構造は、文章全体における視点の自由移動と対応している。

　また中世の王朝物語の段階になると、「引用」と「話型」[36] の再文脈化のパターンは増強される。この現象も、和歌の中の「本歌取り」を物語のレベルまで拡張し、再文脈化に新しい次元を加える試みである。

『平家物語』について
『平家物語』の成立過程における流動性

　周知のように、『平家物語』の数十種の異本を大きく「読み本」系統と「語り本」系統に分けることができるが、松尾葦江（2008）[37]が示すように、両系統間には二つの特に目立つ虚構が共通であり、またこれはいわゆる『源・平家物語』にも含まれていたと考えたい。一つは、巻一・章段「殿下乗合」の中で重盛の基房摂政への報復命令は清盛の命令として操作されたことで、もう一つは、平家による征夷大将軍の死刑院宣の操作である。

　写本作成のプロセスでは著しい流動が生じている。たとえばある事件の叙述は他の位置に移動する、あるいはこの移動が行われた異本と、この移動が行われなかった異本の文章は合流・融合し、その結果記述の重複が生じる。重複を整理するプロセスでは、改作者は反復する事件を省略する、あるいは他の人物についての事件として語りなおす。

　事件の前景化にともない、時制やアスペクトの助動詞の省略、また背景化にともない、時制やアスペクト助動詞の挿入・増補が行われている。二つ以上の事件間の関連性を強調するために、日付、時刻、場所などにあわせて改作が行われた。また重要視された事件、特に争いや合戦に関わった人物の数が倍増する現象も見られる。

語り物の特徴

　村上学[38]は、作品の成立プロセスを語り物の理論から考察した。現在の『平家物語』読み本の姿が『源・平家物語』と「説教節」などの接触から生まれたとみている。写本作成のプロセスでは、『源・平家物語』はその成立以来史実を伝える作品ではなく、文学的フィクションであった。

　以下で語り物文学の個性をまとめたい。語り物文学では、リズムの規則化および内容・筋の展開法の一定化・パターン化が見られる。

　語り物の文体はほぼ次の特徴を含んでいる。

1) 語り物では、語り手は事件の時間的設定を時制から開放し、聞き手と共通する場を作る。
2) 語り手が事件叙述部類の内容を登場人物の発話・思考の部類に移す傾向

が見られる。
3) 登場人物達の行動、特に言語行動が強調され、憤激、嘆き、笑いなどの表現が増える。
4) 語り手は、様々な場面を感情を込めた美しい言葉で飾るほかに、説話の宗教的な管理を行う。また頻繁に独自の旋律や無意識的な、あるいは意識的な表現の反復が生じる。
5) 語られる事件叙述の順序は入れ替わり、またこれによって、文章の中では、様々な重複やパラフレーズや重複が発生する。
6) 物語の前傾と背景では独特の語彙や文法規則が応用され、前傾の事件は、時制やアスペクトの用法から開放されるという傾向が認められる。
7) W. J. Ong[39]が指摘するように、世界文学では、語りは文字文化との関連性が薄く、常に口承の伝統によって支えられている。

作品の分析

　語り文学の変容性を明らかにするのに、個々の発話類型を区別することが重要である。

　まずカタリの世界(story line)と事件の世界(event line)[40]を区別することが必要である。Event line は、外部世界を記述する階層分析の次元である。筆者の分析では、このパースペクティヴを「事件叙述の部類」と呼んだ。

　これに対し、story line は発話者の思考と姿勢を表している。筆者はこの階層を「評価・解説の部類」と名づけている。

　この部類のさらに外側の階層に当たる部類は、「(話者による)評価の部類」である。

　先述の各部類の成立過程では、明瞭な階層性が成り立っている。事件の語り手による「評価・解説の部類」はより流動しやすく、また事件の語り手による「事件叙述の部類」と「評価・解説の部類」は個々の登場人物の「発話・思考の部類」より流動しやすい。

　作品の構成をモデル化する際の階層性は、統辞構造の階層システムほど明瞭ではないが、確かに存在する。各レベルの操作はたとえば次のように行われている。

　二つの異なっている事件が融合する、あるいは一つを時間的に繰り上げ、

もう一つを時間的に繰り下げる。この処理によって、二つの事件間の関連性を強化する、あるいは逆に弱化することができる。また二つの事件間の因果関係が詳述されたことによって、事件の入れ替えは可能になる。たとえば「殿下乗合」[41]の異本では、報復を命じた登場人物の入れ替え、もとどりを切られた人物の入れ替え、切り落とされた髪を結びつけた人物の入れ替え、また基房摂政の車を御所まで見送った人物の入れ替えを確認することができる。

さらにこの事件を語るとき、資盛が帰宅する際、出発した場所を、「笛の稽古」(「四部合戦状本」)が行われた内野から、「鶉・雲雀」の鷹狩が行われた紫野、蓮台野の設定に「塗り替える」ことができる。

比喩の表現としては、「笛の稽古」は公家固有の「遊び」を表し、また「鷹狩」は武家固有の「遊び」を表す。一方、「殿下乗り合い」の事件では、摂政の車の物見に矢を打ち込むことは、基房への直接攻撃を表すメトニミー表現である。

以上のように、改作者は異本から異本へと改作を重ねているだけではなく、作品の視点をずらしながら、従来の現実の特徴を部分的に失った人物や事件に新しい特徴を加え、新しい仮想的な歴史を作り上げていく。

5　おわりに

言語の構造と言語の階層性は、言語作品に含まれる情報を整理するのに不可欠であり、また様々な問題を解消するのにも役立っている。形態素、語彙や文(発話)はそれぞれ言語作品構成のレベルを反映している。これらの単位は、特定の階層の枠内で記号の条件を満たし、その階層特有の内容をその階層特有の形式と対応させている。

言語作品を構成する階層間に一定の trading off が行われ、作品の階層構造の記述を省略する、あるいは完全に無視することはできない。言語作品そのものはあらゆる相対的な階層性を超え、絶対的な独立性に至っている。

注

1. Palek, B. (ed., 1997) *Sémiotika*. Karolinum. Praha
2. Starý, Z. (1995) *Ve jménu funkce a intervence*. Karolinum. Praha.
3. Daneš, F. (1964) "A Three-Level Approach to Syntax", TLP 1, 1964, 225–240
4. Sgall, P., and Hajičová, E. (1962) *A functional approach to syntax* (with A. Goralčíkov. á, E. Hajičová and L. Nebeský). American Elsevier. N. York. Sgall, P. (1992) *Variation in language: Czech as a challenge to sociolinguistics* (with J. Hronek, A. Stich and J. Horecký). Benjamins. Amsterdam. Sgall, P. (1998) *Topic-focus articulation, tripartite structures, and semantic content* (with E. Hajičová and B. H. Partee), Kluwer. Dordrecht.
5. Karlík, P. (2008) "Moravské pokračování syntaktické koncepce Františka Daneše". In: S. Čmejrková, J. Hoffmannová, E. Havlová (ed.), *Užívání a prožívání jazyka (K 90. narozeninám Františka Daneše)*,. 27–32. Karolinum. 詳しくは (2000) Valence substantiv v modifikované valenční teorii. In *Čeština - univerzália a specifika* 2. 1. vyd. ..Nakladatelství Lidových novin. Praha.
6. たとえば「標準理論」では句構造、変形部門、意味部門、音素部門だけを区別し、それを受け継ぐより新しいヴァージョンではs-構造とd-構造、あるいはLFとPFなどを区別したが、これは常に区別されるレベルの少数化を伴う。変形を応用するプロセスでは、音声、音素、拍、音節、形態素、語彙、成分、文、談話(テクスト)などの徹底した区別はなされていない。プラハ言語学派での、独自の多レベルの生成モデル案については注4参照。
7. Chomsky, N. (1995) *Minimalist Program*. M.I.T. Press. Cambridge, Mass. 日本語訳は外池・大石訳『ミニマリスト・プログラム』による。
8. 山梨正明・有馬道子編(2003)『現代言語学の潮流』勁草書房に所載。
9. Feldman, A. (2006) *From Molecule to Metaphor: A Neural Theory of Language*. Bradford Books. Cambridge.
10. Greenberg, J. (2005) *Genetic Linguistics: Essays on Theory and Method*. Oxford U.P.
11. Fiala, K. (1981) *Koherence a linearita textu v japonštině*. PhD. Diss. Karlova univerzita, Praha.
12. Kocourek, R. (2008) "Periphery of the Linguistic System." A paper read at the conference *"Living with and through the Language. To honor Prof. F. Daneš on his 90 th Birthday."* Czech Academy of Science. Prague.
13. Labov, W. (2002) "Driving Forces in Linguistic Change." (http://www.ling.upenn.edu/~wlabov/Papers/DFLC.htm)
14. Fiala, K. (2009) "Minimal text sequence and periphastic analysis of classical Japanese texts (on a fragment of the *Heike monogatari*)". In: Bahner, Werner; Schildt, Joachim; Viehweger,

Dieter, eds. *Proceedings of the Fourteenth International Congress of Linguists:* Berlin / GDR, August 10-August 15, 1987. Berlin: Akademie-Verlag, 1990. 3v.（xiv, 2818p.）. 1990 v.3, 2058–2064.
15　Fiala, K.（1983）"Linear Aspects of Discourse". In: J. Petöffi, E. Sözer（ed.）*Micro- and Macroconnexity of Texts.* Buske Verlag. Hamburg.
16　注 11 参照。
17　Deane, P. D.（1992）*Grammar in Mind and Brain: Explorations in Cognitive Syntax.* [Mouton. The Hague.
18　Blommaert, J.（2005）*Discourse - a critical introduction.* Cambridge University Press. Cambridge.
19　メイナード S. K.（1993）『談話分析の可能性』くろしお出版。
20　Langacker, R. W.（1987）*Foundations of Cognitive Grammar: Theoretical prerequisites*, p. 65. Stanford U.P.
21　Bláhová, M. and Hrdina, K.（2005）*Kosmova kronika česká.* Praha-Litomyšl.
22　正倉院文書データベース（Somoda）：http://somoda.media.osaka-cu.ac.jp/ 参照。
23　桜井徳太郎（1987）『日本シャマニズムの研究』上下、吉川弘文館。
24　上田正昭（2003）『日本文化の基層研究』学生社。
25　武田祐吉（1956）『記紀歌謡集全講』明治書院。
26　フィアラ，カレル（2000）『日本語の情報構造と統語構造』ひつじ書房。
27　ここで挙げる分析は 1978 年、京都大学国文学大学院で佐竹昭広氏の指導の下で行った。
28　フィアラ K.（2000）『日本語の情報構造と統語構造』、269 ～ 278 頁。
29　弥生時代中期（紀元前 2 世紀〜紀元前後）農耕祭祀に用いられ、戦争のような様子が描かれている。東京国立博物館蔵。
30　鷲見紹陽（2007）『シュメールの天皇家―陰陽歴史論より』明窓出版。
31　三浦佑之（2007）『古事記講義』（文芸春秋文庫）の分析案参照。
32　注 24 参照。
33　Grimes, J. E.（1972）*The Thread of Discourse.* Mouton.
34　「『源氏物語』における四つの時間：進む時間・重複する時間・戻る時間・空白の時間」．『宇都宮大学国際学部研究論集』9 号。
35　Doležel, L.（1960）*O stylu moderní české prózy.* ČSAV.
36　参考文献：高橋亨（1982）『「源氏物語」の対位法』東京大学出版会。中島泰貴（2010）『中世王朝物語の引用と話型』ひつじ書房。
37　松尾葦江（2008）『軍記物語原論』笠間書院。
38　村上学（1992）『平家物語と語り』三弥井書店。また（2000）『語り物文学の表現構造』

風間書房。

39 Ong, W. J. (1988) (Terence Hawkes ed.) *Orality and Literacy: The Technologizing of the Word. New Accents.* Methuen, N. York.（日本語訳：オング、W. J.(1991)『声の文化と文字の文化』藤原書店）
40 Taber, Ch. R. (1966) "The Structure of Sango Narrative". *Hartford Studies in Linguistics* 17 で初めて提起され、Hinds, J. 他の研究で日本語に応用された。
41 フィアラ K. (1991)『言語学からみた平家物語巻一』国際日本文化研究センター、京都。

近代日本の文法学成立における be 動詞解釈
― 記述文法学獲得への道 ―

金　銀珠

[概要]

本稿では幕末、明治期を経て近代日本の文法学が成立するに至る過程で西洋語の be 動詞が日本でどのように解釈され日本の文法学に組み込まれていったのかについて考察する。be 動詞は日本の文法学が記述文法学を形成していく過程の試行錯誤が端的に表れている形式である。近代日本の文法学は、江戸時代の蘭学をはじめとし、近世洋学および伝統的な国学、さらには、近代西洋文法学を資源にして成立しているが、本稿では、江戸後期の蘭学から明治以降、近代日本文法学が成立してくる過渡期の様相に関して歴史的資料を駆使して、その学説史の動態を再現する。

1　はじめに

　本稿では、幕末、明治期を経て近代日本の文法学が成立するまで、日本の学者が西洋語の be 動詞をどのように解釈し、近代日本の文法学の中に組み込んでいったのかについて考察する。

　この時期の be 動詞解釈を論題にするのは、i) be 動詞解釈がその後の日本の文法学に与えた影響の大きさと、ii) be 動詞が「記述文法学」が成立していく過程で、その文法的解釈をめぐる試行錯誤が端的に表れている形式であったという理由による。be 動詞解釈は近代日本の文法学が成立していく中で、現代語文法論に影響を及ぼした「陳述」「統覚」概念と緊密に関係し、形容詞理解と今日の学校文法における連体詞の発生にまで影響を及ぼしていく。be 動詞解釈は形容詞理解と密接に関わりながら展開したので、以下では、形容詞解釈も合わせて見ていくことにする。

2 蘭学、英学における be 動詞

まず、近代文法学が成立する以前の幕末明治期に日本において隆盛した蘭学、英学における be 動詞解釈(以下、be 動詞は西洋語の be 動詞に類似した機能をもつ形式を指す)についてみることにする。

2.1 幕末蘭語学における be 動詞

蘭学は制度的には享保の改革(1716 〜)による蘭学の解禁にはじまるが、蘭語学関係の書物は 18 世紀末から活発化するので、ここでは、概略 18 世紀末から日米和親条約(1854)前後までを見ることにする。18 世紀末頃までの蘭学は医学が主要目的で読む方が中心であり、オランダ語理解の程度は長崎の蘭通詞をはじめとしてさほど高くなかったとされる(杉本 1983)。オランダ語に関する文法的知識は 19 世紀に入ってから徐々に成熟し、文法書も基本的な品詞の説明にとどまっているものが多い。ここで参考にする蘭語学文法書は、中野柳圃の『蘭語九品集』(年代未詳、写本)、馬場佐十郎『訂正蘭語九品集』(1814、写本、静嘉堂文庫所蔵本)、吉雄俊蔵『六格前篇』(1814、稿本、静嘉堂文庫所蔵本)、藤林普山『和蘭語法解』(1815)、大庭雪斎『訳和蘭文語』(1856)である[1]。be 動詞に相当するオランダ語の形式は zijn 動詞である。オランダ語文法書の中で zijn 動詞は、主語の性・数・格・時制・法によって形が変化する不規則変化動詞であり、その変化表が示されることがある(大庭 1856)。しかし、これは比較的詳しい説明になり、zijn 動詞は文法上の特段の注意が払われるというより、次の(1)で見るように「なり」「あり」「てあり」等の多様な訳ができるが、基本的に日本語の「あり」に該当する動詞という理解がなされる程度である。

(1) zijn 動詞の訳(下線引用者)
  a. die stad is groot. 彼街ハ大なり　大きくありの意　　　　(吉雄 1814)
  b. amsterdam is de aanzienlijkste stad van hoolland.
    アムステルダムアル　最モ華美ナル都府ノ　和蘭国
   [「アムステルダム」ハ和蘭国ノ最モ華美ナル都府デアル]
  c. de lelie is wit. [百合が白くある]
    ガ　百合　アル　白ク
  d. het paard 馬ガ is アル loopende 走リテ [馬ガ走リテアル]

(以上、大庭 1856)
e. ik was een geleerd man.　我ハ学者ニテアリキ（中野『蘭語九品集』）

(1a–e) の例で注目したいのは、下線部の be 動詞に逐語訳が施されている点である。例えば、(1c) では de lelie is wit は「百合が白し」ではなく「百合が白くある」と訳されており、(1d) でも het paard is loopende は「馬が走りている」ではなく「馬が走りてある」と zijn 動詞はあくまで「ある」と訳されている。蘭学文献のこのような逐語訳は古くからあった漢文訓読の手法を応用したものであるという（杉本 1983、亀井他編 2007）。be 動詞のこの逐語訳は、後で見るように be 動詞と形容詞理解に影響を及ぼしていく。

2.2　英学における be 動詞

　日本における英学隆盛の時期は日米和親条約 (1854) 以降である。幕府は蘭通詞に英語、フランス語、ロシア語などの習得を命じており、幕府の洋学専門機関は蘭学から洋学に移行した人が大部分で、英学の担い手も蘭学から移行した人たちであった（杉本 1983、亀井他編 2007）。当時の元蘭通詞らの英語理解の程度は細かい意味ははっきりつかめず、大体の文意をとる方式であったが、ペリー来日の際の交渉で活躍した蘭通詞が重大な誤訳問題を起こし、これに困惑した幕府がこなれた意訳よりも逐語訳を尊重する態度をとった（亀井 2007）[2]。これについて、福地源一郎は幕末から明治に至るまでの文体の変化を論じる「明治今日の文章」(1893) の中で次のように述べている。

> 又欧文翻訳の如き、弘化嘉永までは未だ純然たる直訳には非しが米使<ruby>彼理<rt>ペルリ</rt></ruby>が国書を捧げ尋て條約を取結ぶ事に成りてより以来は一字一句を誤りても国家の安危に関係するが故に翻訳の校閲に数人手を累ね遂に原文の儘を少しも更めずして直訳するに…　　　（1893（其二 205 号): 17)

このように、蘭通詞の誤訳問題をきっかけに、幕府によって一字一句をすべて訳す逐語訳が確立した。このような逐語訳は、明治期に入って日本で流布した英学文典の例文の訳にも踏襲されている。日本で流布した英学文典は、『通俗英文典ピネヲ氏著』(1872 東京文泉堂)、『英文典直訳』（源綱紀訳述

1886 京都的場文林堂)、『スウィントン氏英語学新式直訳』(斎藤秀三郎訳 1884 東京十字屋錠太郎、日進堂)、『クワッケンボス氏英文典直訳』(斎藤八郎訳 1887 東京松成堂)等を挙げることができる。この中で、例えば、『通俗英文典ピネヲ氏著』(1872)では、be 動詞が介在する例文を次のように訳している。

（2） be 動詞が介在する例の訳
  a. The boy⊖ is⊜ studying⊖.
    ゼ ボーイ　　イス　　スタヂング
   童男ハ　　アル　　学ンデ
  b. He⊖ is⊜ good⊖.
    ヒー　　イス　　グッド
   彼カ　　アル　　善ク

(2a, b)で各語の上に示されているルビは英語の読み方で、語の右に示されている数字は訳す順番である。(2a)では、The boy is studying が「童男は学んでいる」ではなく「童男は学んである」で、(2b)でも He is good は「彼がよし」ではなく「彼がよくある」で訳され、be 動詞はあくまで「ある」と逐語訳されている。

 英学文典も蘭学文典と同様、be 動詞の説明は文法上の特段の意味があるというより、人称や数によって形が is, are, am のように変化するということを示す程度である。より踏み込んだ指摘は、Sweet (1891–1898: 192) の *A New English Grammar logical and historical* で、he is ready、he is a lawyer のような例を挙げ、ここの be 動詞は特別な具体的意味はなく、主語 he と述語 ready, a lawyer を繋ぐ link verb で、時制等を表す形式であるとするぐらいである。be 動詞解釈と関連して日本で問題だったのは、上記のような逐語訳と絡んだ西洋語の形容詞述語文の扱い方である。He is good の英語の形容詞を上記のように逐語訳すると「彼はよくある」となり、英語形容詞文の形容詞は述語ではなく、動詞「ある」を修飾する副詞で、述語は「ある」ということになってしまう。当時、西洋語の形容詞は名詞を修飾するものという認識が根強く、上記のような逐語訳だと英語形容詞が述語にはならないので、上記の訳は当時の西洋語の形容詞認識とも合致していたものであった（金 2005, 2006 参照）。

3 近代文法と be 動詞

以下では、蘭学と英学における be 動詞理解が、その後の近代文法学にどのように取り入れられたのかについてみることにする。近代文法は大槻文彦、山田孝雄、松下大三郎の三文法を取り上げる。この三文法は代表的な近代文法という点もあるが、be 動詞解釈においても互いに密接に関係している。

3.1 大槻文彦

大槻文彦(1847–1928)は日本最初の国語辞書『言海』(1889–1891)を編纂した人物で、蘭学家系出身で漢学の素養もあった。大槻文法は近代的国語政策の要請に対応して学校での教育を視野に入れて作成された規範文法で、西洋文法と日本の伝統的研究を取り入れた折衷文法論であった。大槻文法は国語辞書『言海』の編纂に際して辞書の各見出し語の中に語別を示す必要性から手身近に文法を説明する、というところから出発しており、品詞論が中心になっている[3]。

大槻文法では、後の be 動詞解釈と形容詞解釈にまで影響を及ぼす次の論が注目される。これは品詞論で日本語形容詞の性質を西洋語形容詞の性質と比較して述べる所である。

> 英語ノ Adjective ハ、大抵名詞ニ冠ラセテ、其形状性質等ヲイフ。<u>我ガ形容詞モ名詞ノ形状性質等ヲイフハ相同じケレドモ、語ノ成立ニ至リテハ、甚ダ相違ナリテ、語尾ニ変化アリ、法アルコト、動詞ノ如クニシテ、且名詞ノ後ニ居テ、文ノ末ヲモ結ベリ</u>。(羅甸、佛、独、等ノ形容詞ニハ、変化アリ、且或ハ、名詞後ニ用キルモアリ、然レドモ共ニ文の末ヲ結ブコト無キガ如シ)サレバ我ガ形容詞ハ Attributive verb トイフベク、直ニ「形容動詞」ト命名セバ、Adjective ノ訳語ノ形容詞ト混ゼズシテ可ナラムトモ考フルナリ。
>
> (下線引用者、大槻 1897 別記: 132 節)

上記の説明の意味するところを要約すると、i)日本語形容詞は「山高し」「山

ぞ高き」のように文を結ぶことが出来るけれども、英語の形容詞は mountain is high のように文の末を結ぶことが出来ない。ii)英語形容詞述語文の文を結ぶ役割は be 動詞が担う、のように示すことができる。文の末を結ぶとは曖昧な説明であるが、文の説明語になることを指すようで(大槻1897: 308参照)[4]、「説明語」とは「花咲く」「志堅し」の下線部のように「其ノ主ノ作用性質ヲ説明スル語」(大槻1897: 252)であるとされる。ここで、英語の形容詞文 mountain is high の例を見ると、形容詞 high は mountain についての属性を説明する叙述用法で用いられている。したがって、文の末を結ぶことが説明する語という意味的な規定であるならば、言語事実として英語の形容詞が叙述用法をもつ以上、大槻の論は容易に理解の出来るものではない。

ならば、大槻はどのようにしてこのような解釈をもつようになったのだろうか。大槻は、西洋語の adjective は「其原語ナル Adjective ハ、「添フルモノ」(名詞ニ)ノ義ナレバ、連体ノ命名ト、正ニ相合ヘリ。」(大槻1897別記: 132節)とし、名詞を修飾する連体法が adjective の本来の意味であるとする。また、形容詞は意味的な訳語であるが、これより古い訳語の「依頼名字」「附属名言」が適したものであるとする。ここから、「初孫」「新妻」のような名詞を修飾する機能しかない接頭辞類が adjective の本来の意味に適したものであるとする(大槻1897別記: 133節)。すなわち、大槻は西洋語形容詞の叙述用法を理解する前に、語源的な意味から adjective を連体修飾をするものと考えていた。

当時日本で流布していた英文典でも、英語の形容詞が名詞を修飾するものであるという説明が多い。例えば Pinneo (1854) *Pinneo's primary grammar of the English language for beginners* (早稲田大学所蔵本)の adjective の規定は「An ADJECTIVE is a word that is used to qualify a noun or pronoun」(1854: 15)というように「名詞への付加」を含むものである。しかし、英文典の説明は英語形容詞の叙述用法を否定するものではない。Pinneo (1854)では上記規定の下で「He is good」のような形容詞が述語になる例も挙げられている。さらに、Swinton (1884) *New language lessons* (早稲田大学所蔵本)では「predicate adjective」という項目で、「Iron is hard」を例に hard が主語名詞を修飾 (modify)するものであるとし(1884: 125)、修飾の意味を広くとって叙述用法の adjective も名詞を修飾するとしている。この場合、「修飾」は形容詞の

名詞修飾と叙述用法の両方の機能を含むものである。このような英文典の規定をみると、大槻の西洋語の形容詞が名詞修飾機能しかないものという理解は少し極端である。

　前記引用文で大槻のいう adjective の古い訳語「依頼名字」「附属名言」という用語は、オランダ語形容詞の訳語として蘭語学文法書で用いられていたものである[5]。大槻は蘭学家系の出身である。大槻の叔父である大槻玄幹は著書『蘭学凡』(1824、写本、早稲田大学所蔵本)でオランダ語形容詞を「接名詞」と訳し、「wit v（白キ何）」のような名詞修飾例を出している。オランダ語形容詞の叙述用法は「接名詞」（形容詞）ではなく「加添詞」（副詞）とし、次のように述べる。

　　接名詞ハ _{白キ 山} *wit berg*. 加添詞ハ_{不転詞 品門}_{第一品ニ出ツ} _{山ハ 白ク アリ}*berg is wit*. ト書スレハ其用法相似テ異ナリ此ニ定級ト名ツクル者ハ加添詞ニ属スル時ノ事ニシテ白クアリト云ヒ定ムル義ナレハ…

つまり、berg is wit を逐語訳すると「山は白くあり」になり、wit は形容詞ではなく動詞 is を修飾する副詞であるというのである。このように解釈すると、文の末を結ぶ語は is であることになる。蘭語学におけるオランダ語形容詞解釈はこのように名詞修飾機能に極端に偏った解釈をするものが多い（馬場 1814、吉雄 1814、藤林 1815、大槻 1824 等）。しかし、berg is wit で wit は副詞ではなく、形容詞が叙述用法に立っているのであり、名詞修飾用法だけがオランダ語形容詞であるとする蘭語学の認識は不完全なものである。オランダ語の形容詞 bijvoeglijk naamwoord（付け加える名詞）はその源をたどると、ラテン語文法の adjectivum「付け加えられたもの」から来ている。オランダ語は自然発生の言語ではなく人工的に作られたものであるが、大槻によるとその文法はラテン語文法に倣ったという（大槻 1897 序論: 16）。大槻は、言語には優劣があって世界の言語の中で「金牌」（金メダル）を上げるとすると、「羅典語・独逸語・仏蘭西語・梵語」がこれに相当し、オランダ語文法もラテン語に倣っているので「甚だ完備せるものなり」と評価している。しかし英語は語法が簡略で世間に流布してはいるが、金牌には及ばないと述べている（大槻 1897 序論: 10–16）。

以上のことより、大槻の西洋語の形容詞理解は当時の英学というより、蘭語学の理解とラテン語文法に由来するadjectiveの「付属」という用語にその源泉があったと考えられる。これを基にadjectiveを名詞修飾という構文機能に対応させ、文の述語になる叙述機能は否定された。この解釈と連動してbe動詞が「文を結ぶもの」という解釈も生まれた。しかし、大槻の解釈は、i)「文の末を結ぶ」という規定が意味的に述語になることか文を終わらせることかが曖昧で、ii) 言語事実として存在する西洋語形容詞の叙述用法をどのように処理するか、という問題を残した。

3.2　山田孝雄

　山田孝雄(1875–1958)は近代日本の文法学の頂点にたつ人物で、人間思想と言語が如何に関係し、どのようにして「句」(単文)ができあがるのかを文法論の中心課題においた。山田文法の句の成立にbe動詞は重要な位置づけをもつものである。山田の「句」とは「一の句は単一の思想をあらはすものなれば、所謂統覚作用の活動の唯一回なるものならざるべからず。」(山田 1908: 1184)と述べているように「統覚作用」が一回行われたものが句であるとされる。統覚作用(陳述の力とも)とは「精神の統一作用」(山田 1908: 162)で、この統覚作用の純粋な言語的現れは次の表1のようにbe動詞、「である」「だ(にてあり)」「なり(にあり)」であるとされる。

表1　統覚作用と言語上の現れ

主位	統覚作用：繋辞 copula	賓位
mountain	is	high.
He	is	a student.
彼	である・だ・なり、(は)[6]	学生

(山田 1908: 496, 1936: 677–678 参照整理)

山田は人間の思考作用の純粋な様式―断定作用―が、断定される主位のものと主位に属する性質である賓位概念の二者があり、これを統覚作用によって意識の統合点として統合する活動であると考えた。山田はこれについて次のように述べている。

断定作用の本質即断定が依て以て断定たりうべき所の、<u>即断定成立の第一要素は主位と賓位とを連結し之を統合して両者を同一又は異別なりと認定するにあり。断定に於けるこの要素は決素 copula と称せらる。</u>この故に決素は両資料が同一視せらるゝか、若くは異別視せらるゝかを定むる要素なり。<u>思考作用の純粋なる要素なり。断定の活動は実にこの決素にあるなり。</u>之を以て之を見れば単一なる断定には、必其資料なる主位及賓位並に資料を統一して断定する決素とこの三者その一をかくべからざるなり。
（下線引用者、山田 1908: 496–497）

このように統覚作用の純粋な言語形式をコピュラの be 動詞としながら、日本語の「あり」についても「花の咲くも<u>あり</u>」のような存在の意味や「花多<u>かる</u>」（多く＋ある）のような属性の存在を述べることがあるけれども、「根底に深く入りて尋ぬれば、実に人間思想の統覚作用をあらはすが本義なるなり。」(山田 1908: 341) とし、「<u>学生なり</u>」「<u>温和なり</u>」のような断定の意味をもつ場合が本来の意味であるとする (山田 1908: 343)。このように山田文法において、コピュラの be 動詞、それを日本語に適用した「あり」は、人間思想の統覚作用を証明する言語上の証拠品であったという点で重要な位置づけをもつものであった。

山田の人間思想とその言語的現れに関する上記の考えの源泉は、言語学であるよりドイツの心理学、論理学であった。山田は統覚作用がドイツの心理学者ヴントの論[7]、be 動詞に関する理解がドイツの論理学から援用したことを述べている (山田 1908: 647–649, 1182–1246)。これは、西洋語の理屈で日本語を説明するのは言語の性質が異なるので好ましくないと批判する彼の主張 (山田 1908 序論: 5) に反する。しかし、山田は「文法の根底にして人間思想の根底より生ぜしものとせば、しかして、人間の思想は根底に於いて、一なるものとせば、吾人は彼等の文典によりて益する処なかるべき理なし。」(山田 1908 序論: 5–6) と述べているように、人間思想は根本的に一つであり、そのことから西洋の論理学と心理学の援用は妥当で、有益であるとみた。山田は文法学の仕事はありのままの言語の「記述」と「事実の叙述」にあると述べているが (山田 1908: 1154–1156)、山田が描く記述文法とは人間思想の普遍性という枠が先行し、その中で言語現象を適用するという手順を

とった。

　しかし、人間思想の純粋な形を反映した表1のような言語図式は、「だ」のような決素コピュラが想定できる名詞述語文はともかく、日本語の「風が吹く」「この花は美しい」のような動詞・形容詞述語文では決素が現れないため、何らかの説明を設けなければならない。これに対し、山田は「吹く」「美しい」は賓位概念と共に、言語化しないけれども、精神作用としての統覚作用（決素）をも同時に有しているものと説明している。この観点にたって、次の(3a, b, c)の西洋語と日本語の名詞・動詞・形容詞述語文の対応関係をみると、形容詞述語文だけが両言語の間に対応関係を見せないことに注目したい。

（3）a.　彼は<u>学生だ</u>。　　　　　He <u>is a student</u>.
　　　b.　風が<u>吹く</u>。　　　　　　wind <u>blows</u>.
　　　c.　この花は<u>美しい</u>。　　　This flower <u>is beautiful</u>.

すなわち、(3a)の名詞述語文は両者共に主位観念「彼、He」と賓位観念「学生、a student」、コピュラ「だ、is」で構成され、(3b)の動詞述語文は主位観念「風、wind」、賓位概念と統覚作用が融合した「吹く、blows」で構成される。しかし、(3c)の形容詞述語文だけは主位観念「この花、this flower」は同じであるが、日本語形容詞「美しい」が賓位概念と統覚作用(陳述の力)が融合しているのに反して、英語形容詞 beautiful は統覚作用(コピュラ is)と分離して現れるのである。これについて、山田は日本語形容詞は「陳述の力」(統覚作用)を自分の中に取り込んでいるが、英語の形容詞は「陳述の力」がないから述語になる際に鎖として be 動詞を必要とするという本質的な違いがあると力説する(山田 1908: 85)。また、これと関連して、日本語形容詞は文を結ぶことができるが、英語の形容詞はできないとした大槻の論に賛同し(山田 1908: 60)、英語形容詞の本質は名詞修飾にあるとみた。英語形容詞は a beautiful flower のように名詞修飾になる時は何かの力を借りなくても形容詞だけで修飾可能であるが、This flower is beautiful のように叙述用法になる時は be 動詞の力(陳述の力)を借りなければならないので、西洋語形容詞の本質は名詞修飾にある、という論理である。山田は adjective の意味

が「その語の成立をいへば「名詞に附加せられたるもの」の義にして形容詞といふよりも陪詞といふが如き意義のもの」(山田 1908: 869) としている。「陪詞」は蘭語学に「陪辞」「陪名詞」のようなよく似た訳語があり、蘭語学用語の影響も考えられる[8]。

これで、大槻において日本語と西洋語の形容詞の決定的な差と説明された「文の末を結ぶ」ことが出来るか否かが統覚作用(陳述の力)の有無という概念で理論化される結果となった。また、論理学上の人間の思考作用における統合作用を言語上の be 動詞解釈に結びつけ、さらにこの解釈が形容詞解釈に結びついていった。

3.3 be 動詞と adjective の統語機能

大槻と山田は be 動詞の機能を文を結ぶもの、文を統合するものとしていた。また、このような be 動詞の機能と連動して、西洋語形容詞の本質的機能は名詞を修飾することにあるとしていた。以下では、近代文法とは別に、言語事実として現れる be 動詞と西洋語形容詞の統語的機能について考えてみることにする。

3.3.1 be 動詞の機能

be 動詞は、i) 文を結ぶ力、統語力のために存在するものではない。Lyons (1968)、Dik (1980)、Wetzer (1996) などでは、「Mary beautiful」(Marry is beautiful)のように、be 動詞がなく、主語名詞と形容詞の二項を並置するだけで文を作ることが言語的に多く見られる現象であることが報告されている。中国語がそうであるし、ロシア語は現在時制では be 動詞に該当するようなものが現れず、過去やムードを表示する場合に現れる。また、英語の場合でも「He makes me happy」における「me」と「happy」の間の結合力は be 動詞の力によるのではなく、文型という構造に委ねられているものである。

be 動詞は、ii) 歴史的にみて文を結ぶためではなく、時制やムードなどを表すために発達したものである。Vendryes (1921)、Benveniste (1966)、Lyons (1968) などによると、印欧語解釈の伝統的な立場において、be 動詞は元来「存在する、ある」を表わすだけの動詞であった。これが名詞・形容詞

述語文のコピュラ動詞へと発展し、(4)のようなテンスやムード、人称といった情報をもり込むことが可能になったとみる。このような be 動詞の統語機能は (4b, c, d) で見るように日本語の形容詞が単独では過去やムードを表すことができず、「強く＋あった」「強く＋あろう」「強く＋あれ」のように動詞「あり」と結合することによって示される現象とパラレルである。

（4）a.　He <u>is</u> strong.　　　　彼は強い。
　　 b.　You <u>were</u> strong.　　君は強かった。　（強くあった）
　　 c.　He will <u>be</u> strong.　　彼は強かろう。　（強くあろう）
　　 d.　<u>Be</u> strong !　　　　　強くあれ。　　　（強くあれ）

日本語「あり」のこのような機能については、大槻文法と山田文法にも言及されている。大槻では形容詞の説明で「過去、未来ノ時ヲモ形作ラズ「善かりき」(善くありき)、「悪しからむ」(悪しくあらむ) ナドニ就キテ、時ヲ説ク者モアレド、ソハ「あり」トイフ動詞ニ就キテの過去、未来、ニテ形容詞ニハ関セズ。」(大槻 1897 別記: 116 節) と述べている。山田も日本語形容詞の本性が「超時間的」な性質にあり、「超時間的」な性質は、時の助動詞、推測、命令等を表わすムードの形式と相容れないものであるとし、「今、若形容詞を以て発動的なるもの時間的なるものゝ如く使用せむには一旦形式用言（あり：引用者注）に熟合せしめたる上ならざるべからず。」(山田 1908: 231) と述べている。

　言語上に現れる「あり」、be 動詞の統語機能は、上記のように英語、日本語両者共に類似している。しかし、大槻と山田文法では be 動詞に関しては、上記のような文法的機能を重視することはなく、「文を結ぶ」「陳述の力」といった意味的、論理学的規定に重きが置かれていた。

3.3.2　adjective の機能

　まず、i) adjective に附属という規定が付きまとうのは、曲用における名詞との形態上の類似を指すのであって、adjective が名詞を修飾するという統語上の規定を指すものではない。adjective という用語は、元来、ラテン語の adjectivum に由来し、付け加えられたものという意味をもっている。ラテン

語では、形容詞は名詞とともに一つの品詞 nomen（名詞）に属し、名詞は nomen substantivum（実体名詞、名詞）と nomen adjectivum（属性名詞、形容詞）とに下位分類される。形容詞が名詞に属するのは、次の (5)(6) で見るように形容詞の性、数、格の語形変化の型が名詞と同形式だったためである。（以下 (5)(6) 例：bonus – よい・いい、filius – 息子、est / sunt – esse（である）の変化形、（片岡 1982 参照））。

(5) a. fili<u>us</u> bon<u>us</u>　　　よい息子が　　　（男性・単数・主格）
　　 b. fili<u>i</u> bon<u>i</u>　　　　よい息子たちが　（男性・複数・主格）
(6) a. fili<u>us</u> bon<u>us</u> est　　息子がよい　　　（男性・単数・主格）
　　 b. fili<u>i</u> bon<u>i</u> sunt　　息子たちがよい　（男性・複数・主格）

(5a, b) は名詞修飾用法で、(6a, b) は be 動詞に相当する esse 動詞とともに述語として機能する用法である。(5a, b) と (6a, b) の形容詞 bonus はそれと関わる名詞 filius と性・数・格を一致させているが、両者の形態上の類似に注目して欲しい。このような形態的な類似から、ラテン語の形容詞は名詞の一種で、実体名詞に付け加えられた (adjectus) という意味で adjectivum と言われる。ここで、この形態的類似は、(5a, b) の名詞修飾用法だけではなく (6a, b) のように叙述用法にもあったことを確認しておきたい。形態的な立場からすると、叙述用法においても主語名詞と性・数・格を一致させ、主語名詞に「付加」されていたのである。

　また通言語的にみると、形容詞クラスをもつ言語は、一般的に「美しい人」a beautiful girl のような名詞修飾機能と、「彼女は美しい」She (is) beautiful のような述語になる機能の両方をもつと言う (Dixon 2009)[9]。世界の言語の中では、形容詞が名詞修飾の機能しかもたず、叙述機能がない言語がある（南インド語、Dagbani 語（北ガーナ）、Yoruba 語（西アフリカ）等）[10]。すなわち、a good boy は言えるが、The boy (is) good は言えない。このような言語では形容詞が述語の中で用いられる場合でも、He (is) a good boy というように名詞修飾の位置に入らなければならない (Dixon 2009: 91–92)。しかし、ii) 英語はそのような言語ではなく、日本語と同様に叙述機能をもつ言語である。その違いは、叙述機能を言語としてコード化する際に、日本語の

形容詞が自動詞述語と同じ位置に入り、英語の形容詞が be 動詞を介在させるという言語の統語的な戦略が異なるだけである (金 2009)。

3.4 松下大三郎

松下大三郎 (1878–1935) は日本最初の口語文法書『遠江文典』(1901) を著した人物である。『遠江文典』が書かれた当時の文法書は古語を対象にしたものが大半であり、松下が方言で、口語文法書を著したことは、当時の観点からは急進的なものであった。松下は記述文法と普遍文法を同時に志向した。松下文法が志向する普遍文法は人間が考える思想に根本法則があるならば、人間思想を反映した言語にも根本法則があるという考えのもとで[11]、品詞分類や文法関係の理論が日本語だけを射程においたのではなく、英語や中国語、口語、古語等に等しく適用可能と考えられた点で、他の文法論と一線を画する。

松下は、当初、山田の「陳述」概念と be 動詞の関係、日本語形容詞と西洋語形容詞の差に関する山田の論を「山田氏の日本文法論を評す」(1908) で高く評価する (金 2005 参照)。すなわち、第 3.2 節でみたように山田は be 動詞が陳述の力を表す形式であると考えた。また、このことから、英語形容詞は This flower is beautiful のように be 動詞がなければ述語になれないから形容詞自体には陳述の力がないとした。一方、日本語形容詞は「この花は美しい」のように「だ」「なり」のような形式がなくても述語になれるので語自体に陳述の力があるという根源的な差があるとした。しかし、当初評価していたこの論は、後の松下の文法論では批判され、破棄される。その理由は一言でいえば、論理学的前提が言語「事実」に合わないということである。松下の考えは、次のようである。

文の述語という統語的役割と関連して松下文法で大事なのは、「叙述性」という概念である。この概念は山田の「陳述」「統覚」概念の影響を受けて成立したものであると考えられるが (金 2005 参照)、山田の概念とは少し中身が異なる。「叙述性」(判定性とも) とは「花が咲いた」「花が美しい」「明日が日曜」の下線部のように、文の述語がもつ「これがこうであるこうでないと判断を下す力」(松下 1930: 27–28) を表す意味的な性質を指す。松下によると、この判断を下す意味的性質は「咲いた」「美しい」、bloom、beautiful のような動詞、形容詞の語類に本来備わっている。また、「日曜」Sunday のような名詞は単独の語では叙述性はないが、「明日が日曜」、(「明日は何曜日？」の答えとしての) Sunday にはあり、名詞も述語として統語的に運用すれば「日曜だ」「日曜なり」のような意味の叙述性をもつことができるとしている (松下 1927: 487–488, 1930: 427)。

ここで、松下が叙述性という判断する力を be 動詞と切り離して認識している所に注目して欲しい。松下が叙述性と be 動詞との関係を切ったのは、i) 日本語形容詞だけでなく、beautiful のような英語形容詞も be 動詞と関係なく、これ自体で叙述性があるとしたこと、ii) 上記日本語と英語の例文で「明日が日曜」Sunday のような名詞述語はこれ自体で叙述性があるとしたことからも明らかである。松下は断定には be 動詞もしくは be 動詞が担うような力が必要だとする論に批判的で、このような考え方は、西洋論理学の誤りから来たものであるとする。松下は次のように述べている。

> **叙述態の理論** □多数の人は云ふであらう。「酒は百薬の長」など云ふのは「長なり」と云ふべき「なり」を省略したものであると。此の考は誤である。「なり」などは原始時代には無かつたに相違ない。(中略) 西洋の論理学には断定には結語が要ると論ずるものと要らないと論ずるものがある。要ると論ずるものは彼等の国語に名詞の叙述態が殆ど存しない為に国語に誤られたのである。「日本は帝国」といふことを西洋では必ず「日本は帝国にある」といふ様に動詞「ある」を結語として用ゐるので「日本」は主語、「帝国」は判定語、「ある」は結語だと云ふのである。又形容動詞の場合でも「此花は美しい」と云ふことを必ず「此の花は美しくある」と云つて「ある」を結語にする。そういふ国語に由つて研究された論理学家が結語を必要と見たのは無理のない誤謬であると云はなければならない。然るに漢文や日本語では「日本は帝国」、「日本者帝国」、「此の花は美しい」、「此花美」と云へるのである。西洋でも動作動詞の場合は「人は死ぬ」と云ふことを「Man dies」といふ様に結語はない。是に由て観れば結語の必ずしも必要でないことは事実である。
>
> (太字・四角表示原文、下線引用者、松下 1927: 484–485)

ここで見るように、松下は「酒は百薬の長」の名詞述語「長」を「長なり」の省略だと考えるのは誤りで、名詞自体が叙述性をもっているし、原始時代には「だ」「なり」のような結語は存在しなかったに違いないとしている。しかし、世間で名詞述語を含めて、述語には結語(コピュラ)のようなものが必要だとするのは、西洋論理学が自国の言語を誤って認識し、それを日本に受け入れたためだとする。すなわち、西洋の言語は Japan is an empire、This flower is beautiful のように名詞・形容詞が述語になる場合には結語のbe 動詞が必要であるが、それを西洋の論理学が拡大して、すべての述語には必ず結語が必要だと間違って理解したのだと松下は考えている。西洋論理学が間違っているという根拠は、言語「事実」として結語が現れない構造が実際存在するという理由による。例えば、西洋語の Man dies のような動詞述語文、日本語の「日本は帝国」「この花は美しい」のような名詞・形容詞述語文の例が挙げられている。また、松下は『標準漢文法』(1927)を書くほど中国語に精通しており、中国語では「日本者帝国」(日本は帝国である)の名詞述語、「此花美」(この花は美しい)の形容詞述語が結語がない構造で現れるということを知っていた。
　つまり、松下は、言語事実を先に考えるのであれば、述語に必ず結語や結語がもつような力が必要だとする論理学的前提は否定されると考えたのである。このような論理学への批判は松下(1930)でも「論理学の誤」(1930: 452)と題する所で論じられている。松下のこのような論理学的観点への批判は、事実上、山田への批判に繋がる。前述のように、山田は論理学的前提から断定作用には主位概念と賓位概念、be 動詞、「あり」「だ」「なり」の形式が担当するような陳述の力が必ず必要とし、それを日本語と西洋語の名詞・形容詞・動詞述語文に適用させた。
　松下文法で be 動詞、「あり」の役割は論理学的な結語というより、文法的な役割として時間(時制)を表す形式として説明される。松下は英語の be 動詞について形容詞と関連して、次のように述べている。

　　英語では good, bad の類は常に状態であつて静止的動作の場合は前へ be, am, are, is を附けた連詞的動詞に由つて表はされる。　　(松下 1927: 145)

上記の「状態」とは「時間の形式」を表さないもので、「動作」とは「時間の形式」を表すものである (松下 1928: 250-251)。この引用文は、英語の形容詞そのものは時間の形式を表さず、時間の中に位置づけるには be 動詞を介在させると言っている。日本語の「あり」についても、形容詞の所で「遠し」は「状態」のみを表し、時間の形式を表す「動作」になるためには、「遠かり」(遠く＋あり)「遠かりき」(遠く＋ありき) のように「あり」を介在させるとしている (松下 1928: 78, 252)。be 動詞と「あり」に関するこの認識は両者の統語機能を的確に捉えているものである。第 3.3.1 節で見たように両者とも時制やムード等を表すために発達したものであった。形容詞を中心に整理すれば、松下文法では日本語と英語は同じ説明で、両者共に語自体に叙述性があり、述語になるとき be 動詞、「あり」が介入するのは時間軸に位置づけるためということになる。これは、英語形容詞が陳述の力がなく、本質的には述語になれないとした山田の論に比べると、事実として英語形容詞も This flower is beautiful のように叙述用法に立っているわけだから、これを否定することはどうにも無理が生じることを考えると、より言語現象に忠実な認識であると言える。このように、松下は言語事実に注目し、論理学的前提から脱却したことで、be 動詞と日本語形容詞、英語形容詞に関して記述文法学的説明に近づいた。

　しかし一方で、松下文法の形容詞解釈は少しゆがんだ形で、日本語の連体詞という新しい品詞の成立をもたらした。松下文法では、叙述性をもつ語は「動詞」という品詞にまとめられ、普遍文法の観点から日本語の形容詞も西洋語の形容詞も共に動詞であるとした。動詞の下位分類の中に動作動詞・形容動詞があって、日本語と英語の形容詞は共に形容動詞ということになる (松下 1928: 198-199)。英語の形容詞 This flower is <u>beautiful</u>、He is <u>good</u> のような語が動詞なら、adjective という品詞はどのような語類を指すのか。松下は次のように言っている。

<blockquote>
西洋文典で Adjective と云ふのは附加詞の意であつて「或る人」「その山」の「或る」「其の」などの様な副体詞 Adnoun である。唯属性を表すだけで叙述性の無いものである。その中には冠詞、数詞、指示詞の三種が有る。日本の洋学者は之を形容詞と訳した。他語を形容 (モディ
</blockquote>

ファイ）する詞といふ意で即ち副体詞の意である。今日いふ修飾といふことは当時は一般に形容と云つたのである。形容詞と云つても状態詞の意ではない。それを状態詞の意に用ゐて従来の形状言を形容詞と改めた。Adjective の解釈は西洋でも徹底しなかった。其れは彼等の罪ではなく彼等の国語の罪である。彼等の国語の形容動詞（white, black の類）には終止格が無くて連体格と一致格ばかりである。そうして主語を取らない。故に一見動詞らしくない。副体詞の様である。彼等は之を副体詞だと誤解してしまつた。　　　　　　（下線引用者、松下 1928: 253–254）

松下によると、adjective は元来「附加詞」の意味で、「a / all / this girl」のような名詞を修飾する機能しか持たない冠詞、数詞、指示詞の三種を指し、「This is white」のような叙述用法にも立ち得るものを adjective とするのは、西洋の学者が自国の言語を誤解したためだとしている。これは adjective の語源的意味「付け加える語」を極度に名詞修飾の方に理解した松下の解釈の結果である。しかし、adjective の語源的意味は第 3.3.2 節でみたように、名詞との曲用における形態的類似を指すのであって、名詞修飾という統語的本質を規定するものではなかった。松下の解釈は、英文法本来の考え方と相違したものである。

　松下文法では名詞修飾機能しかもたない「この／this」「或る／a」「あらゆる／all」のような語類が真の adjective とされ、adjective は日本語では「副体詞」（連体詞）と訳された。これで、今日の学校文法に繋がる計 17 の語群が所属するのみの「連体詞」[12] という新しい日本語の品詞が誕生した。

4　おわりに

　幕末、明治期を経て近代文法学の成立に至る過程で、be 動詞解釈は、形容詞、adjective 概念の解釈と連動しながら、山田文法の「統覚作用」「陳述の力」概念と結びつき、現代の学校文法における連体詞という品詞の成立に一助した。この過程には、言語事実を忠実に反映したとは言えない誤解や極端な解釈も介在しており、近代日本の文法学がいかにして記述文法学の獲得に向かって試行錯誤して行ったのか、その様子をリアルに再現している。

大槻文法と山田文法が be 動詞と「あり」、形容詞との関係を言語事実に沿ってありのままに記述し得なかったのは、観察不可能な意味による規定を先行させた、ということが一つの原因として挙げられる。松下文法に至って be 動詞と「あり」について思想的前提から脱却し、言語実態に注目していったのは、言語のありのままの実態を記述することを最善とする今日的価値に立脚すると、記述言語学的進化であったと言える。松下が言語事実により注目できたのは、彼の文法論が言語形式を軸に、形式として現れているものを記述するものであった、という理由が考えられる。形式を先行させる手法は一定の普遍的妥当性をもつ。形式は誰にとっても観察可能であるからだ。しかし、松下の論は現代に受け継がれず、今日でも「形容詞の本質は名詞修飾にある」「日本語の形容詞は陳述の力がある」といったことが言われ、大槻や山田文法の形容詞、adjective、be 動詞解釈が日本語文法辞典類等にそのまま踏襲されている[13]。松下の論が現代に受け継がれたのは、皮肉にも彼が西洋語形容詞の語源的意味を極端に解釈したことによって生じた「連体詞」という品詞である。

このようなことを考えると、現代の日本語文法論もなお、記述文法を獲得していく過程にあると言えるのかも知れない。

注

1 蘭学文典は、杉本(1991)を参考にして選定した。また、本稿の蘭学関係の資料は、大槻玄幹の『蘭学凡』以外、松村明・古田東朔監修(2000)『近世蘭語学資料第4期和蘭文法書集成』(ゆまに書房)影印複製版によった。

2 ペリー来日の際に通訳を担当した蘭通詞出身の森山栄之助と堀達之助の誤訳例。「The ratification shall be exchanged within eighteen months from the date of the signature there of, or sooner if possible.」を「今より後十八箇月を過ぎ取換はせ候事」と訳し、使節が次の年に来航したときに問題化した(亀井2007)。

3 大槻文法を代表する『廣日本文典』は、初めは国語辞書『言海』の本文に入る前に「語法指南」という手短な文法書であったのを後に贈訂して出版したものである。大槻は『言海』(1889–1891)の「本書編纂ノ大意」のところで「辞書ニ挙ゲタル言語ニハ、左ノ五種ノ解アラムヲ要す」とし、その五種を「発音、語別、語原、語釈、出

典」であるとしている。
4 大槻は文の末を結ぶものは説明語しか出来ないと述べている(1897 別記: 344 節)。
5 「附属名言」「依頼名字」という用語は、大槻(1912)の「長崎の蘭学」の項目で、adjective を表す蘭学の用語として大槻が引用しているものである。「附属名言」は藤林普三『和蘭語法解』(1815)に、「依頼名字」は箕作阮甫編の日蘭辞書『改正増補蛮語箋』(1848)に使われている。
6 厳密にいうと、表1の He is a student のコピュラ is は日本語では「彼は学生なり」の「は」「なり」に相当し、「は」のような助詞類もコピュラの役割をすることがあるとされる(山田 1908: 646–649)。ここでは、本稿の論旨に集中するため、述語部に焦点を合わせることにする。
7 釘貫(2007)によると、山田が引用した「統覚作用」の概念の由来はカント哲学にあるという。
8 「陪辞」は大庭雪斎『訳和蘭文語』(1856)に、「陪名詞」は吉雄俊蔵『六格前篇』(1814)にある。山田は『国語学史要』(1935)で蘭学について説明しており、蘭学にも詳しかった。
9 形容詞が述語になる機能をもつ言語は、She beautiful のように自動詞と同じ文法的位置に入るか、She is beautiful のようにコピュラに相当する形式が介在するかのいずれかの方法で述語機能を果たすと言う。
10 逆に、形容詞が be 動詞の補語として機能し、名詞修飾機能がない言語もある(カリブ語族(北側)、Hixkaryana 語(カリブ語の一種)等)。このような言語は、名詞修飾では a beautiful girl というふうには言えず a beauty girl のように形容詞を名詞に加工しなければならないと言う(Dixon 2009: 92)。
11 「人間の思想の構成上の絶対普遍の根本法則があるならば、思想を表す言語にも其の構成に世界に一般なる根本法則が無ければならない。」(松下 1928 緒言: 1)。
12 「この、その、あの、どの、かの、わが、或る、とある、明くる、来たる、去る、あらゆる、いわゆる、とんだ、たいした、当の、大の」の計 17 語群(甲斐 1980 参照)。
13 『国語学辞典』(1955 国語学会)、『日本文法事典』(1981 成美堂)、『日本語文法大辞典』(2001 明治書院)等。

参考文献
大槻文彦(1897)『廣日本文典・同別記』(1980 勉誠社復刻版)
大槻文彦(1898)「和蘭字典文典の訳述起原」『史学雑誌』9(3, 6)、史学会
大槻文彦(1912)「日本文明之先駆者」(国書刊行会(1969)『文明源流叢書』(上巻)所収)
甲斐睦朗(1980)「連体詞とその語彙」『国語教育研究』(26 上)、広島大学教育学部
片岡孝三郎(1982)『ロマンス語言語学叢書2 ラテン語文法』朝日出版

亀井孝・大藤時彦・山田俊雄編(2007)『日本語の歴史6　新しい国語への歩み』平凡社
金銀珠(2005)「連体詞の成立―形容詞、adjective との交渉」『国語国文学』(96)、名古屋大学国文学会
金銀珠(2006)「近代文法学における「形容詞」「連体詞」概念の形成について― Adjective から形容詞・連体詞へ」『日本語の研究』2(2)、日本語学会
金銀珠(2009)「形容詞の二つの統語機能―言語学テクストの解釈的観点から」『HER-SETEC テクスト布置の解釈学的研究と教育』3(2)、名古屋大学大学院文学研究科
釘貫亨(2007)「山田文法における「統覚作用」の概念の由来について」『國學院雜誌』108(11)、國學院大學
山東功(2002)『明治前期日本文典の研究』和泉書院
杉本つとむ(1983)『日本翻訳語史の研究』八坂書房
杉本つとむ(1991)『国語学と蘭語学』武蔵野書院
福地源一郎(1893)「明治今日の文章　其一～其四」『国民之友』(204-206, 208)(10月-11月)、民友社
松下大三郎(1908)「山田氏の日本文法論を評す」『國學院雜誌』(10月-12月)、國學院大學
松下大三郎(1927)『標準漢文法』紀元社(校訂解説　徳田政信編(1978)勉誠社)
松下大三郎(1928)『改撰標準日本文法』紀元社
松下大三郎(1930)『標準日本口語法』中文館書店(校訂解説　徳田政信編(1977)勉誠社)
山田孝雄(1908)『日本文法論』宝文館
山田孝雄(1936)『日本文法学概論』宝文館
Benveniste, Émile (1966) La Phrase Nominale'. In É., Benveniste. *Problèmes de Linguistique General*, pp. 151–167. Paris: Gallimard. (河村正夫他訳(1983)『一般言語学の諸問題』みすず書房)
Lyons, John (1968) *Introduction to Theoretica Llinguistics*. London: Cambridge University Press.
Dik, Samuel.C. (1980) *Studies in Functional Grammar*. London: Academic Press.
Dixon, Robert. M. W. (2009) *Basic Linguistic Theory. Volume 2 Grammatical Topics*. Oxford: Oxford University Press.
Stassen, Leon (1997) *Intransitive Predication: Oxford Studies in Typology and Linguistic Theory*. Oxford: Clarendon Press.
Wetzer, Harrie (1996) *The Typology of Adjectival Predication*. Berlin: Mouton De Gruyter.
Vendryes, Joseph (1921) *Le Langage: Introduction Linguistique a L'histoire*. Paris: Renaissance du livre. (藤岡勝二訳(1938)『言語学概論　言語研究と歴史』刀江書院)

山田孝雄「喚体句」着想の淵源

宮地朝子

[概要]

日本語学説史上、文を「喚体」「述体」に二大別し、特に喚体を日本語独自の文類型としたことは、山田孝雄の創見とされる。喚体については、山田文法の主要概念としてその内実の追究、発展的継承に蓄積が大である一方、その着想の淵源や思想・理論的背景が問われることは従来ほとんどなかった。『日本文法論』の1902年刊『上巻』、1908年刊本および各々の自筆原稿等関連テクストを検討すると、「句」の設定が『上巻』と1908年刊本の間になされたこと、また「喚体」がヴントの文類型の一つ、Ausrufungssatz(呼び起こす句)に基づく術語であることが明らかである。本稿では、この喚体句の設定にかかるヴント言語論の影響が、山田文法の根幹の確立に大きく寄与したと考える。同時代のアメリカでは同じくヴント言語論の影響の下でG. H. ミードが社会学の確立に貢献した。ヴントから山田への影響関係は近代人文科学の学説史的文脈にも位置づけられ、精緻な検証の余地が大きい。

1 はじめに

日本語学説史上、"文"を「喚体句」「述体句」に二大別し、喚体句を日本語独自の文類型としたことは、山田孝雄の創見であるとされる。述体句の規定にかかる「統覚作用」についてはヴント民族心理学から[1]、「陳述」についてはハイゼ独逸文法から援用したとされ[2]、これに基づく山田の文規定の理解・継承は従来の日本語文法論の中心課題の一つでもあった。しかし一方、喚体句の設定については山田の創見とする認識が定説となっている。喚体句は、山田文法の主要概念として、述体句・陳述とともにその内実の追究、発展的継承に蓄積が大であるのみならず、語と文、叙述と伝達の交渉を見る鍵概念として、また名詞一語文・感嘆文の分析に有効な枠組みとして、現代語の分析においてもしばしば援用されている。しかし、その着想の淵

源、思想・理論的背景が問われることは従来ほとんどなかった。

　山田の学説が、完成された論として、また文法論の出発点と見なされたことの表れでもあろうか[3]、山田の文法論におけるヴント・ハイゼの、またスウィート英文法や近代論理学・哲学の影響は従来から指摘されるが、『日本文法論』すなわち山田の文法学説の形成過程がそれ自体課題とされたことは、理解と継承に比して少なく、その具体的な内実は明らかとはいえない。

　ハイゼ独逸文典の『日本文法論』への影響を引用箇所の対照から丹念に再検証した斉木・鷲尾(2009)は、「ヴント・スイートからの引用箇所は明確なのに対し、ハイゼの参照箇所は必ずしも明らかではない」とする。ハイゼのみならず、ヴントからの援用が定説となっている「統覚」についても、釘貫(2007)では、カント哲学・桑木厳翼訳からの援用であるとしている。山田『日本文法論』の学説中、定説とされる部分においても、再検討の余地は大きい。まして、句論および喚体句の設定は未検討に類する。

　「統覚」の援用の直接的端緒がヴントでないとすれば、山田がヴントから得たのは何であったか。本論では、喚体句および句論の設定に、ヴント民族心理学『言語』の記述の影響を見る。ヴントの言語論には、喚体という着想に結びつきうる要素が認められる。同時代のヴント言語論の継承の例として、アメリカの社会学者 G. H. ミードの論述も参照しながら、ヴントから山田への影響を喚体句着想の淵源の一つとしてとらえ直す。本論は、それと同時に、喚体句の抽出が、山田の文法学説の形成における大きな契機となった可能性を指摘する。この観察は、山田が伝統的先端的、洋の東西を問わず、先行学説の記述を「いたって常識的」[4]に批判検討し、現象面に即して「句」「喚体句」を見出し、設定に至った過程を跡づける営みでもある。

2　喚体句とは

　喚体句は、『日本文法論』(1908(明治41)年9月刊、以下『文法論』)で提出された概念である。まず、山田の規定(1a–c)と挙例(2a,b)を確認しよう[5]。

(1) a.　今かの喚体のものを考ふるにこの種類のものはそが成立する語を材料的に見れば、種々ありといへども、その形式をいへば、常に体言

を中心として、之に対して連体語を伴へることあるのみ。即その形式は主語述語の関係をとるものにあらずして<u>唯一の体言を対象として之を呼び掛くるに止まるのみ</u>。　　　　　（『文法論』1218）
b. 喚体は（中略）単純なる呼格にあらねば句としての必要条件をば有す。そは他にあらず。連体語を伴ふか、又は之に関して必要なる助詞を伴ふものとす。この際に於ける<u>連体語又は助詞はこの種の句の成立には必須にして欠く可らざるものにしてこれらの有無は、実に句が完きか完からざるかの区別をあらはすに重大なる関係を有する</u>ものなれば、必要の成分なり。　　　（『文法論』1219）
c. 喚体句には二の区別をなすべき事を見る。今これをその思想より見れば、希望をあらはすものと感動をあらはすものとの区別なり。その形式より見れば、<u>体言と助詞とにて、句たる価値を成立するものと</u>、助詞はとにあれ、<u>体言と連体語との存在にて、句たる価値の成立するものとの区別なり</u>。（略）
　　　名称　意義　構成上の必要条件
　　希望喚体－希望－体言と希望の終助詞
　　感動喚体－感動－体言と連体語　　　（『文法論』1219–1221）
（2）a. 老いず死なずの薬もが（古今集1003 壬生忠岑）［希望喚体］
b. 秋萩をしがらみふせてなく鹿のめに見えずて音のさやけさ（古今集217）［感動喚体］

<u>連体語</u>による修飾を受けた、呼格としての体言（希望喚体の場合は加えて<u>終助詞</u>）を必須とする構成面の形式を条件として、句としての完備、感動喚体・希望喚体という下位分類によって規定されている。なお、「花！」等の名詞一語文は含まれず、「ああ」等の感嘆表現とともに不完備の文の例としてあがる[6]。

3　従来の学説史的位置づけ

　山田自身の「吾人は独創の見地に立てり」（『文法論』1203）「喚体句が吾人の創説なる」（『文法論』1309）といった言もあり、辞書的な把握では（1a–c）

でみた規定を全面的に引用する。喚体を山田の独創の用語とする見方が定説といえる。

(3) a. 山田文法の用語。文を構成する素(単位)で、「さやかなる月よ。」のように体言を提示して呼びかける形式の統一体(一つのまとまり)。
　　　　　　　　　　　(『国語学大辞典』「喚体」項【意味】、北条忠雄)
　　b. 呼びかけの対象となる体言または体言に準ずる語を中心として文が構成される一元的、直観的な表現のし方。述語となる用語を中心として文が構成される二元的、判断的な表現のし方である述体に対する。例えば「古池やかはづ飛びこむ水の音」の句(中略)には主語や述語が省略されたと見るべきではない。これは、論理的判断の形式をとった表現とは別で、感情を直接に表現したものである。山田孝雄はこれを喚体の句と名づけ、希望喚体と感動喚体に分けた。…(略)…喚体句の発達、およびその性格についてはなお検討の余地がある。　　　　　　　　(『国語学研究事典』「喚体」項、佐藤喜代治)

　喚体句の設定は従来高く評価されるところである。また(3b)のいう「喚体句の発達およびその性格の検討」についても、多くの蓄積があり、喚体句から「喚体的名詞一語文」「名詞一語文」への拡張に基づいて現代語まで視野に入れた発展的継承が行われている(川端1963、森重1964、石神1995、尾上1998、大木2006、笹井2006、仁科2009など)。
　一方、この概念の成立の由来や背景について学説史的位置づけが問われたことはほとんどないように思われる。わずかに、山田文法における「喚体」の位置づけを"国学者"たる山田の思想的背景と矛盾のない形で説得的に論じたものとして、鈴木(2005)、滝浦(2009)が注目できるが(本論第6.3.2節参照)、ここでも喚体の着想の理論的背景については論じられていない。

4　山田文法論の展開

4.1　『日本文法論上巻』から『日本文法論』へ
　従来、山田の学説については、『日本文法学概論』(1936(昭和11)年宝文

館)の記述がより洗練され整理されたものとして引用される。また周知の通り、山田孝雄の主著『日本文法論』は、まずその前半の一部が『日本文法論上巻』(1902(明治35)年10月、以下『上巻』)として上梓されたが、『上巻』該当部分が『文法論』にほぼそのまま採用されていることから、両者に大きな違いはないとされ、詳細な検討は行われてこなかった。

　『概論』ではなく『日本文法論』に「山田孝雄の文法学説の根幹」の完成を見る野村(2010)は、『文法論』を「溌剌とした精神」をもって「ヴント、ハイゼ、スウィート、大西(祝)、桑木(厳翼)らを理解し対峙しようとした山田」による、「当時の日本における最新の西洋論理学的思考によって形成され」た学説と位置づける。しかし、その野村(2010)でも、「『上巻』は、特に重要な品詞分類論において『文法論』に、ぴったり重なっている」ことから「つまり、明治41年版『文法論』は、明治35年版『上巻』に大幅な増補が施されて成立した書であることが確実である。」とされ、「山田学説の基本的な考え方は、『上巻』において既に確立されていたと見なしてよいものと思われる。」(野村2010: 145)とする。このような認識は、『上巻』と併せて『文法論』の基を為したであろう「日本文法論」中巻・下巻が伝わっていないことにも起因するが[7]、いずれにしても従来、『上巻』と『文法論』の違いは「量的な増補」との認識がなされ、文法学説の質的な変化や展開については想定されていない。

　一方、山東(2010)では『文法論』の成立過程それ自体を課題とし、その背景について、明治35年『上巻』刊行から41年『文法論』刊行までの山田の境遇や、国語教育、文法教育改良への取り組み、岡澤鉦次郎との國學院雑誌上での論争(岡澤1903、山田1903)の影響を指摘する。立志の誓い[8]がなかなか実を結んでいかない生活苦の、また土佐という地方での教員時代において、最新文献の入手も困難があったことを指摘しつつ、「「句論」において十分な展開がなされたのは、やはり、『上巻』刊行段階というよりも、『日本文法論』刊行に至るまでにおいてのことであろう。」とする。

　もちろん、従来「句論」の設定は山田文法の一大特徴として評価される。語論・句論およびその性質論・運用論の区別、〈かたち〉〈はたらき〉の峻別は、今日の語構成論・統語論と言語行為論(語用論)の区別にも相当するものとして評価されている(滝浦2009、大木2006)。本論でも、山田文法の根幹

として句論の設定を重視し、これを『上巻』から『文法論』までの間と考える。ただし、それは喚体句の抽出と連動したものと考える。山田の学説を考える際、「句論」は注目されてきたものの、これまでの検討の中心は「統覚作用」「陳述」による述体句を対象とした文規定であり、これがすなわち陳述論争・文成立論でもあった[9]。

しかし、「単語を材料として統覚をあらはすもの之を文といふ。」(序論8)といった「統覚」による「文」規定、心理学・論理学援用の必要性の主張(序論9, 11)、分析的研究と総合的研究二法の必要性(序論15)などは、『上巻』の段階で既に見られる一方、「句論」の設定、述体句・喚体句の論は『上巻』では行われない。この点に留意しつつ、『上巻』の記述を改めていこう。

4.2 「句論」における改編

以下(4)に示す『上巻』の概目により、明治35年段階の山田の文法論における構想の全体像が知られるが、句論にあたる後半部は大槻文彦『広日本文典』に同じ術語で「文章論」とされ、「句論」の表記はない。『文法論』での「語」は「単語」、「句」は「文」「文章」で一貫している[10]。

(4)　日本文法論　概目
　　緒言
　　序論
　　本論
　　　第一部　単語論
　　　　第一章　国語の単語分類法の沿革及批評
　　　　第二章　国語の単語分類の方法
　　　　第三章　単語論の詳細なる説明
　　　　　　　一　体詞の細説／二　用詞の細説／三　装詞の細説／四　助詞の細説／五　単語構成略説
　　　第二部　文章論
　　　　第一章　文章論の概説
　　　　　　　一　単文の定義及文章論の範囲／二　文の種類の概説／三

　　　　単文の成分と形式／四　単文の拡張／五　複文／六　略体
　　第二章　文章論の細説
　　　　一　文成分／二　文の組織／三　文の接合と文の配列
　附録
　　　国語記載法

一方、『文法論』では、序・緒言をはじめ 169 頁までが『上巻』対応部分をほぼそのままに踏襲するものの、「文（章（論））」はほぼすべて「句（論）」に修正されている[11]。まずもって、「句論」は『上巻』から『文法論』刊行までの間に確立したものと考えられる。山田自らも、『上巻』から『文法論』にいたる間の論の展開については(5)のように「全く」「一新」と語る。

（5）　本書の一部は五年の昔に、公刊せしが、全部は之を公にする機を失ひて今に至りぬ。かくて其の間の著者の研究は本書の下半部をば全く面目を一新せしむるに至りぬ。今にしてその古を思へば慚汗淋漓たり。
　　　　　　　　　　　　　（『文法論』緒言 6、明治 40 年 12 月 30 日付）

さらに、富山市立図書館山田孝雄文庫所蔵の『日本文法論』自筆原稿[12]には、緒言の前、『上巻』「告白」に続く紙面の空白部分に書き込む形で「追白」とする明治 40 年 12 月 31 日付けの文言(6)が残る[13]。

（6）　追白
　　一、本書上巻は明治三十五年に公刊したりしが、その他は事情ありて之を公示する機会を失して荏苒今に至りぬ。然れども、その稿は既にその当時成りしものなる事は知る人の熟知せる所なり。今、之を公刊するに際して、多少そを改訂せる所あり。新に語論第四章を設け、又<u>句論に於いて重要なる変更をなしたり。</u>
　　明治四十年十二月三十一日

この頁には、刊本『文法論』のとおり「玉かつま」の一節を引用した原稿用紙が重なり、(6)は没として刊本に収載されていないが、「下半部」の「面

目を一新」した要点が句論にあったことが確認できる。なお、「語論第四章」は「語の運用」で句論との違いも説かれる。この点も本論の見方を支持する。

ここにおいて、『上巻』から『文法論』までになされた学究に起因する句論の設定が、山田の文法論にとって一大画期となったことは明らかであろう。

5 句論設定の背景

5.1 『上巻』における大槻文彦の「句」「文」批判

『上巻』の段階で山田が「句」という術語について言及するのは、大槻文法批判の箇所である。山田は大槻文彦『広日本文典』『同別記』の学説を西洋文典と伝統的国学の折衷説の一到達として最大限評価しながらも、接続助詞・副詞・感動詞の三つを問題とする。それぞれに大槻の「文」「句」規定の曖昧さを批判している。山田にとって、文(句)とは、語とはといった論点の考察において大槻の記述は一つの契機であっただろう。

5.1.1 副詞批判

山田はまず、大槻の「副詞ハ動詞ニ副ヒ或ハ形容詞又ハ他ノ副詞ニ副ヒテ其ノ意味ヲ種々ニ修飾スル語ナリ」という副詞規定を引用して「「副ふ」とは如何なる義か。何処にも釈せるを見ず。」(『上巻』74)とする。また(7)のように「修飾する」の不備を指摘する。

(7) 次に修飾すとは如何なる義か。氏は
英語ニ to modify トイフ。「更ニ別様ノ意味ヲ附加スル」義ナリ
といへり。この見解を以て、かの副ふる方法を以て論ぜむか。氏が弖爾乎波のうちに入れたる「や」「か」などは副詞といはるべからざるか。氏が「な」を副詞とするが如く動詞の下に来りて又上に在りて疑問反語の意味を附加するにあらずや。これらは氏の説によれば、必然副詞といはるべき運命あらざるか。(略)禁止は修飾にして疑問は修飾にあらざるか。
(『上巻』75–76)

「副ふ(添ふ)」「修飾する」といった術語規定の不備は、日本語の「弖爾乎波」分類の不備にもつながる。大槻の規定では、疑問の「や」「か」のみ弖爾乎波とし、禁止の「な」を副詞、命令の「よ」を「活用中ノモノ」と見るなどの不整合をきたす。山田は西洋文典の命令法、禁止法といった法に基づく文分類と、その機能を担う形態の語論での位置づけの混同を大槻の副詞規定に見ている。

5.1.2 「接続詞」批判

接続詞の規定に対しても、(8)のように文の成分として上下を接続する弖爾乎波の類と、文成分の外から接続する類の混同を批判する。この中で、山田は大槻の「句」の規定に疑義を呈する。これが、後に見る文(句)の完備不完備の説、「句」の適切な規定の要請へとつながっていく。

（8）　次に接続詞は如何。氏は

　　　接続詞ハ並ビタル同趣ノ文、又ハ句ノ間ニ入リテ、上下ヲ続ギアハスル詞ナリ。

といへり、この続ぎ合はするとは如何なる義ぞ。(中略)毫も意を了せず。更に文章篇に至りて、

　　　接続詞ノ全句全文ヲ接続スルモノハ主部客部説明部ノ外ニ立ツ。

とあるを見て、やゝ其の意を介するに似たり。(中略)しかして其の続ぎあはするは第三類の弖爾乎波の如く緊密に一体となるべくつぎあはすものならずして、その続ぎあはせらるゝ句、文には形体上何等の関係なきことを示せるなり。これ実に重大なる点にしてかの西洋文典の接続詞に似たるものは、接続詞か第三類弖爾乎波かは深く追究すべき問題なり。(略)

　　　山また山を越えゆけば、／　無文の青色もしは蘇芳など五重にて、

などのまた　もしはは氏が定義にはあはぬにはあらずや。然れども余はなほ氏の句といふものを確かめざるべからず。氏の文章編を見るに句は決して上の「山」または「無文の青色」「蘇芳」などの類にあらざるなり。

　　　　　　　　　　　　　　（二重下線原文ママ『上巻』77–78）

5.1.3 「感動詞」批判

　感動詞の検討のなかでは、「一語文」の存在、また単語論（語論）と文章論（句論）の混同の問題を指摘する[14]。大槻批判に併せ、大槻同様折衷文典をなした岡澤鉦次郎がその峻別を持論として「文の主素となりうるか否か」を基準に体言と準体言を区分したことを最大限評価しながらも、準体言に「且」「又」などを所属させた矛盾によって「自己の佩刀にて自殺するにあらざるか」（『上巻』87）と厳しく批判する。

（9）　感動詞に就ては、（引用注：大槻）氏が洋文典と同一ならずと既に名言せる所なり。既に投間性あるを除きて考ふれば敢へて一目を立つるには及ばざるにあらずや。感動詞を唯其の感動をあらはすといふ点より見てのみ彙類せるは、西洋文典にもなく、古来の語学も之を許さず、之を主張するは翻訳流の一派のみ、之に於いて氏が説は前後大矛盾を来せり。（略）氏はかの Interjection の本性を誤認し、唯其の意義上よりのみ考へられたるにはあらざるか。　　　　　　　　　（『上巻』79）

　つづく『上巻』の後半「第二章　国語の単語分類の方法」「（一）単語とは何ぞ」では一思想を単語・語根・接辞の別をたてる必要を述べ、（二）西洋文典の分類は我が国語に適するか」では「名詞」「前置詞と弖爾乎波」「形容詞」「代名詞及数詞」「副詞」「接続詞」「間投詞」を順に検討する。例えば間投詞の項目では、（9）の大槻批判を発展させ、スウィート、ハイゼの説を引用しながら、Interjection（間投詞）、Empfindungslaut（感動詞）、A word sentence（一語文）の重なりとずれを確認していく。（10b）でいうように、「国語」では、文章論で論ずべきものや文成分として感動表現に関わるものがあり、山田によればこれらは（11b）でいう用法上の法則において文法論に組み込まれるべきものである。

（10）a.　（引用注：国語の感動・間投表現は）文法上の関係なしに、或時は独立にのみ、或時は発端に、又は終末に、或時は全文の個々の詞の間に、常に、表出の強めの為に或感情を供せねばならぬ所に存す／といふには頗る矛盾せる所あり。即かのかな、な、や等は、一定の法

則によりて附属するのみにて自由に任意に使用し得ず。又位置にも常規ありて逸すべからず。　　　　　　　　　　　　（『上巻』153）
　　b. 西洋文典にいふ感動詞又は間投詞は我にありては三種[15]にてあらはさるゝものなり。一は一語に一思想の寓せらるゝもの、こは主として文章論にて論ずべきもの。二は文に感動的調子を与ふる文成分。こはなほ二種類に分割すべきもの。三は真に間投的用法に立てる自然の声音、　　　　　　　　　　　　　　　　　((『上巻』159)
(11) a. 実をいへば、かれ（引用注：西洋文典）は一単語にて一思想をあらはす程のものをばみな感動詞なりといへり。かれらはスキート氏の所謂 A word sentence を殆皆 Interjection なりといへり。かれらの文法にてはこの一語にて一思想をあらはすものを文章論の所轄にせずして単語論上の対象とせしかば、かゝる事の生ぜしものか、或はかれの語性かくせではかなはぬより起こりしものか未詳にせずといへども我にありては何の必要ありてか之を学ぶべき。　　（『上巻』156）
　　b. かれの間投詞は文章成分の外なりといふに我のは文章成分の内なり。この故に用法上一定の法則あるなり。　　　　　　　（『上巻』157）

5.2　先行論の検討から「句」「喚体」へ

　第 5.1.1–5.1.3 節で見てきた『上巻』第二章「語論」の検討のうち、「代名詞及数詞」を除く項目は、すべて「語／句（文）」の区分および「一語文」「喚体」に関わる問題ともいえる。伝統的記述と西洋文典の折衷としてもっとも成功している大槻を、現象面に照らして批判的に検討する中で、自ずと語・句の検討、感動表現の検討が行われ、結果、句論および喚体設定の契機が与えられている。
　喚体設定の萌芽はもう一点指摘できる。『上巻』の段階でほぼ完成し『文法論』にも引き継がれる語論の基礎としての観念語と関係語の別は、「一単語にて一思想をあらわしうるもの」か否か、「即所謂 A word sentence をなしうべきものと然らざるものと」に分けられる（『上巻』179）。関係語は「名詞等に接して之を動詞形容詞の如き地位にたゝしむる」類（なり、たり、せり、如し類）と「動詞にのみ附属して其の動作状態の陳述に関する用法の不備を補ふ」（その他の弖爾乎波）類に分けているが、後者のうち「かの疑問、

希望、感動等に至りては」「実にスキート氏の言の如く」「その附属する文全体に思想的調子を与ふるものにして」「統覚作用に必然依存すべきものにあらずして、主語と述語との間の関係の変態に外ならざるもの」(『上巻』192–194)と注記する。

ここからも、『上巻』には、伝統的記述と折衷文典に、外国語文法を参照した懇切丁寧な批判的検討として、「語/句」「述体/喚体」設定の土壌の整備を見ることが出来る。『文法論』の『上巻』踏襲部分に続く第三章「語の性質」導入部では、「かれら(引用注:西洋文典)の単語分類の或者は、句論上の説明を混交したるものにあらずや。かの前置詞といひ、接続詞といひ、間投詞といふが如き皆然り。」(『文法論』175)と句論成立の経緯を象徴的に述べている。

6　ヴント言語論の影響

この『上巻』での検討に、何が加わって「句論」「喚体句」に到達したのだろうか。

1900年前後には、いち早く当時最先端の心理学文献として W. ヴント『心理学概論』(1896年刊)の翻訳(元良・中島共訳 1898–1899)がなされ、『民族心理学』「言語」(Wundt 1900)の巻が公刊されている。

これらは『上巻』で引用がないのに対し、『日本文法論』ではたびたび引用されている。山田の蔵書を収めた山田孝雄文庫の目録(富山市立図書館編 1999, 2007)にも所蔵が確認でき、また『上巻』脱稿後『文法論』の間にその内容を消化して学説に生かしたとみて年代的にも矛盾がない[16]。実際、山田が『日本文法論』のなかで、ヴントの名前を挙げて引用する箇所は(索引によれば)7箇所あり、うち1箇所では(12)のように「喚体」がヴントの"Ausrufungssatz"にあたることを明記する[17]。

(12)　(引用注:ヴント)氏の分類は Ausrufungssatz (吾人の喚体にあたる。
　　　但その実質は異なり。下に説くべし)　　　　　(『文法論』1246)

「実質は異なり」といいつつ「あたる」とするのはどの部分か。これまで

「喚体」の由来や思想的背景について問われることはなかった。また山田文法におけるヴント民族心理学の影響は周知だが、その具体的な内実も明らかとは言えない。そうであれば、例えば「喚体」について、山田自らAusrufungssatzにあたるとする記述を素朴に受け取り、ヴントの言語論との関係を見ておくことは学説史的位置づけにおいても必要な作業であろう。

6.1. "Ausrufungssatz"
6.1.1 句の完備・不完備

『日本文法論』のなかで、"Ausrufungssatz"は1186, 1195, 1246頁の三箇所に引用される。

最初の掲出は、「句」の定義に関わる文としての完備不完備の基準に関する記述である。一語で完全なSatzとされるAusrufungssatzの記述を援用している。その要点は、一定の「思想」「観念」の「喚起」である。

(13) a. 氏がSatzartenの第一類たるAusrufungssatzの説明中に曰はく、／(原文引用略、Wundt 1900, T2: 251)／とあれば、一語にても亦完全なるSatzたるものをも承認せるなり。(略)かくて、一語にてSatzたるものとSatzäquivalentたるものとの区別は那辺に存するか。しかして又かへりみれば、二語以上にてもSatzたらずしてSatzäquivalentたるものも少なからず。(略)／かく外形よりして一概にいふこと能はず、又内部よりのみ之を決定すること難しとすれば、別に文の完備不完備の区域を標地すべき要点の存すべきや明なり。　　　　　　　　　　　　　　　　　　　　(『文法論』1186–1187)
b. それ言語の所依たるや、一箇人の主観にあらずして社会の集合意識なり。箇人が如何に之を主張すとも之をきく人にして了解せずんば、到底其効を奏せざること明なり。／この故に文の制限はこゝに存す。自家の思想と同様なる(たとへ全然同一ならずとも少くも同傾向の)思想を他の意識内に喚起せしむることの必然なるか否かの点これなり。(中略)たとへ、外国語の法則とは一致せずとも、国民に通ずる法則なるときはすなはち立てゝ則とすべきものなることこれなり。／之を以て句の完備不完備を鑑別すべき要件は、一の思想

> を言語に寓して他人の之に対して一定の思想を喚起しうるか否かといふ一点に帰すべきものなり。かくて、かの Satzäquivalent と称するものと完全なる句との区別は之によりて聴者に一定の観念を喚起しうると、説者自身の観念の発表に止まりて、その観念の如何なるかが聴者に判然ならざるものとの区別を以て之が形式の完不完の分るゝ所とす。　　　　　　　　　　　　（『文法論』1188–1189）

　この記述に先駆けて、山田は「文法学特に句論の目的は言語其の者を第一対象として之が如何に思想の発表を担任するかを記述的に研究するものなり。」と宣言する（『文法論』1156）。それは、『上巻』の検討を踏まえ、先行説、例えば大槻が『広日本文典』「文章篇」冒頭でいう「言語ヲ書ニ筆シテ其思想ノ完結シタルヲ「文」又ハ「文章」トイヒ、未ダ完結セザルヲ「句」トイフ。」（第四九二節）場合の「思想ノ完結シタル」の曖昧さを乗り越える方法であろう。句にも文にも文章にも当てはまってしまう「思想の完結」による規定は、山田にとって「更に文法上の文の定義としての価値なき」（『文法論』1162）ものである。岡澤鉦次郎、草野清民、スウィート、ベイン、ハイゼの論も、文について一つの完結した思想を表すという定義を出ない（『文法論』1163–1167）。
　先の宣言では、思想を表すのは句であると決め、その句がいかに思想の発表を担任するかを記述するとしている。これは本質的な解決には至っていない。しかしそれでも、当時最も説得的で説明力のあった「思想の発表」という規定を採用しつつ循環論に陥らずに文法論を確立するためには、直観に基づく最も合理的な規定を仮説推論的に設定するしかない。この仮説推論的宣言は、山田の文法論確立の重要な瞬間の一つを象徴するものではないか。
　この立脚地を得た山田は、言語の「思想発表の形式」の単位としての「句」の定義において突如現実的になる。「内外の文法書」に倣い、「皆単文複文の別を説く、而して、句論の研究の基点は実にこの単文に存すべきが故に吾人は先この単文をとって研究の対象として以て自家の立脚地を明にせむ」（『文法論』1166）とする。そして疾く「句」の対象範囲の検討に入るのである（『文法論』1166–1170）。一見、肩すかしにも似た印象を覚える突如として現実的な論展開は、しかし、直観に基づいて立ち位置が決まったから

こそと考えれば理解しやすい。

　では山田の句はどう定義されるか。

　句は伝統的に、詩句の「句」、漢文等の句読法における「句」としても「意義の終結せる一完体をさすものの如」く、付属性のものも完結したものもさしうる。ここに文素としての単位の名称に「句」を採用する。元来付属性の句をさす英語の Clause とは異なり、文も句もさす「独逸文典などにいふ Satz の訳語に用ゐるを適当」(『文法論』1169) とする。山田によれば、独逸文法では、単文には einfache satz、文には Aufsatz という術語がある。「Satz にあつるに「句」といふ語を以てするの適当なるを見るべき」であり、「句は完結せる体をもさすものなれば、英文法直訳流の人が之を付属句の意にのみとらむとするは甚しき僻事」であるとする(『文法論』1170)。

　ここで、句の成立要件として、Satz としての完備不完備が参照されるのである。(13)のヴントの引用によって山田は、主に不完備として問題になる感動(間投)表現や一語文においても「一定の思想」「観念を喚起しうる」ゆえに Satz と認められるとする。Ausrufungssatz の記述は、山田の「句」定義の理論的根拠を成している。それと同時に、文として例えば主語述語を備えていなくても、一定の形式を備え思想および観念を「喚起」する句、すなわち喚体句の重要性をも示唆している。

6.1.2 「句」の分類

　『文法論』中、喚体句にあたる Ausrufungssatz の2例目は、句の分類の考察に当たってヴントによる Satz の3分類を引用する箇所にある。

(14)　ヴント氏は其の Völkerpsychologie に於いて Satz を三種に分てり。其の説に曰はく、／(原文引用略、Wundt 1900, T2: 248–249)／とげにこの説の如く、この三者は少なくともかの西洋諸言語にありては欠くべからざる根元の分類なるべし。これをかの普通の文典の多くが四種に分つに比すれば遙に簡明なり。何となればかの文の終止符は実に三種あるのみにして、しかも文の組織も亦この三者に摂せられぬべし。かくしてかの四種説の命令体と感動体とは合同して Ausrufungssatz の一類をなすなり。　　　　　　　　　　(『文法論』1194–1195)

ヴントの3分類は文の終止符が3種類（.、?、!）であることにも応じ簡明であって、「如何なる言語にも存在するべしといへる」と認めつつ、山田は例えば漢文にも日本語にも「この三種の符号」がないことから、ヴントの3分類にも「理由はなし」と論駁する（『文法論』1195–1196）。これを容認しない点では変わらないが、しかし、Ausrufungssatz の 3、4 例目の掲出箇所 (15) は、述体を説明する箇所であり、これをほぼ前提として議論を展開していることがわかる。

(15) （引用注：ヴント）氏の分類は Ausrufungssatz（吾人の喚体にあたる。但その実質は異なり。下に説くべし）Aussagesatz（吾人の説明体にあたる。）Fragesatz（即ち、疑問体）の三となせるものなり。而、氏は之に対して種々の心理上の説明を下せれど、吾人の見る所はそはたゞ、かれらの国語の構成を基として説をなせるにすぎずして天下一般の通論となすべきものにあらず。即、なほ極端にいへば、こはたゞその用ゐらるゝ句の終止の符号の三種あるよりしてかく三種に区別したるものならむと想像せらる。即ち句の終止符として用ゐらるゝは (!)(.)(?) の三に止まるなり。このうち (!) を用ゐるものは従来の直訳語を以ていへば、命令体と感動体となり。而、ヴント氏はこの二を一とすべきことを論じ、之を名づけて Ausrufungssatz と称し、之が終止符は (!) となせり。　　　　　　　　　　　　　　　（『文法論』1246）

ヴントの論の表層的な形式主義と「かれらの国語」の構成から安易に普遍を語る態度に批判的だが、Ausrufungssatz を「喚体」にあたるとし、「句」規定の要点としての、完備不完備の基準を考察する際にも援用していること、述体の論においても参照していることからすれば、山田文法にとって、ヴントの Satz、中でも Ausrufungssatz の影響の大きさは特筆に値する。

6.2　Ausrufungssatz ＝喚体

　Ausrufungssatz「感嘆文」は辞書にも記載のある文法用語である。動詞 ausrufen「大声をあげる（主に驚きや喜びの）」「広告（宣言）する、呼び売りする」と satz「句・文」の複合語で[18]、単純には「喚体」という名称につな

がらない。しかし、この動詞 ausrufen および名詞 Ausruf, Ausrufung を 1900 年前後の独和辞典で確認すると、「喚呼」「呼び起こすこと」とある[19]。先に見たように、そもそも山田は Satz が「句」「文」「〜体」にあたる術語と確認した上で「句」を Satz の訳語として規定している。また管見では、近代までの漢語にも「喚体」の使用は見いだせない。「喚体」という名称は、山田による Ausrufungssatz の訳語として成ったと見るべきではないか。

ここで「喚体」の内実を再び確認すると、その要点は、対象(体言)をあげて「思想」「一定の意識」を喚起しうる性質であった。(1a–c)と併せて参照されたい。

(16) a. (喚体句において)説者は胸中にその対象を描き、これに対して、其の主要なる思想を喚び起こせるなり。この故に、この種の句にありては通例一語たるものなり。その意義の点より見れば、他人の思想の了解作用に訴ふるにあらずして、直ちに意志感動に触接せむことを目的とするものなり。この種の句の完否は単語の数に重きをおくよりも、聴者が之によりて一定の意識を必然的に喚起しうる性質ある否かの点にあり。

b. 即喚体句にありては、欲求、希望等の自家意識を発表するもの感動詠嘆の如く対者に応じて生ずるもの等は皆其の思想の要点又は対象をあぐるのみにて一定の意義を寓しうるなり。
例へば
　　とぶが如くに都へもがな　　／　　老いず死なずの薬もが
の如く希望的の喚体なるもの、又は
　　あな面白のけしきや。　　／　　妙なる笛の音よ。
の如く感動的喚体なるものあり。これらは皆所謂叙述文の如く、主語述語の分離なきを常とす。即かゝる欲求、希望、詠嘆、感動の主体は自家にして、その希望感動の対象を単に指示したるのみのものなり。　　　　　　　　　　　　(『文法論』1198–1200)

重要なことに、ヴントの Ausrufungssatz の記述では、その感情表出の二亜種

(Unterarten) として die Gefülssätze (感動文／体) と die Wunschsätze (願望文／体) を挙げている[20]。

(17) Nach ihrem psychischen Inhalt und in Folge dessen meist auch nach den bei ihnen angewandten sprachlichen Mitteln lassen sich die <u>Ausrufungssätze wieder in zwei Unterarten scheiden: in die Gefülssätze und in die Wunshsätze.</u> (Wundt 1900, T2: 250)
(その心理的内容に応じ、その［内容の］帰結として、そして大抵はそれらに適用される言語手段に応じてもまた、感嘆文はさらに二つの亜種に分けられうる。すなわち、感動文と願望文である。)

またヴントは、純然たる感動文として *"welch ein Mann!" "herrliche Landschaft!"* といった例を挙げ、以下のように述べる。

(18) Sie sind zugleich, wie man an diesen Beispielen erkennt, ganz vorzugsweise Sätze, die auch in unseren an Verbalformen reichen Sprachen das Verbums entbehren. <u>Reine Nominalbildungen oder Nomina mit Demonstrativ- und Relativpronominibus, eventuell unter Zuziehung der erforderlichen Partikeln, constituiren den ganzen Satz.</u> Wo Verba vorkommen, da geschieht es, wenn es sich nicht um eine der unten zu erwähnenden Ubertragungen in einen <u>Aussage- oder Fragesatz handelt, ausschließlich in der Form eines Verbalnomens, meist des Infinitiv,</u> z.B. *welche Lust zu leben! — diesen Tag zu sehen! —* (Wundt 1900, T2: 251)
(感嘆表現は、これら例から分かるように、独立して文として完全であり、同時に、動詞の変化形に富んだわれわれの言語においてさえ動詞を欠いていることが多い。名詞のみの構成体、もしくは指示代名詞や関係代名詞を伴い、場合によっては必要な不変化詞を引き入れた名詞類が文全体を構成する。動詞が現れる場合には、平叙文や疑問文への転用—これについては下記で述べる—となっているのでなければ、もっぱら動詞的名詞—大抵は不定詞［zu＋動詞不定形］—の形で生じる。例えば、「生きることの何という喜び！」「このような日を迎え

ようとは！」のように。)

従来、山田の喚体において、なぜ「希望喚体」「感動喚体」の二種が挙げられるのか、またなぜ一定の規則として「連体語」「終助詞」の存在が特筆され、「水！」「花！」のような名詞一語文が排除されるのかについて、正しく疑義が呈されてきたが (例えば仁科 2009)、山田にとっての「句」「喚体」の設定が、ヴントの主に Ausrufungssatz にかかわる以上のような記述に基づくものだとすれば理解しやすい。なお、ヴント「言語」の後続部分では、Ausrufungssatz、Aussagesatz、Fragesatz とその下位分類を含む相互関係を説く箇所 (Wechselbeziehungen der drei Satzarten (三文体の相互関係)) もあり、次の章 (Bestandteile des Satzes ((三) 文 (体) の成分)) では Satz 各々の構成について詳述している。述体の規定や述体喚体の交渉などについても、ヴントの説の影響を確認する余地があるだろう[21]。

6.3　ヴントの言語観
6.3.1　言語の起源としての「身振り語」と感情表出

　ヴントの言語論において、起源として身振り語が重視されていることは周知であるが、言語による感情表出、他者に同じ情緒を喚起させることが重視されている点、これが言語論として同時代に継承されていた事例を確認しておこう。ヴント言語論の本質において、身振り語と感情表出の重要性を強調するのは、アメリカの社会心理学者で哲学者・思想史家のジョージ・ハーバート・ミード (George Herbert Mead (1863–1931)) である。社会学シカゴ学派、プラグマティズムの重要な一人として知られる。

　ミードによれば、ヴントの言語論『民族心理学』「言語」の前半では、すべての記号の起源が「自然の身振り言語、すなわち、表現という運動のなかにある」とされ、また「心理学的分析がそこから出発しなければならない基盤」と位置づけられているという (Mead 1904、加藤・宝月訳 2003 注：3)。さらに、「自然の身振りの最初の動機は、観念を伝えるという動機ではなく、感情活動を表現するという動機であるとの想定」に基づき、「原初の感情的衝動がなければ、身振りの言語はけっして生じなかっただろう。」とする (Mead1909、加藤・宝月訳 2003)。

また、ヴントは、「言語とは―身振り語も含めて―人間のもっている心的能力のすべてを忠実に写したものである」(中野監訳 1985: 183) とし、「身振り語には文が存在すること、また文が存在すれば必ず一定の構文上の規則が存在するとして、身振り語構文の特質を観察している」という (中野監訳 1985: 193)。「個々の身振り語を取り上げれば、たしかに多義的なこと、意義曖昧なことを認めざるを得ないが、文として形成されればこれらの欠点がほぼ解消することも述べている。ヴントによれば、身振り語は「文」を単位にして考察すべきであり、文の形態をとるときは、十分なコミュニケーション機能を果たすことができるとしている。」(同: 解説 194)。

(19) a. 文が存在するところには、必ず一定の構文上の規則が存在していなければならないし、逆に構文上の規則があるところには、文もまた存在している。そこで、個々の身振り語の持つ中立的な性質から、文の欠如へと結びついていくというのではなく、むしろ特定の構文上の規則が存在しているというところから出発して、身振り語もまた、単に別個の身振り語から成り立っているのではなく、文から成り立っているのだ、ということを結論としてもってくる必要があるだろう。　　　　　　(Wundt 1900: 217、中野監訳 1985; 121-122)

b. あらゆる情緒が、感情的側面の強い観念を含んだものとなっている限りにおいて、身振り語は、二義的な形でだけ、同時に観念の表出を行ったものとなる。(中略)観念の表出があるときに、とりわけ表出動作は他者に同じ情緒を喚起させることができるのであるが、これは、観念の一致による作用があって初めて、情緒の一致も生じうるからである。(中略)すなわち、観念の表出は、それを受け取る人の側に生じた情緒の反射像に対して、より確実な土台を与えることで、身振り語によって伝達された観念と密接な関連を持った別の観念を生じさせていくか、あるいは喚起された情緒が好ましくないものであれば、それと対照的な観念を生じさせるのである。(中略)
　　　このようにして、個別的なものであった情緒が、身振り語がやりとりされ始めたときから変化し、共通の情緒へと移行していくのである。そして、観念内容のもつ比重が大きくなるにつれ、情緒にお

ける感情的な要素、したがって要素そのものが減少してくることで、最終的に、身振り語表出とともにやりとりされ、共通に体験されていた情緒は、「身振り語表出の相互作用の中で働く共通の思考」へと変化していくのである。

(Wundt 1900, T1: 254–255、中野監訳 1985: 180–181)

　ここでは感情・情緒の表出という動機によって、身振り語を含む言語が「観念」「共通の思考」の表明・伝達を果たす様相が説明される。このように、ミードも注目したヴント言語論の要諦は「観念・思想の呼び起こし」「文を単位とした考察」「一定の構文上の規則」など、喚体句の規定に共通する点で注目できる。

6.3.2　G. H. ミードのヴント受容

　ミードは、1888年秋から1891年秋にかけてのドイツ留学中、1888年ライプツィヒ大学在籍中にはヴントの授業も受けている。帰国後、ヴントの言語論を「最新の言語に関する学説」として引きながら、自らの中期思想（1907–1921）、具体的には「言語と自我の社会的発生論」や「社会発生論」を構築したという（加藤・宝月 2006 解説）。

　時の先端的科学としての心理学の権威の影響は大きかった。ミードの展開した「独自の言語論」は、「言語は、観念や感情をつたえる内的な意味をもつものとしてだけでなく、「信号（signal）」や「身ぶり（gesture）」による集団内の共同活動というより広い範囲でとらえられる」もので、「こうした視点を、ミードはダーウィンやW・ヴントの身ぶりに関する研究からまなんだという」（魚津 2006: 202）。

(20)　ミードは次のようにいう。「身ぶりが、背後にこうした観念を意味しており、その身ぶりが、他の個人におなじ観念をひきおこす場合、私たちは有意味シンボル（significant symbol）をもつことになる。（略）人間の場合、はじめの個人の経験のなかに、ある意味に対応するシンボルがあって、それが第二の個人のなかに同じ意味をよびおこす。身ぶりがそうした段階にたっするとき、それはいわゆる『言語（language）』

である。いまやそれは、有意味シンボルであり、一定の意味をもつのである」　　　　　　　　　　　　　　　　　　　　　　（魚津 2006: 205）

言語を共通の観念をよびおこす記号とする見方は、ヴントの言語観に共通であり、ミードがヴントの批判的検討から受容したものである。ただしミードは、「社会心理学は自ら〔の研究領域〕を、「人間同士の相互作用によって生じる、感情や、信念や、意志─したがって行為─の諸一様性」に限定しなければならない」(Mead 1909、加藤・宝月 2003: 3) とし、社会性の発生論における重要な命題の一つとして、「意味の意識は、社会的な相互的コミュニケーションによって生じる」(同: 6) ことを挙げる。ヴントの言語観の追究から「社会」の発生と存在を前提として抽出し、またその中で規定される「自我」(I/me) の抽出を果たすのである。

ヴントは身振り語による思考の呼び起こしを人間の感情という心理によるものと見、また言語を心理の一現象面と見て、哲学から心理学を分離した。ミードはヴントの言語論を踏まえつつ、「意味」の成立要件として「共同体の相互作用」を挙げ、心理学から社会学を分離した。彼らの言語論が共通して重視する点は、「欲求・希望・詠嘆・感動」を呼び起こすことができる原初的な感情表出とその相互作用であり、共同体においては記号化した言語のシステムが存在するゆえに、「共通の思考」が成り立つとする点である。

これは観念の呼び起こしの可否を句の完備の要件とする山田の定義にも共通する。「共感の共同体」を前提としたこの喚体理解は、鈴木 (2005)、滝浦 (2009) も指摘するところである。

(21)　山田がここで想定しているのは、和歌が詠まれる場において、詠み人の感動をそこにいる誰もが理解できるという「共感の共同体」、あるいはかつて読まれた歌に、現在の〈私〉も同じ価値を認め、過不足なく理解できると仮定した、時間を超えた「価値共有の共同体」であろう。つまり山田の「喚体」は、発話された言語コードがそのまま直接「伝わる」ような、自己と他者が隔てなく一体化したような、「理想的」なコミュニケーションを想定したものと言ってよいだろう。
　　　　　　　　　　　　　　　　　　　　　　　　（鈴木 2005: 287）

ただし滝浦(2009)は、この和歌に代表される喚体句的表現によって共感を成立させる「共同体」を自明の前提とはしない。山田自身「自分が啓蒙しなければ」「国体を支える共同性は瓦解してしまう」ととらえ、富山藩最後の連歌宗匠の息子としての使命感故に、精力的な著作活動を行ったとみる(滝浦 2009: 149-150)。国学者山田と文法学者山田をつなぐ見方として説得的である。本論は、ヴントの言語論、Ausrufungssatz の記述を、そのような山田の精神性と、喚体の設定の理論的根拠をともに満たす淵源とみる。

7 山田の創見─伝統的国学での「喚体句」の現象把握

以上見てきたように、山田『日本文法論』の「句論」および「喚体」の設定には、ヴントの言語論の影響による学説の発展が関与したと考えられる。もちろん、ただヴントの説を輸入するのではなく、現象面の把握によって日本語の文法論の枠組みとして設定したという点で創見といって間違いない。

ただし、山田自身は、喚体句の現象面の把握についても、先行の伝統的学説や折衷文典の記述を引き、批判的に検討した後に、喚体・述体の二体をともに完備した句の類型として設定し、述体・喚体の転成の関係について「文章法上の意見」を提出したことをもって「創見」という[22]。

(22) この種の語法(引用注:喚体句的語法)をあげたるは「あゆひ」抄をはじめ、玉の緒にもあり。其の他繰分、係辞弁又論ぜり。しかも会心の説を見ず。近世の文法家にてはまた大槻氏之を論ぜり。其の他諸家、言のこれに及ぶもの蓋稀なり。 (『文法論』1203)

大槻『広日本文典』では「呼掛の結法」として、「〜の…さ」という定型を把握しており、完備した文と見ている(第五二七節)。山田はこれを白眉と評価しつつ、大槻の「詠嘆ノ意ヲ含マシメテ、「音がさやけき哉」(略)ト解シタリ。而シテ、形容詞、乃チ、文ヲ結ブナリ、名詞ニテ結ビタルニハアラズ。」とする見解を批判する。

(23) 「わびしさ」「うさ」等は其の本体はまことに所謂形容詞なるべし。然

れども、この「さ」といふ接辞はいつも体言を構成するものにあらずや。(略)唯氏は一完体なりと見る点において勝を制するのみ。しかも何が故に之を一完体と見るかといはゞ、この「さ」の接せる用言を以て述語と見るが故なり。(略)大槻氏の説の如くすれば、如何にしても「さ」を以て所謂形容詞の感動的語尾と見ざるべからず。しかもそは氏自身も世のすべての学者も許さざる所なれば、この点より見れば、氏自身の説の自殺的撞著あるは明なり。　　　(『文法論』1206-1207)

山田は、喚体句が不完備とみなされるのはいわゆる述体を普遍・模範としてみるためだとし、体言を中核とする喚体を設定することでこの誤謬を正す。先行論の現象面の把握を評価し、しかし先行論が解釈に基づいて行った「うるはしの月や←→この月はうるはしきかな」とする置き換えを、述体と喚体の交渉と位置づけ、ここに「独創の見地」を謳っている。

(24)　これらの例、みな「の」「が」の助詞にて導かれたるものは、述体としての主語、「さ」の接辞にて結体せられたる用言は述体としての述語なり。然るにこゝに喚体となるが為に「さ」にて一切を体言とならしめたり。即述語が体言的になると同時に、其の主語が連体語の形式を呈したり。これ即、吾人がこの文を以て述体より転成せし喚体となすものなり。吾人が出逢ひし一切の文典殆これにつきて文章法上の意見を明確に表明したるものなし。この点に於いて吾人は独創の見地に立てり。　　　　　　　　　　　　　　　　　　(『方法論』1203)

8　おわりに

「喚体句」は、確かに山田の創見になるものである。しかし、その設定の過程を『日本文法論上巻』から刊本『日本文法論』の記述で跡づけていくと、先行説の副詞・接続詞・感動詞(間投詞)の不整合への違和感、喚体句の現象面での把握にもとづく至極論理的な批判的検討と、スウィート、ハイゼといった外国語文法論、心理学・論理学といった当時の先端理論を最大限援用した立論過程が浮かび上がる。本稿は、喚体句設定の具体的な淵源とし

て、ヴント『民族心理学』「言語」の Satz、特に Ausrufungssatz の記述の影響を見た。『日本文法論』は、「句」の設定、なかでも喚体句を抽出したことで成立したものとみることができる。述体句を文法の基盤と見るのではなく、述体句と喚体句を並んで句の基本としたことには、山田が和歌／連歌といった喚体句的構成をとりやすい表現で共感を起こす共同体意識を重視したことも大きく作用したといえるだろう。

　山田文法におけるヴント言語論の影響についてはより詳細な検討の必要が認められる。山田のみならず、画期的な創見とされる学説について、テクストに基づきながらその背景を追究し、立論の過程を再構築することは、誇大でも過小でもない学説史的位置づけにもつながるだろう。豊かな学問の歴史を持つ日本語学の史的文献を用いた学説史研究は、科学史的な意義も大きく取り組むべき課題も再検討の余地も大きい。

注

1　最近の言及として、仁田（2005）、斎藤・大木編（2010）、野村（2010）、ハイコ（2010）など。
2　ハイゼ Aussagesatz から援用したとされる（古田 1976、斉木・鷲尾 2009 など参照）。
3　「文法論において問うべき最も根源的な問題と、それを考えていく視点は、ほぼすべて山田孝雄氏の文法論の中に用意されていると言ってよいであろう」（尾上 2010: 1 冒頭）など。
4　野村（2010: 143）。
5　下線は引用者による。また漢字字体は現在通用のものに改めた。以下同じ。
6　『文法論』151 頁、また本論第 5.1.3 節および注 15 参照。
7　『上巻』の段階の版は、「明治 35 年、安芸の中学の舎監室で（中略）書き上げ」「即ちそれを明治 37 年 7 月 4 日に書留郵便として文部省に提出した。之が、後に学位を請けた論文である」（「土佐の思い出」『南国』第二巻第八号昭和 29 年 11 月 20 日発行、安芸高等学校記念誌編集部 1970 による）との記録もあるが、「受理された論文は紛失して審査は行はれずに二十餘年を過ごした。東京帝國大學文學部教授会は、急ぎ山田孝雄の諒承を得て『日本文法論』刊本を審査対象として學位を授与したのであつた」（山田俊雄 2003: 45）とある。中巻については、岡澤鉦次郎の批評（岡澤 1903）への回答論文（山田 1903）で自ら言及・引用し、上中下からなる版の存在が示唆されるものの、

明治 35 年段階の「日本文法論」全巻は伝わらない。
8 "立志時代"については山田俊雄(1978)参照。明治 38 年 2 月 21 日付けの「自警録」の言「特に文法学の基礎を論ずるものは独逸文にて起草すべきこと。」は注目に値する。「自警録」は明治 35、38 年の二度、それぞれ「父君の古稀」「母君の還暦」を期して記された、山田にとって畢生の目的としての学究における目標の宣誓である。『上巻』から『文法論』の間にあたる時期に、独逸語の文法学による大きな刺激があったことを示唆する。『上巻』以前に参照しているハイゼとは考えがたい。
9 大久保(1968)、斎藤・大木編(2010)収載の各論など。
10 野村(2010)、山東(2010)にも指摘がある。なお引用に際しては末尾の読点を省いた。
11 『上巻』と『文法論』の対照によっても明らかであるが、『文法論』自筆原稿によってもその訂正が確認できる。『文法論』原稿の『上巻』対応部分(196 頁まで)は『上巻』の活字原稿に書き入れを施す。この部分については従来言われるとおり、ほぼ『上巻』を踏襲していることがわかる。
12 富山市立図書館より『上巻』『文法論』自筆原稿の写真データのご高配を受けた。記して感謝申し上げる。(2010 年 1 月より『上巻』のみ富山市立図書館 HP でも閲覧可能)。自筆原稿の詳細については未調査であるが、『上巻』『文法論』原稿とも複数回の書き入れ改訂作業が認められる。中下巻が「失われた」状態に変わりはないが、『文法論』原稿は、複数種の原稿用紙の束を組んだ形であり、後半部分にも多くの書き入れ・修正・切り貼り部分、主に用例を中心として活字紙面の切り貼り部分が認められる。中・下巻整版の存否を別として、これら自筆原稿の対照や精査によって、山田文法の生成発展過程を再構築できる可能性は大きい。
13 いくつか推敲箇所があるが、修正反映後の文言で転記する。なお、『上巻』「告白」の日付(明治 35 年 6 月 29 日)は、刊本『文法論』では「緒言」の末尾に示され、続けて明治 40 年 12 月 30 日付文言(5)が付される。なお(5)の文面は、自筆稿本の該当箇所には見えない。
14 野村(2010)でも、山田の、スウィートの一語文へのこだわりについて指摘がある。
15 具体例はそれぞれ以下の通り。①「犬！」のような一語文。②-1「あな」等。語の上に立つ「観念語の一部」。副詞のように下に来る語または文全体に感情的調子を与えるもの。②-2「かな・や・か」など助詞類。③「あいぞ」「えゝゝ」など(『文法論』151 参照)。
16 山東(2010)が指摘するように、この時期の山田は地方にあって地理的にも経済的にも不便の時代であり、最新文献を入手して学説に活かしえたかについては疑問も残る。ただし、山田忠雄(1968: 251)によれば、遺品中には「原書若干の抄訳(たとへばブラウンの Colloquial Japanese やヴントの民族心理学など)をふくむ」横書きペン書きのノート十数冊があるという(山田孝雄文庫に所蔵なし)。1905(明治 38)年の自警録「文

法学を独逸文にて起草すべき」との言も併せて、本稿の推測は蓋然性を持つと考える。

17 この点、Eschbach-Szabo (1989: 73) で「Ausrufungssätze wie bei Wundt, im Japanischen *kantai no ku*」と明記されるのを除き、先行論でもほとんど指摘がない。

18 三修社『独和広辞典』(ロベルト・シンチゲル、山本明、南原実編 1986) による。なお、「感嘆文」Ausrufungssatz 項には「古語」の表示があり、別途 Ausrufesatz が掲出されている。

19 山田文庫所蔵になる独和・和独辞典では、動詞 ausruf、名詞 Ausruf, Ausrufung と「喚起」「呼び起こす」意との関係が確認できる。(井上哲次郎ほか『新獨和辭典』(大倉書店) 1902：Ausruf 項「1. 叫喚, 號叫.」ausrufen 項「1. 叫ぶ, 呼ぶ.」／谷口秀太郎ほか『増訂第四版獨和辭典』(大倉書店) 1901：Ausruf 項「叫喚, 宣言, 競賣.」Ausrufen 項「叫ブ, 呼ブ」／登張信一郎ほか『新和獨辭典』(大倉書店) 1901「Yobau, 喚ふ」「Yobidasu, 呼出す」「Yobu, 呼ぶ」項に ausrufen.)

20 (17–18) の和訳については中村靖子氏 (名古屋大学文学研究科) のご教示を得た。記して感謝申し上げる。

21 Wundt (1900 T1: 560–563) には、"Wort und Satz" という節もあり、句論設定への影響も考えられる。なおハイゼをはじめ当時の独逸文典でも文論 Satzlehre・詞論 Wortlehre を立てるが、斉木・鷲尾 (2009) によれば、ハイゼから『文法論』への引用は 95% が詞論からで、すべて「語論」の箇所であるという。

22 Wundt (1900) にも、感嘆文の平叙文・疑問文への転用が説かれる。引用 (18) 参照。喚体述体の交渉という「独創」におけるヴントからの影響についても今後検討したい。

参考文献

石神照雄 (1995)「一語文と喚体」『国語学研究』34: 1–10、東北大学
魚津郁夫 (2006)『プラグマティズムの思想』(ちくま学芸文庫)筑摩書房(魚津 2001 文庫版)
魚津郁夫 (2001)『現代アメリカ思想―プラグマティズムの展開』放送大学教育振興会
大木一夫 (2006)「喚体的な文と文の述べ方」『文化』169 (3, 4): 363–344、東北大学
大久保忠利 (1968)『日本文法陳述論』明治書院
大鹿薫久 (2007)「文法 山田孝雄『日本文法論』」『日本語学』26 (5 臨増): 95–97、明治書院
大槻文彦 (1897)『広日本文典』(国立国会図書館近代デジタルライブラリー参照)
岡澤鉦次郎 (1903)「我が語性論分類法の立脚地を示して山田氏の惑ひを解く」『國學院雜誌』9 (1–5)、國學院大學
尾上圭介 (1998)「一語文の用法―"イマ・ココ"を離れない文の検討のために」『東京大学国語学研究室創設百周年記念論集 国語研究論集』888–908、笠間書院

尾上圭介(2010)「山田文法が目指すもの―文法論において問うべきことは何か」斎藤倫明・大木一夫編『山田文法の現代的意義』ひつじ書房
加藤一己・宝月誠編訳(2003)『G. H. ミード　プラグマティズムの展開』ミネルヴァ書房
川端善明(1963)「喚体と述体―係助詞と助動詞とその層」『女子大文学』15、大阪女子大学
釘貫亨(2007)「山田文法における「統覚作用」の概念の由来について(日本語学の諸問題)」『國學院雑誌』108(11): 149–160、國學院大學
斉木美知世・鷲尾龍一(2009)「『日本文法論』とハイゼの獨逸文典」『人文』(8): 65–83、学習院大学
斎藤倫明・大木一夫編(2010)『山田文法の現代的意義』ひつじ書房
笹井香(2006)「現代語の感動文の構造―「なんと」型感動文の構造をめぐって」『日本語の研究』2(1): 16–21、日本語学会
山東功(2010)「『日本文法論』の成立」斎藤倫明・大木一夫編『山田文法の現代的意義』ひつじ書房
鈴木園巳(2005)「「喚体」論とその思想傾向―山田文法に関する一考察」『The Hitotsubashi review』133(3): 270–290、一橋大学
滝浦真人(2009)『山田孝雄―共同体の国学の夢』講談社
富山市立図書館編(1999/2007)『山田孝雄文庫目録』(洋装本の部・和装本の部)
中野善達監訳(1985)『身振り語の心理』福村出版(Wundt 1900『民族心理学』第一巻「言語」(Die Sprache)第二章「身振り語」(Die Gebardensprache)の訳)
仁科明(2009)「人と物と流れる時と―喚体的名詞一語文をめぐって」森雄一・西村義樹・山田進・米山三明編『ことばのダイナミズム』313–331、くろしお出版
仁田義雄(2005)『ある近代日本文法研究史』和泉書院
野村剛史(2010)「常識としての山田文法」斎藤倫明・大木一夫編『山田文法の現代的意義』ひつじ書房
古田東朔(1976)「文法研究の歴史(2)」『岩波講座日本語6　文法Ⅰ』岩波書店
元良勇次郎・中島泰蔵共訳(1898–1899)『ヴント氏心理学概論』(上(訂正再版)／中／下)富山房
森重敏(1964)『日本文法通論』風間書房
山田忠雄編(1968)『山田孝雄の立志時代』私家版、吉川弘文館制作
山田俊雄(2003)「山田孝雄―合理性と情熱」『古代文化』55(11): 39–47、古代学協会
山田孝雄(1902)『日本文法論上』宝文館(北海道教育大学付属図書館蔵本による)
山田孝雄(1903)「岡澤氏に答ふ」『國學院雑誌』9(5): 65–69、國學院大學
山田孝雄(1908)『日本文法論』宝文館
George H., Mead (1904) "The Relations of Psychology and Philology." *Psychological Bulletin* I,

375–391.（加藤・宝月訳 2003 注に一部収録）

George H., Mead（1909）"Social Psychology as Counterpart to Physiological Psychology." *Psychological Bulletin 6*, 401–408.（加藤・宝月編訳 2003 所収（第一章）「生理学的心理学と対になる学としての社会心理学」）

George H., Mead（1910）"Social Consciousness and the Consciousness of Meaning." *Psychological Bulletin 7*, 397–405.（加藤・宝月編訳 2003 所収（第二章）「社会的意識と意味の意識」）

George H., Mead（1934）*Mind, Self and Society*. Chicago: University of Chicago Press.（稲葉三千男・滝沢正樹・中野収訳 1973『精神・自我・社会』青木書店）

Wilhelm, Wundt（1900）*Die Sprache*, W. Engelmann, Leipzig.（*Völkerpsychologie: eine Untersuchung der Entwicklungsgesetze von Sprache, Mythus und Sitte*; T1, T2.）（富山市立図書館山田孝雄文庫蔵本による）

Eschbach-Szabo, Viktoria（1989）"Wilhelm Wundt und Yamada Yoshio über die Definition des Satzes". Bruno Lewin zu Ehren. Festschrift aus Anlaß seines 65. Geburtstages. Ed. Irmela Hijiya-Kirschnerei u. Jürgen Stalph. Vol. 1, 67–79 Bochum: Brockmeyer.

『手爾葉大概抄』読解
— 「手尓葉」と「詞」—

小柳智一

[概要]

室町時代中期以降に成立したと目される『手爾葉大概抄』（著者不詳）は、日本語文法に関するまとまった最初の書として知られる。そこには「手尓葉」と「詞」という語の分類に関わる用語が見え、時枝誠記はこれを主体的で志向作用を表すものと、客体的で志向対象を表すものと解釈した。この解釈は広く受け入れられ、現代でもほぼ標準的な理解となっている。本稿は『手爾葉大概抄』とその注釈書である『手爾葉大概抄之抄』（宗祇著とされ、『手爾葉大概抄』と合冊の形で伝わる）の記述を精読することにより、時枝解釈には根拠がなく、『手爾葉大概抄』の「手尓葉」は関係的・形式的な意味を表し、対立する「詞」は素材的・実質的な意味を表すと読み取れることを示す。また、従来信じられていたのと異なり、語を「手尓葉」と「詞」に二分することがこの書の目的に含まれていないことも述べる。

1 はじめに

　日本語文法に関して、ある程度まとまった著作を問題にする時、『手爾葉大概抄』はその最初期に位置する。『手爾葉大概抄』はその注釈書である『手爾葉大概抄之抄』と合わせた形で伝来し（浅田 2003）、それには藤原定家の著作と記されるが、現在では否定されており、著者不詳の書である。成立は『手爾葉大概抄之抄』の奥書に文明 15（1483）年とあることから、それ以前と目されるものの[1]、特定はできず、根上（2004）に従って早くても室町時代中期以降とするのが穏当だろう。644字[2]からなる変体漢文で書かれ、内容は最初に総論を置き、続いて「手尓葉」についての各論、最後に執筆動機を述べる。次に掲げるのがその総論部である（A〜Gは第2節で挙げる引用と対応）。以下、『手爾葉大概抄』『手爾葉大概抄之抄』の引用は『国語学大

（1） A和歌手尓波者唐土之置字也。B以レ之定ニ軽重之心ヲ一。C音声因レ之相続、D人情縁レ之発揮也。学者以ニ先達之秀歌ヲ一不レ勝ニ敢為ニ自得ヲ一焉。E詞如ニ寺社ニ、手尓波如ニ荘厳ニ一。以ニ荘厳之手尓葉ヲ一定ニ寺社之尊卑ヲ一。F詞雖レ有ニ際限ニ、新レ之自ニ在之ニ者手尓葉也。G無尽心於レ是顕然矣。豈忽ニ緒之ニ哉。　　　　　　　　　（手爾葉大概抄：p. 41）
　　　　　書き下し＝和歌手尓波は唐土の置字なり。之を以て軽重の心を定む。音声之に因りて相続し、人情之に縁りて発揮するなり。学ぶ者は先達の秀歌を以て敢へて自得するに勝かず。詞は寺社の如く、手尓波は荘厳の如し。荘厳の手尓葉を以て寺社の尊卑を定む。詞は際限有りと雖も、之を新にし之を自在する者は手尓葉なり。無尽の心是に於て顕然たり。豈に之を忽緒（ゆるがせ）にせんや。

　本稿の目的は、ここに見える「手尓葉」と「詞」の内容を明らかにすることである。『手爾葉大概抄』の「手尓葉」と「詞」については時枝誠記の有名な解釈があり、ほぼ通説のように受け入れられている。そこで、あわせて時枝解釈の再検討も行いたいと思う。

2　時枝解釈

　最初に、時枝解釈を確認しておきたい。時枝は自分の解釈を度々開陳しているが、時枝（1941）では（2）のように述べている。（3）は他の箇所での解説も考慮に入れてまとめた時枝解釈の三つの要点である。

（2）　定家の著と伝へられてゐる手爾葉大概抄には次の様に述べられてゐる。
　　　　　詞如ニ寺社ニ手尓波者如ニ荘厳ニ以ニ荘厳之手尓葉ヲ一定ニ寺社之尊卑ヲ一。寺社とその荘厳とは全く別の次元に属するものであり、荘厳は寺社を包む処のものである。詞は「山」「川」「犬」「馬」「喜び」「悲しみ」

等の様に、客観的なるもの、主観的なるものの一切を客体化して表現するのであるが、それのみを以てしては思想内容の一面しか表現し得ない。これに対して、辞は、これ亦主体的なものしか表現出来ないのであつて、具体的な思想は常に主客の合一した世界であるから、詞辞の結合によつて始めて具体的な思想を表現することが出来るのである。　　　　　　　　　　（時枝 1941：pp. 238–239／傍線は小柳。以下同）

(3) a. 『手爾葉大概抄』の「詞」と「手尓葉」は次元が異なる。
　　b. 「詞」は客体的で志向対象を表し、「手尓葉」は主体的で志向作用を表す[3]。
　　c. 「手尓葉」が「詞」を包み、主客の合一した具体的な思想の表現になる。

　ところが、不思議なことに、どのような思考の過程を経てこの解釈に至ったのかを明らかにしたものはほとんどない。そのなかで、晩年の講演を文字化した時枝(1968)はやや詳しく述べており、読解の方法が二つ示されている。一つは「詞如₌寺社₋、手尓波如₌荘厳₋」という比喩の解読で、次のように説く。

(4)　「荘厳」というのは、いま申しましたように、お寺を、あるいはお社を磨いたり、それに朱を塗ったり、金銀をちりばめたりすることです。そこで、いま、ちょっと絵を書きます。絵になってるかどうか……。これは仏さまです。それから、仏さまにお水を供え、お花を立ててお燈明と、これが、「荘厳」です。つまり『手爾葉大概抄』の著者は、ことばを二つに分けて、片っ方が仏さまのようなもの、片っ方は、仏さまに対する「荘厳」のごときものであると、こういうふうに言ったわけです。《中略》その区別というものは、これは一つの宗教的なたとえでありますが、信仰者、つまり信者というものを、ここに一つ考える。そういたしますと、信者の立場から言うと、これが違ってくる。どういうふうに違うかというと、信者が仏さまを見ます。これは、信者からいえば、信仰の対象でしょう。この仏さまに対して礼拝するとか、この仏さまを敬うとか、つまり信仰の対象になるわけで

すね。その次にこれはなにかというと、けっして水を崇め奉るとか、お花に礼拝するとか、そういうのじゃない。仏さまを信心する、信仰する気持ちを、ここにあらわしておるわけです。それはおわかりになりますね。ですから、信仰が厚いか薄いかということが、これにあらわれてくるわけです。《中略》そこで私は、これは、対象じゃなくて、信仰そのものの主体的表現である。こっちの仏さまはなにかといったら、主体的表現じゃなくて、信仰の一つの客体的表現、こういう区別をやったわけです。つまり、『手爾葉大概抄』の著者は、ことばを二つに分けまして、一つのことばは客体をあらわし、一つのことばは人間の主体をあらわす、こういうふうにやった。

(時枝 1968：pp. 17–18)

もう一つの方法は後代の文献の援用で、本居宣長『詞の玉緒』(天明5(1785)年)と鈴木朖『言語四種論』(享和3(1803)年頃成か。文政7(1824)年刊)を用いて、先述の比喩を解釈すると言う[4]。

(5) 問題は、このたとえというのものを、どういうふうに解釈したらいいのかということ。《中略》これを解釈するカギは、やっぱり『手爾葉大概抄』以下の、日本に伝えられたところの語学書をたどっていきます。そして、これから逆推していくほかにしようがない。

(時枝 1968：p. 16)

しかし、これらの方法と考察の内容には問題がある。まず一つめの方法では、比喩の解読の仕方が適当でない。『手爾葉大概抄』には「詞如=寺社=」とあるのに、時枝は「詞」を「仏さま」に喩えている。時枝の説明に倣えば、「信仰の対象」は「仏さま」であって「寺社」ではないはずである。二つめの方法では、援用する文献(『詞の玉緒』『言語四種論』)と『手爾葉大概抄』の年代差が大きく、しかも、それらの文献は『手爾葉大概抄』に全く言及していない。より近い文献を利用するのが正当だろう。

本稿は別の方法を採る。一つは当然だが、『手爾葉大概抄』の本文(以下「本文」)を精読する。特に総論部は重要である。もう一つは『手爾葉大概抄

之抄』の注釈(以下「注釈」)を積極的に参照する。先述の通り、『手爾葉大概抄』は『手爾葉大概抄之抄』と合わせて伝わるので、その注釈は積極的に活用するべきである。

3 総論部の読解

前掲の(1)総論部を読んでいく。まず、冒頭Aは次のようにあり、「手尔葉」が漢文の置字に当たることを述べるものである。「手尔葉」と置字を比較するのは、中世の捉え方として一般的である。

(6) 　A：手尔葉者唐土之置字也。
　　　　　もろこしの置字とは「焉」「矣」「耳」「而已」「於」「于」「也」「哉」これらの類なり。　　　（手爾葉大概抄之抄：p. 43）

続くB〜Dでは「手尔葉」がどのようなものかを述べている。

(7) 　B：以テ(レ)之ヲ定ム(二)軽重之心ヲ(一)。
　　　　　置字にて「耳」は軽(かろ)く、「而已」は重く、「而已矣」はますます重し。外は是に准ふべし。手尔葉にては「思ふ」は軽く、「思ひける」は重く、「思ひける哉」はいよいよ重し。類はなぞらふべし。　　　（手爾葉大概抄之抄：p. 43）

(8) 　C：音声因リテ(レ)之ニ相続シ、
　　　　　続かざる詞の所へ「の」の字を入るれば、やすらかに相続するがたぐひなり。　　　（手爾葉大概抄之抄：p. 43）

(9) 　D：人情縁リテ(レ)之ニ発揮スル也。
　　　　　「恋し」と言はんは浅く、「恋しかりし」は深き情を発す。是等の事なるべし。　　　（手爾葉大概抄之抄：p. 44）

まず、(8)のC本文の「音声」が「相続」するとは、注釈によると、「の」が「詞」と「詞」をつなぐようなことを言うらしい。「手尔葉」がなくても、例えば「はないろ（花色）」のように「詞」と「詞」をそのまま続けて発

音することはできるから、C本文の「音声」が言語音のことだとすると矛盾する。これは単に音声上のことを言うのではなく、「はなのいろ(花の色)」のように「詞」と「詞」が自然な形で「相続」すること、つまり、糸井 (1995) の指摘する通り、言語の形式・形態上のことを言っていると解される。

　このC本文と対句になるのが(9)のD本文である。D本文の「人情」とは次例に見るように、気質や感情など、人の内面のことだと考えられる。

(10) 　人情さまざまなる物なり。いにしへなどは申しかへ侍る。孟子といふ文には、「生まれつきの性は善き物なれども、悪き事になれぬれば悪くなる」ともいひ、荀子といふ文には、「生得の性は悪き物なれども、学問などして善くなる」ともいひ、揚子といふ文には、「人の性はもとより善悪交じるものなれば、善き方に引かるれば善くなり、悪しき方に引かるれば悪しくなる」と申せり。この三つのいはれ、みなそのいはれあるにや。連歌も生まれつきより天性を得たる上手もあるべし。また、生得のいたづら者もあり。
　　　　　（二条良基『筑波問答』・1357–1372年成：新編全集 p. 27）

(11)　 人間(右訓ニンゲン、左訓ジンカン／ヒトアイダ)《中略》一情(右訓ジヤウ、左訓セイ)愛憎(アイゾウ)
　　　　　　　　　　　　　（文明本節用集・1474年頃成）

　したがって、C・D本文は、「手尓葉」によって「詞」と「詞」が整った形で続き、「手尓葉」によって人の内面が外へ表出されることを言うと読むことができる。
　次に(7)のB本文を見ると、「軽重之心」という語句がある。この「心」は、次の(12)のG本文の「無尽心」の「心」と同じであろう。

(12)　G：無尽心於テ(レ)是ニ顕然タリ矣。
　　　　　限りある詞を以て限りなき心を顕すは、手尓波なり。
　　　　　　　　　　　　　　　　　（手爾葉大概抄之抄：p. 44）

　しかし、D本文の「人情」とは別だと考えられる。同じだとすると、B

本文「以レ之定二軽重之心一」とD本文「人情縁レ之発揮也」の内容が重複してしまうからである。B注釈は「思ふ」より「思ひける」、「思ひける」より「思ひける哉」が「重し」と述べており、これをG注釈と考え合わせると、G注釈の「限りある詞」というのが「思ふ」で、これによって「限りなき心」が表せるのは、「手尓葉」が付いて「思ひける」「思ひける哉」のように、様々な表現が可能だからだと読むことができる。注目されるのは、B注釈に「手尓葉」の付いていない「思ふ」を「軽重之心」の一つの場合として挙げ、G注釈に「限りある詞を以て限りなき心を顕す」とあることである。これは、「思ふ」という「詞」だけでも「心」を表すことを示している。そして、この「詞」に「手尓葉」が付くと、「思ひける」「思ひける哉」となり、より「心」が「重く」なるのである。このような「心」とは何だろうか。それは、D本文の「人情」のような、言語主体の内面（感情・気質など）とは別で、言語としての「手尓葉」の表す意味であろう。『手爾葉大概抄』の「心」が言葉の意味という意で用いられることは、次の類例からもわかる。(13)は文中の「つつ」と「つつも」が同意であることを言い、(14)は「かな」と同意の「かも」があることを言う例である。

(13) 中ノ「筒」「筒茂」其ノ心二等シ矣。　　　　　（手爾葉大概抄：p. 41）
(14) 「加毛」有リ(レ)二ツ。《中略》二ニハ通ズ(二)「哉」之心二(一)也。
　　　　　　　　　　　　　　　　　　　　　　　（手爾葉大概抄：p. 42）

　ここで「手尓葉」の意味として考えられているのは、事物や動作などの、文内容の素材的・実質的な意味ではない。それらを関係づけ、文として調え枠を形作る関係的・形式的（あるいは機能的）な意味だと思われる[5]。関係的・形式的な意味とは、例えば格・様相、平叙と詠嘆・疑問などの、いわゆる文法範疇的な意味のことである。関係的・形式的な意味は、それを表す「手尓葉」が付かない「詞」だけでも、「軽く」なら表せてしまう。和歌で「思ふ。」と言い切れば、そこに肯定はもちろん、詠嘆のような意味までが自然に生じるだろう。同様のことは、先掲(9)のD注釈と次の(15)のF注釈でも述べられている。

(15) F：詞ハ雖モ(レ)有リト(二)際限(一)、新ニシ(レ)之ヲ自(二)在スル之ヲ(一)者ハ手尓波也。
　　　「恨む」と言ふ一言の外なし。浅深知れがたし。「恨みつる哉」
　　　と言ふにて、新之自在之して、深さの程を知らしむるなるべ
　　　し。　　　　　　　　　　　　　　　　　（手尓葉大概抄之抄：p. 44）

　D注釈では「恋し」と「恋しかりし」を比べ、F注釈では「恨む」と「恨みつる哉」を比べることによって「浅深」を説いている。つまり、「手尓葉」の有無や使われる「手尓葉」の種類によって、表される関係的・形式的な意味が異なり、その複雑さの度合を「軽重」「浅深」の語で表していると解される。
　次に、時枝が重要視した次の比喩に関する部分を読み解く。(16)のEである。

(16) E：詞ハ如ク(二)寺社ノ(一)、手尓葉ハ如シ(二)荘厳ノ(一)。以テ(二)荘厳之手尓葉ヲ(一)
　　　定ム(二)寺社之尊卑ヲ(一)。
　　　「袖朽つる」といふは寺社のごとく、「袖は朽ちけり」といふは
　　　荘厳のごとし。手尓波の合はざるは、民の器を仏神にそなふる
　　　がごとく也。　　　　　　　　　　　　　（手尓葉大概抄之抄：p. 44）

　まず念のために確認しておくと、E本文中の「荘厳」とは、次例のように、寺社や御堂の装飾のことである。現代語のように荘厳な雰囲気を言うのではない。

(17) 契ヲ結テ道場ヲ荘厳シ、万縁ヲヤメ、三業ヲ静テ、道場ニ入、四人座
　　　ヲ並ベ、七日ノ無言ヲ始ム。
　　　　　　　　　　（沙石集・巻第4(1)・1283年成：日本古典文学大系 p. 167）

　E本文は「詞」を寺社に、「手尓葉」を寺社の荘厳に喩え、荘厳によって寺社の格が定まるように、「手尓葉」によって「詞」の何かが定まることを説いている。「詞」の何が定まるのか。E注釈は「袖朽つる」を寺社の例、「袖は朽ちけり」を荘厳の例として挙げるが、「袖は朽ちけり」は厳密には寺

社(「袖朽つる」)に荘厳(「は」「けり」)が飾り付けられたものと見るべきだろう[6]。この「袖朽つる」と「袖は朽ちけり」の関係は、前掲(7)のB注釈で見た「思ふ」と「思ひける」「思ひける哉」の関係——(9)D注釈の「恋し」と「恋しかりし」、(15)F注釈の「恨む」と「恨みつる哉」の関係も——と同じであり、また、E本文の「尊卑」はB本文の「軽重」に対応すると考えられる。そして、E本文の「以₋荘厳之手尓葉₋定₋寺社之尊卑₋」とB本文「以ㇾ之定₋軽重之心₋」は次のように重なる。

(18) 　E本文：以₋荘厳之手尓葉₋ 定₋寺社之尊卑₋
　　　 B本文：以ㇾ之《＝手尓葉》定₋軽重之心₋

　このことから、E本文は「詞」という新しい語が登場するものの、基本的にB本文を言い換えたものだと考えられる。したがって、荘厳の「手尓葉」は関係的・形式的な意味を表し、これと対立する寺社の「詞」は素材的・実質的な意味を表すと解される。「寺社之尊卑」とは寺社自体ではなく、寺社についてのものであり、それは「尊卑」のように度合を言うことができるものである。それは「軽重之心」つまり関係的・形式的な意味以外には考えられない。よって、「以₋荘厳之手尓葉₋定₋寺社之尊卑₋」は、「手尓葉」によって「詞」を対象とする関係的・形式的な意味が定められることを言うのだと考えられる。
　以上、『手尓葉大概抄』の「手尓葉」とは関係的・形式的な意味を表し、これと対立する「詞」は素材的・実質的な意味を表すと読み解いた。日本語の語をこのような二群に分けて理解することは、直感的にきわめて自然であり、例えば山田(1936)がそれぞれを「関係語」「観念語」と呼んで区別した、その区別とも合致する。

4　時枝解釈の検討

　前節の考察の結果を踏まえて、時枝解釈を検討する。時枝解釈は(3)に整理した三つの要点から構成されているのだった。次に再掲する。

(19) a. 『手爾葉大概抄』の「詞」と「手尓葉」は次元が異なる。
　　b. 「詞」は客体的で志向対象を表し、「手尓葉」は主体的で志向作用を表す。
　　c. 「手尓葉」が「詞」を包み、主客の合一した具体的な思想の表現になる。　　　　　　　　　　　　　　　　　　　　　　　((3)の再掲)

　この三点は(19c)が(19b)を含意し、(19b)が(19a)を含意するという関係になっている。よって、(19c)が証明されれば必然的に(19b)(19a)も認められるが、(19a)が認められただけでは(19b)(19c)は認められたことにならない。順に見てみたい。

　まず、(19a)は認められる。素材的・実質的な意味を表す「詞」と関係的・形式的な意味を表す「手尓葉」では、確かに次元が異なる。ただし、なお考えるべき問題があり、それについては次節で述べる。次に、(19b)は『手爾葉大概抄』の記述からは出て来ない。時枝独自の観点である。もし主客の観点に立って読むのが正しく、「手尓葉」が主体的な意味を、「詞」が客体的な意味を表すとすると、(7)のB本文にある「軽重之心」は主体的な意味となるが、そうなると、B・D・Fの注釈で「思ふ」「恋し」「恨む」という「詞」だけで軽く浅く「心」が表されるとあったことと整合しなくなる。客体的な「詞」は主体的な「心」を表さないはずだからである。これを回避するために、時枝のように「零記号の辞」を想定するのも一案だが、それは『手爾葉大概抄』の与り知らないことである[7]。『手爾葉大概抄』の読解に主客の観点を導入することは適当でない。よって、(19b)は認められず、必然的に(19c)も認めることはできない。

　第2節の(4)で見たように、時枝は「詞」を信仰の対象である「仏さま」に喩え、「手尓葉」を信仰そのものに喩えて理解していた。しかし、この類比(アナロジー)は正しくない。『手爾葉大概抄』の「詞」「手尓葉」の説明に神仏は登場しない[8]。「詞」は神仏を崇敬する場である寺社に喩えられ、「手尓葉」はその寺社を飾る荘厳に喩えられているのであった。寺社と荘厳はともに崇敬のための道具に過ぎず、神仏はそれを超えたところに存在する。「詞」「手尓葉」にとって神仏に当たるのは、表現される事物や事態、また「人情」((9)B本文)であろう。

なお、(16)のE注釈に「手尔葉の合はざるは、民の器を仏神にそなふるがごとく也」とあり、「仏神」が登場するが、時枝解釈を支持するものではない。これは、関係的・形式的な意味が整合していない表現のことを言い、それを、相応しくない「民の器」を誤って「仏神にそなふる」と比喩しているのだと思われる。

以上のように、主客の観点によって『手尔葉大概抄』の「手尔葉」「詞」を解釈しようとする時枝解釈は、適当とは言えない[9]。

5　「手尔葉」と「詞」

「手尔葉」に関しては、まだ考えなければならない問題がある。『手尔葉大概抄』の各論を読むと、「手尔葉」の下位分類にさらに「手尔葉」の現れることがあるのである。(20)は「や」の一品の「手尔葉のや」、(21)は「列字」の一品の「手尔葉」、(22)は「哉」の一品の「手尔葉のかな」の記述である。

(20)　三ニ手尔葉ノヤ。
　　　「は」に通ふあり。「の」に通ふあり。「と」に通ふあり。「ぞ」に通ふあり。ただてにはまでの「や」あり。《中略》ただてにはまでのとは、
　　　千　ささ波やしかの都はあれにしをむかしながらの山ざくらかな
　　　　　　　　　　　　　　　　　　　　　（手尔葉大概抄之抄：p. 51）
(21)　二ニ手尔葉。
　　　「てには列」は「けん」「見ん」「なん」「てん」「ねん」「はん」「せん」等なり。これはただてにはまでにて、押へ字にも不及。心もなし。
　　　　　　　　　　　　　　　　　　　　　（手尔葉大概抄之抄：p. 54）
(22)　五ニハ手尔波ノカナ。
　　　「てにはの哉」に又二あり。一には「すその哉」なり。一首の体ならず、或は詞、或はてにはにて「哉」と留り、其「哉」に心も感もなく、落しつけんためにてもなく、只荘厳までの「哉」を「てにはの哉」といふ。「すその哉」なり。「見し哉」「言ふ哉」「聞く哉」

「思ふ哉」のたぐひなり。二には「中の哉」なり。中にをく「哉」、皆「てにはの哉」なり。　　　　　　（手尔葉大概抄之抄：p. 57）

　これらが「手尔葉」と呼ばれることについて、(20)–(22)の注釈には、二種類の説明が見られる。一つは(20)の注釈に見える、「手尔葉のや」が「は」「の」「と」「ぞ」という他の「手尔葉」に通じるというものである。もう一つは(20)(21)の注釈に見える「ただてにはまでの」というものである。(22)の「只荘厳までの」も同意であろう。「ただてにはまでの」「只荘厳までの」について、(21)の注釈では「心もなし」、(22)の注釈では「心も感もなく、落しつけんためにてもなく」と言っている。(20)の注釈では「ささ波や」という証歌を挙げるだけだが、このような「や」について、宗祇の連歌論書『長六文』（文正元(1466)年）も次のようにやはり「心はなき」と言っている。

(23)　「打つや衣」「ふるやあられ」などの「や」も候ふ。これは置き字にて、心はなき文字にて候ふ。（長六文：新編日本古典文学全集 p. 100）

　これらの「心」とは何だろうか。(20)の「手尔葉のや」は、次のように「疑の心のや」「願のや」「推量のや」などと並べられているうちの一品である。

(24)　一＝也「屋」。二＝疑ノ心ノヤ。三＝手尔葉ノヤ。四＝願ノヤ。五＝尤ムルヤ。六＝詞ノヤ。七＝様ノヤ。八＝推量ノヤ。九＝残ル詞ノヤ。十＝略ノ「屋」也。
　　　　　　　　　　　　　　　　　　　　　　　　（手尔葉大概抄：p. 42）

　このことから、尾崎(1983)は「手尔葉」を(25)のように考えた。近藤(2003)も(26)のように同様の指摘をしている。

(25)　他の用法のもの、即ち、「疑ひ」とか「願ひ」とか「推量」などのやうに比較的内容の在る意味が感ぜられるものに対し、単なる関係のみを表すか又はその関係さへも示さない休め字のやうなものをさしてゐる。それから推測すれば、特に概念内容が希薄で、純粋に機能そのも

のといふ場合に、「手尓葉」と称したのではなからうか。

(尾崎 1983：p. 68)

(26) 実質的意義のきわめて少ない要素(現代的表現では「機能語」に相当)をテニハと言ったものと思われる。　　　　(近藤 2003)

これは概ね首肯できる。また、姉小路式の一種である『歌道秘蔵録』にも参考になる記述がある。

(27) 和歌のてには、譬ば「天明と明石の浦の朝霧に嶋かくれ行舟をしぞ思ふ」の歌も「舟を思ふ」の義也。「し」はてにはなり。

(歌道秘蔵録：勉誠社文庫 pp. 52–53)

この例は「心」ではなく「義」だが、「義」とは「舟を思ふ」という文の内容のことで、「し」は「てには」であってこれに関わらないとしている。こうしたことから、今問題にしている「心」「義」とは、実質的な意味を含め、特定の意味として捉えやすい意味のことだと思われる。関係的・形式的な意味のうち、「疑の心」「願」「推量」などは特徴的で捉えやすいので命名できたが、そうでないものは鮮明に捉えきれなかった。そのために「心」のない「ただてにはまでの」と言ったのであろう。
　ところで、尾崎(1983)は、ここから次のように議論を進め、これが時枝解釈を補強するものだと述べる。

(28) 『大概抄』の著者は、語としての「詞」と「手尓葉」の区別だけではなく、「詞的な性質」と「手尓葉的な性質」との二元対立を、かなり明瞭に意識してゐたのではないかと察せられる。《中略》このやうにみれば、「詞」と「手尓葉」とは、実体的なものと、それをととのへ、はたらかすものといふ、次元の相違したものとして把へられてゐたとみることができ、時枝博士の解釈は恣意的な、読みすぎとは言はれないことが証明されると思ふ。　　　(尾崎 1983：p. 69–70)

しかし、語に「詞的な性質」と「手尓葉的な性質」があり、「手尓葉」が

「詞」を「ととのへ、はたらかすもの」だとしても、そこから直ちに主客の観点が出てくるわけではなく、時枝解釈を補強することにはならない。また、「手尓葉」の下位分類の「手尓葉」について(25)では「特に概念内容が希薄で、純粋に機能そのもの」と述べていたが、これが、「手尓葉的な性質」が他にくらべて濃厚なものという意味であるとすれば――「手尓葉の中の手尓葉(手尓葉の中の最も手尓葉的なもの)は、機能そのものを示すもの」(尾崎1983：p. 70)という表現もされている――、問題である。なぜなら、そうなると「手尓葉的な性質」の希薄なものは「詞的な性質」の濃厚なものということになり、二つの性質は一語の中で共存し、連続的になるからである。これは詞辞連続論に発展するだろう。言うまでもなく、時枝文法は詞辞非連続論を主張する。

　このような連続論は『手爾葉大概抄』のものとも思われない。『手爾葉大概抄』には「詞的な性質」の濃厚な「詞」や「手尓葉」、また「手尓葉的な性質」の濃厚の「詞」は見られない。あるのは「手尓葉」の下位分類の「手尓葉」だけである。

　さらにまた、「手尓葉」の下位分類に「詞」の現れることがある。次の(29)(30)は「や」の一品として掲げられる「詞のや」「残る詞のや」の条である。しかし、『手爾葉大概抄之抄』を見ると、「手尓葉」自体を「詞」と言っているわけではない。

(29)　六ニ詞ノヤ。
　　　「ことばのや」とは、「やと」続く詞の「や」なり。「聞きしやと」「思ふやと」なり。　　　　　　　　　（手爾葉大概抄之抄：p. 52）
(30)　九ニ残ル詞ノヤ。
　　　「残ることばのや」とは「めや」「とや」「やは」などいひて詞をのこせる「や」なり。
　　　世を捨てば日よしと跡をたれてけり心のやみをはるけざらめや
　　　　　　　　　　　　　　　　　　　（手爾葉大概抄之抄：p. 52）

　ところで、これらの例から「詞」を「ことば」と訓むことがわかる。そして、この「詞」は「手尓葉」を含めて言葉全般を指すと考えられる。次のよ

うに「手尓葉」のことを「詞」と言う場合も同様である。(31) は「けり」「ける」を、(32)は「ものかは」を、(33)は「かは」「やは」「めや」を「詞」と呼んでいる。

(31) 云ト切ル詞トハ有リ(二)定ル詞(一)。「計里」「計留」如キノ(レ)此ノ類所ナリ(二)普ク知ル(一レ)人ノ。　　　　　　　　　　　　　　　　（手尓葉大概抄：p. 41）
(32) 「物加波」者長(たけくらべ)比之詞也。　　　　　　　　　（手尓葉大概抄：p. 42）
(33) 「加波」「屋波」「女屋」之三トモニ同意ナリ。而飄(うちかへす)之詞有リ(二)三ツノ差別(一)。　　　　　　　　　　　　　　　　　　　　（手尓葉大概抄：p. 42）

　(1) 総論部のＦ本文には「詞如(二)寺社(一)、手尓波如(二)荘厳(一)」とあったから、「詞」と「手尓葉」が対立することは確実である。しかしその一方で、ここに挙げたように「詞」は「手尓葉」を含めて言葉全般を指すこともある。そうすると、『手尓葉大概抄』の語分類は次のようになる。

　　　　詞 ｛ 手尓葉
　　　　　　 詞（＝非「手尓葉」）

　これは分類に失敗しているのだろうか。そうではないと思う。『手尓葉大概抄』は「手尓葉」の重要性を説く書であるから、「詞」全般のうち「手尓葉」を特別視した。それ以外は非「手尓葉」として、「手尓葉」を解説する上で必要な時に言及すれば足り、非「手尓葉」に特別な名称は不要である。ただ「詞」とあっても文脈があるので誤解しないからである。つまり、「詞」は品詞名ではないのである。これは次のことを帰結する。即ち、語を「手尓葉」と「詞」（＝非「手尓葉」）に二大別することは『手尓葉大概抄』の目的に含まれていない。永山(1963)は同趣旨のことを夙に指摘しており、貴重である。

(34)　このような手尓葉の特質闡明が眼前の直接的目的であったがために、それ以外の語を広く「詞」といったまでで、ここにはそれ以上の分類

意識はさまで働いていなかったのではないか。すなわち、手尓葉以外の「語」という義に用いたものではないかと思われる。

（永山 1963：p. 473）

「手尓葉」に特別な注意を向けるべきことを言うだけで、それが結果的に、注意されない方を非「手尓葉」として位置づけさせる。第3節末で「詞」（＝非「手尓葉」）の表す意味を「手尓葉」との対立で読み取ったのも、この事情によるものだったのである。

6　おわりに

本稿は『手爾葉大概抄』の「手尓葉」と「詞」の内容について考察した。『手爾葉大概抄』は「手尓葉」に注目すべきことを説く書であり、「手尓葉」とは関係的・形式的な意味を表すものである。一方、非「手尓葉」としての「詞」は、「手尓葉」との対立から、素材的・実質的な意味を表すと読むことができる。しかし、「詞」は「手尓葉」を含めて言葉全般を指すこともある。

また、『手爾葉大概抄』についての時枝解釈を検討し、主客の観点による時枝解釈には根拠のないことを述べた。時枝は、『手爾葉大概抄』―本居宣長―鈴木朖―時枝誠記という文法論の系譜を構想したが、『手爾葉大概抄』はここから解放されなければならない。主客の観点を持つ文法論は、時枝以降もしばしば見られ、文の構造を客観的・客体的な命題と主観的・主体的なモダリティに分けて捉えるという見方は、現代でも広く行われている。このような見方が少なくとも中世以来の日本語文法研究の伝統でないことを、本稿は確認した。

注

1　『手爾葉大概抄之抄』は宗祇(1421–1502)の作とするのが通説だが、これに疑義を呈する研究もあり（武井 2003）、成立には検討の余地があるかもしれない。ただし、『手爾

葉大概抄』『手爾葉大概抄之抄』の成立がいつであれ、本稿の提示する読解内容には影響しない。
2　写本によって1字程度の増減があるが、内容に変わりはない(根上2004：第1部)。
3　「志向対象」「志向作用」という語は、時枝(1940：p. 56)に「「てにをは」と他の語との関係を、包むものと包まれるものとの関係と考へ、志向作用と志向対象の関係を以て説明し、なほその語の構造上の相違を明らかにして語法研究の基礎理論とした」のように見える。
4　時枝は『手爾葉大概抄』の読解に『言語四種論』を援用する一方で、『言語四種論』の読解には『手爾葉大概抄』を援用する。つまり、複数の資料を相互依存的に読解している。
5　「手尔葉」が関係的・形式的な意味あるいは機能を表すと見る先行研究に、佐田(1964)・糸井(1995)・近藤(2003)がある。ただし、佐田・糸井は時枝解釈のように主体的な意味も認めている。
6　佐田(1964)・糸井(1995)は、「袖は朽ちけり」という表現全体を「手尔葉」と解している。本稿の理解と異なるようだが、「寺社」の如き「袖朽つる」は「手尔葉」で飾られた「袖は朽ちけり」の中に含まれ、「手尔葉」は「袖朽つる」に付かなければ使えないので、実質的にはほとんど同じである。
7　『手爾葉大概抄』から離れても、時枝の「零記号の辞」は文法論的に有効な装置でなく、躓きの石にさえなる。「零記号の辞」がはらむ問題については尾上(2001：第2章第2節)などを参照。
8　「併テ達人善クスル(レ)之ヲ則ハ鬼神モ感ジ(レ)之ニ落涙出ス(レ)之ニ矣」(手爾葉大概抄：p. 41)という文脈で「鬼神」が登場するが、これが「詞」「手尔葉」の説明と無関係であることは明らかである。
9　野村(1991)は、近代的な主客二元論によって中世の『手爾葉大概抄』を読み解くことを批判している。

参考文献

浅田徹(2003)「テニハ秘伝書伝本目録稿　第一部和歌系伝書目録」テニハ秘伝研究会編『テニハ秘伝の研究』左：42–123、勉誠出版
糸井通浩(1995)「『手爾葉大概抄・手爾葉大概抄之抄』を読む―その構文論的意識について―」『国語と国文学』72(11)：52–63、東京大学
尾崎知光(1983)『国語学史の基礎的研究』笠間書院
尾上圭介(2001)『文法と意味Ⅰ』くろしお出版
近藤泰弘(2003)「テニハ概念の構築―語学的観点から―」テニハ秘伝研究会編『テニハ秘伝の研究』39–48、勉誠出版

佐田智明(1964)「「テニハ」と「詞」との関係—手爾葉大概抄之抄をめぐって—」『語文研究』(18): 56–64、九州大学国語国文学会
武井和人(2003)「『手爾葉大概抄之抄』をめぐつて—室町期古典学研究の立場から—」テニハ秘伝研究会編『テニハ秘伝の研究』93–112、勉誠出版
時枝誠記(1940)『国語学史』岩波書店
時枝誠記(1941)『国語学原論』岩波書店
時枝誠記(1968)「「時枝文法」の成立とその源流—鈴木朖と伝統的言語観」時枝誠記監修『講座日本語の文法 1　文法論の展開』1–28、明治書院
永山勇(1963)『国語意識史の研究』風間書房
根上剛士(2004)『近世前期のてにをは書研究』風間書房
野村剛史(1991)「助動詞とは何か—その批判的再検討—」『国語学』(165): 38–52、国語学会
山田孝雄(1936)『日本文法学概論』宝文館出版

［付記］　本稿は、平成 22 年度科学研究費補助金（基盤研究 C、課題番号 20520413）による研究成果を含む。

時枝誠記の〈主体的立場〉と
ソシュールの〈話者の意識〉
―〈言語の科学〉と解釈学―

松澤和宏

[概要]

時枝誠記が言語過程説を掲げてソシュールの名が冠せられている『一般言語学講義』を批判した際に依拠した〈主体的立場〉は、解釈を通して主体による表現過程を内在的に理解しようとする点で、現象学的である以上に解釈学的な性格を持つものであった。時枝は、一方で言語規範・言語体系（ラング）を人間主体の外側に措定しているとして言語実体観を手厳しく批判しつつも、他方ではソシュールの説いた共時論の基盤である〈話者の意識〉や〈主観的分析〉を自説の中に摂取することを通して、〈主体的立場〉を理論的に形成ないしは補強したように思われる。ソシュールの方は、19世紀に支配的であった言語実体観への批判を徹底したがゆえに、共時態と通時態の共約不可能性というアポリアに逢着したのであった。そこにソシュールが1890年代に〈言語の科学〉を構想したがやがて抛棄した理由があったと思われる。

1 はじめに

　時枝誠記が『国語学原論』（1941年）において、鈴木朖における詞と辞の区別を再発見して、そこに品詞分類の第一基準を置き、客体的表現と主体的表現の区別として発展させた際に、扇の要の如き役割を果しているのが〈主体的立場〉である。時枝は、この立場からソシュールの学説を厳しく論難し、ソシュールを擁護する言語学者との間で論争が展開されたことも夙に知られている。時枝は、1940年刊行の『國語学史』「はしがき（初版）」のなかで、「言語の本質は何か」という問題を解決するために、「先ず我々の先覚者達が、国語を通して言語をいかなるものと考へたかをしらなければならない。そこにこそ我々が言語を、また國語を如何なるものと考へるべきかの足場が

あるに違ひないと考へた。」(時枝 1966: vii–viii)というように、国語学史が研究の出発点であったと述べている。また『国語学への道』のなかで「解釈は即ち文字を話者の思想に還元することであり、表現過程を逆に辿ることであると考へ」(時枝 1957: 77)、〈主体的立場〉という考えが古典解釈の経験から生まれたと述懐している。だが、〈主体的立場〉が観察的立場との対比において理論化されるためには、国語学史の検討や古典解釈の経験ではたして十分であったのであろうか。本稿はこの点に疑問を投げかけ、〈主体的立場〉は、時枝が批判の対象としていた『一般言語学講義』——因みにソシュールの名が冠されているこの著作は 1928 年に小林英夫によって『言語学原論』という書名で岡書院から刊行されている——において説かれている共時論、とりわけ「話者の意識」や「主観的分析」の積極的な摂取を通して理論的に形成され深化されたのではないか、という仮説とその根拠を提示しようとするものである。時枝が終始一貫してソシュールを手厳しく批判し続けたことを思えば、時枝が『一般言語学講義』からその批判の武器を手に入れていたなどという仮説は、荒唐無稽に思われるかもしれない。だが、時枝とソシュールの間には意外な共通点や類似点が認められるという指摘はこれまでもあった。一例をあげれば、亀井孝(亀井・田中 1994: 38)は、時枝もソシュールと同様に共時論の立場に立っていると指摘している[1]。

本稿では、まず時枝の〈主体的立場〉とソシュールの〈話者の意識〉、〈主観的分析〉の親近性を検討し、ついで双方に通底する解釈学的問題をソシュールが構想していた「言語(ランガージュ)の科学」との関連で掘り下げて考察してみたい[2]。

2 解釈学的〈主体的立場〉とソシュール批判

2.1 〈主体的立場〉の解釈学的性格

時枝の基本的な立場は『国語学原論』の「序」の以下の一節に端的に示されている。

> 私は、言語の本質を、主体的な表現過程の一の形式であるとする考に到達したのである。言語を表現過程の一形式であるとする言語本質観の

理論を、ここに言語過程説と名付けるならば、言語過程説は、言語を以て音声と意味との結合であるとする構成主義的言語観或は言語を主体を離れた客体的存在とする言語実体観に対立するものであって、言語は、思想内容を音声或いは文字を媒介として表現しようとする主体的な活動それ自体であるとするのである。 　　　　　　（時枝 2007: 13）

　時枝の言語過程説の要諦は、音声や文字を媒介とした表現と理解という活動の過程そのものを言語と見なす〈主体的立場〉にあり、この立場に立って文法上の単位の決定や詞と辞の分類などが行われることになる。そこに、既に指摘のあるように（根来 1985、釘貫 2007、2010）、現象学の影響をみることができる。すなわち経験に先立ってラングという対象の客観的実在を予見し前提とするのではなく、あくまでも表現と理解という直接経験をこそ疑うことのできない確実なものとして見なす立場である。今日では言語過程説はモダリティー論などによってすでに乗り越えられて過去のものとなったと考える研究者も少なくないであろう。しかしながら、言語学が細分化され高度に専門化された今日、構成主義的言語観や言語実体観の批判的吟味検討がなおいっそう緊要な学問的問題となっているのではないだろうか。時枝は「言語研究に先行する解釈作業」の重要性を次のように説いている。

今乙が、甲の言語を観察的立場に立って対象とし、これを観察する為には、観察者自らを主体甲の立場に置いてこれを解釈し、主体的に追体験をなし、更にこの自らの経験を観察的立場に置いて観察するという段階を経なければならない（中略）この場合、乙は観察者である前に、先ず〈主体的立場〉に立つことが必要なのである。多くの観察者は、自らは客観的に言語を観察しているつもりで居っても、実は解釈作業によって無意識に〈主体的立場〉を前提としていることが多いのであるが、これが方法論として確認されていない為に、解釈作業自身その真義が失われ、言語研究の前提を誤ることも従って屡々生ずるのである。
　　　　　　　　　　　　　　　　　　　　（時枝 2007: 46–47）

　時枝は、〈主体的立場〉の名において、言語の理解において言語の表現主

体の立場に身を移し入れて理解に努めなければならないと説いている。こうした追体験の提唱は、19世紀後半にディルタイが主張した解釈学的立場とそのまま重なるものである。数学的物理学を範型とする近代の方法的理性は、その適用範囲を自然・物理現象を越えて人間や社会の事象の領域にまで拡張し、人間の知的探究全般を科学として統合しようとする趨勢が顕在化してくる。対象を客体化する自然科学の因果論的機械論的〈説明〉の奔流に抗して、歴史家のランケは歴史家は自我を消し去り、公平無私に過去をあるがままに再現しなければならないとして歴史主義をもって、ディルタイは、精神科学における追体験的な〈理解〉をもって防波堤を築こうとした。人間的事象を扱う歴史科学、精神科学は、対象の外側に立って客観科学を標榜するというよりも、文化的所産としての心的生の表現を、その内側から追体験的に〈理解〉しようと努めるのである。認識対象が人間であり社会や歴史であるということは、人間による人間の〈理解〉ということになり、人間による自然現象の〈説明〉とは質的に異なってくるというわけである。自然科学が現象の数量への抽象的還元を通して、一般法則の解明=〈説明〉を主眼とするのに対して、解釈学は人間的生の表現をその個別性、一回性において理解するべく解釈に努めるのである。したがって時枝の〈主体的立場〉は、解釈と理解を重視する点において現象学的である以上に解釈学的であると言えよう。こうした解釈学的立場から時枝が言語をもっぱら客体化する言語実体観や構成主義的言語観を批判するのは、筋が通っていると言えよう。

2.2 時枝のソシュール批判

では、解釈学的立場から時枝がソシュールに向けて放った批判の矢は正鵠を射たものなのだろうか。『国語学原論』「第一篇総論 六 フェルディナン・ド・ソシュール Ferdiand de Saussure の言語理論に対する批判」の以下の一節は時枝のソシュール批判を要約している。すなわち、ソシュールは、

> 単位的要素こそ言語研究の真の対象であるとし、それを「言語(ラング)」と名付けた。「言語」は聴覚映像と概念との結合という純心理的実体として認められたものではあるが、それは何等言語主体との交渉にない社会的事実としての存在であって、その存在形式は全く物的対象と異なる処のな

いものである。従って「言語」は他の物体と同様に、構成的構造を持つものである。(中略)ソシュールの理論は、その根本に於いて、言語の自然科学的客体化の所産であり、主知主義的観点に立つ観察の結果である。　　　　　　　　　　　　　　　　　　　(時枝 2007: 102-103)

時枝によるソシュール批判は以下の三点にわたっている。

　第一に、ソシュールが聴覚影像と概念との結合という純心理的実体として認められた単位的要素こそ言語学の真の研究対象としたことである。ソシュールは、表現過程(素材→概念→聴覚映像(→文字))、あるいは理解過程((文字→)聴覚映像→概念→素材)という継起的な精神生理的過程を除外して、言語を並列的な構造の単位にしてしまった。実はここで時枝は、すでに指摘されているように、聴覚影像と概念の結びつきである言語記号と記号の体系あるいは規範としてのラングとを混同しているのである。

　第二に、ソシュール的ラングは、主体とは交渉のない社会的事実として、物体と同様の構成的構造をもつものである。ソシュールがラングを主体の外側に置いているとする時枝の解釈に関しても、多くの反論がでており、私自身も別のところで『一般言語学講義』によってソシュールの原資料が歪曲され、その結果ソシュールの構想していたパロルの言語学を含む〈言語の科学〉がラングの科学に還元されてしまった点を既に論じたことがある(松澤 2010)。ここで一例をあげておくと、ソシュールはランガージュの科学を構想していたのであったが、編著者は『一般言語学講義』の本文末尾に以下の結論の一文を加筆したのである。すなわち「言語学の唯一真正な対象は、それ自体としての、それ自体のための言語(ラング)である」(ソシュール 1972: 327)。ここでガダマーの『真理と方法』が「精神諸科学は十九世紀に事実上の形成を見るが、その際になされた論理的自己認識は、もっぱら自然科学を模範としたものであった」(ガダマー 1986: 3)という一文で書き起こされていることを思い起こしておくべきであろう。『一般言語学講義』の編著者は、自然科学を暗黙のモデルとして、ソシュール言語学をランガージュの一般法則を解明するラングの科学と見なして執筆したのである。

　第三に、ソシュールの理論は言語の自然科学的客体化の所産であり、そうした主知主義的観察の結果にすぎない。時枝によるソシュール批判は、言語

を表現と理解という主体的活動から切り離して、客体化してしまう自然科学的な言語実体観に対する批判である。時枝の論述に従えば、ソシュールは言語を自然現象のような物体として客体化して捉えたということになるが、はたしてソシュールは自然科学的な言語実体観を提唱していたのであろうか。以下において、主にこの第三点を〈主体的立場〉との関連で検討してみたい。

3 ソシュールにおける「主観的分析」

3.1 自然科学と歴史科学の間の〈言語の科学〉(ランガージュ)

　ソシュールが言語学者として活躍した19世紀後半には、誕生して間もない言語学は自然科学に属するのか、それとも歴史科学に属するのかという点をめぐる議論が展開されていた。この言語学の帰属をめぐる議論の背後には、既に上述した自然科学的機械論的〈説明〉の一般的妥当性を主張する実証主義とそれに抗して人文学固有の内在的〈理解〉の独自性を唱える解釈学的な歴史主義との間で繰り広げられた激しい方法論争があった。ソシュールは1891年のジュネーヴ大学開講講演では、言語学は自然科学ではなく、歴史科学に帰属するとしつつも、その例外的な特異性を強調していた。

　　　言語の科学 science du langage は自然科学であり、ほとんど物理学であると思いこんでいた時代がありました。(中略)言語事実の真の性質をより正しく理解するにしたがって、言語の科学は歴史科学であること、歴史科学以外のなにものでもないことがますます明白になってきました。(中略)言語は歴史を持っている、それは変わることのない性格です。しかし言語の科学を歴史科学の範疇にいれるのにはそれだけで決定的でしょうか。勿論違います。例えば地球は、地質学が語るような歴史をもっていますが、だからと言って、地質学が歴史科学であるということにはなりません。(中略)歴史科学という語によって含まれている二番目の条件とはいかなるものでしょうか。それは、歴史の素材をなす対象—例えば芸術とか宗教とか慣習とかその他—がなんらかの意味で<u>人間の行為</u>を表しているということです。その行為は人間の意志と知性によっ

て統御されています。またさらには、そうした行為は、個人ばかりではなく集団にも関係するようなものでなければなりません。
　言語事実は我々の意志の結果と見なすことができるのでしょうか。(中略)言語行為は、比較可能なあらゆる行為の中で、もっとも反省されることのない行為であり、最も熟慮されることのない行為であります。また同時にすべての行為のなかで最も非人称的なものでもあります。そこには程度の差があります。ただ程度の差があまりにも大きいので、本質的な相違があるかのような印象を与えてきたのです。しかし実際には程度の差でしかないのです。
　　　　　　(Saussure 2002: 148–149)（下線はソシュールによる）

　言語は人間の行為なので、自然科学ではなく歴史科学に属する。だが、言語は意識的反省的な行為ではなくて、最も非反省的で無意識的な性質をもっており、それだけに意識化して対象化することの困難なものである。この点で言語は自然科学の対象とは根本的に異なる。ソシュールが言語を人間主体の外側にあるものと考えているのではなく、逆に人間主体と密接な関係にあるものとしてあくまでも考えていることは明らかである。この講演の続きでソシュールが述べていることの一部をわたしなりに要約すれば、おおよそ以下のようになる。ある日の夜にラテン語で「おやすみなさい」と言っていた人たちが、翌日の朝に突然「おはよう」とフランス語で挨拶し合うということは、人間の社会生活では起こりえない。時空の桎梏を引き受けて生きるほかない人間にとって、昨日と同じ言語を今日も使い明日も使うという内的な持続への無意識的な確信がなければ、一日として安んじて暮らすことは不可能である。言語の連続性へのそうした確信を支えているものは、言語的秩序への暗黙裡の信頼にほかならない。そうした信頼が欠けてしまえば、社会もまた成員間の安定した意思疎通の困難な混沌を迎えることになる。言語は、修正可能な他の諸々の制度とは異なって、昼夜を問わずわれわれの思考表現と一体化して、殆ど無意識に近い形で働いているからである。したがって政治的な革命は可能であっても、言語の革命は不可能に終わるほかないのである。
　時枝の批判は、ソシュールが歴史科学の側に〈言語の科学〉(ランガージュ)を位置づけた

うえで言語の特殊性を考察していることを見落とす結果となっている。このような誤解が生まれる原因の一つは、方法論争におけるソシュールの解釈学的立場を示すこうした重要な草稿が、バイイとセシュエによって『一般言語学講義』には取り入れられなかったことにある。二人の弟子によって『一般言語学講義』は、ラングの科学を高唱する著作に仕立てあげられてしまったのである。

3.2 『一般言語学講義』における「主観的分析」

さて、時枝によるソシュール批判の根拠となっている〈主体的立場〉の理論的源泉の一つと思われる箇所は、『一般言語学講義』の中でも特に目立たない「補説 第Ⅱ編および第Ⅲ編への」の第一節「A. 主観的分析と客観的分析」である。因みに第Ⅱ編は「共時言語学」、第Ⅲ編は「通時言語学」と題されている。言うまでもないことであるが、「主観的」も「主体的」もフランス語では名詞「主体」「主観」sujet に由来する形容詞 subjectif であり、同一語の異なった翻訳に過ぎず、「主観的分析」を「主体的分析」、また「客観的分析」を「客体的分析」と訳すこともできる。この第一節の冒頭部分を長くなるが、小林英夫訳で引用しておこう[3]。

> 話者によって引っ切りなしになされる言語の単位の分析と称することができる；これと、歴史に基づく客観的分析とを混同せぬよう気をつけねばならない。ギリシャ語 hippos のような語形に、文法学者は三個の要素を見分ける：語根、接尾辞および語尾を (hipp-o-s)；ギリシャ語は二つしか知覚しなかった (hipp-os, p. 217 を見よ)。客観的分析は、amābās に四個の下位単位をみる (am-ā-bā-s)．；ラテン人は amā-bā-s と切った；かれらは –bās を、語幹に対立する屈折的全一体とみなしていたとさえ思える。(中略)文法学者はしばしば言語(ラング)の自生的分析を誤りとみようとする．；じつは、主観的分析は「誤った類推」以上にあやまってはいない。言語は間違わない；ただ観点が違うだけである。話者個人の分析と史家のそれとの間には公約数はない、両者ともおなじ手順を用いはするが：すなわちおなじ要素を呈する系列の突き合わせ。いずれにも理があり、それぞれ価値がある。しかしつきつめてみれば、話者の分析のみが

重要である。なぜならそれはちょくせつ言語事実にもとづいているからである。

　史的分析はそれの派生形式にすぎない。それは要するにさまざまの時代の構成を単一の平面の上に投影することにつきる。(中略)語は、室内配置や用途をいくどとなく変えてきた家屋に似ている。客観的分析はそうしたあいつぐ分布を一括して積み重ねる；しかし家を占める者にとっては、それは一つしかない。上で検討した hipp-o-s という分析は、あやまってはいない、それを設けたのは、主体であるから；ただそれは「時代錯誤」であって、それがこの語を採り上げた時代とはべつの時代をふりかえるのだ。このことはふたたび、通時論的なものと共時論的なものとの徹底的識別を設けることになる。（ソシュール 1972: 257–258）

　共時言語学と通時言語学に割かれた第Ⅱ編、第Ⅲ編への補説は、いきなり語の下位単位への分析の場面から始まっていて、いかにも唐突な印象を与える。こうした奇妙な補説が生まれた経緯については後述することにして、肝要な点は、主観的分析と客観的分析の相違が、当該の言語の話者の意識を直接参照しているのかどうかという一点に懸かっていることにある。ある特定の時期の言語状態の下にある話者の意識を参照することで共時論的分析を行うことができる。隔たった時代の話者の言語意識を比較する客観的分析は、言語学者の行う史的分析であり、通時論に属する。ソシュールは、家屋に喩えて二つの分析の性格の相違を鮮やかに浮かび上がらせている。すなわち、家に住んでいる者にとっては、家の内部の配置は一つしかないように、話者の意識にとっても言語状態は一つしかないのである。文法家や言語学者が、隔たったいくつもの時代の言語状態を同一平面上に並置して通覧するとき、それはもはや特定の時代を生きている話者の意識からはかけ離れており、通時的観点に立っていることになる。幾世紀にもまたがる言語変化を俯瞰し比較する主体は言語学者ではあっても、特定の時代を生きるほかない具体的な話者ではありえない。そのような長期にわたる言語変化を体験し意識化した話者などこの世に一人として存在したためしがないのである。こうした立場を示している別の一節を『一般言語学講義』のなかから引用してみよう。

言語事象を研究してまずおどろくことは、話者にとっては、時間における それらの継起は存在しないということである：眼のまえにあるのは状態である。それゆえこの状態を理解しようとおもう言語学者は、それをうみだしたものを一掃し、通時態を無視すべきである。過去を抹殺しないかぎり話手の意識の中に入ることはできない。

（ソシュール 1972: 115）（傍点は引用者）

　話者の意識の中に入るという解釈学的アプローチが共時態と通時態の峻別を導き出してくることが分かる。しかもその際に「理解する」comprendre という解釈学の要諦をなす用語が、『一般言語学講義』の編著者がここで参照した第三回一般言語学講義の聴講ノートにおいても使われているのは偶然ではないだろう (Saussure 1968: 断章番号 1359)。話者の意識に即して言語を理解しようとすることは、言語を自然科学的な客体化を通して説明する立場とは正反対の解釈学的立場に立つことである。それは既に述べたように、話者の立場に身を移し入れようとするディルタイや時枝の提唱する立場と重なるものである。さらに、史的分析もまたそれ自身一つの〈主観的分析〉の時代錯誤的な一派生形式に過ぎないという文言は、観察的立場も実は一つの〈主体的立場〉であるという時枝の説明と見事なまでに符合していることに留意しておきたい。

　こうした話者による主観的分析が、語の下位区分と並んで最も鮮やかに現れる場合が、類推現象である。と同時に、類推を扱った箇所は『一般言語学講義』の杜撰な編輯によって歪曲された代表的な箇所の一つでもある。

3.3　『一般言語学講義』の編著者によるソシュールの歪曲

　ところで、ソシュールの名が冠せられている『一般言語学講義』はソシュール自身の手による著作ではなく、弟子のバイイとセシュエによる編著書である。これまで検討してきた〈主観的分析〉の一節は、バイイとセシュエの原書では、なぜか「第三部と第四部への補説」となっていて、訳者小林英夫は「補説　第二部と第三部への」と訂正して訳出している。『一般言語学講義』の編著者は、共時／通時の峻別というソシュール言語学の核心に直結する主観的分析／客観的分析の原資料——より精確に言えば、晩年のソ

シュールによる一般言語学第一回講義に出席したリードランジェの聴講ノート――を、こうした補説などというにもマージナルな場所に閉じ込めて処理しているのだが、そうした杜撰な編集は、二つの分析の峻別に込められたソシュールの真意に理解が遠く及ばなかったことを歴然と示している。この峻別が、単なる方法論ではなく、時枝の表現を用いれば言語本質観に関わるものだけに、事は深刻なのである。

　ソシュールの提唱した共時性とは、時計の針が指し示すような瞬間ではなく、話者の記憶や予見を含む現在的意識に即したものであるが、しばしば平板化されて理解されてきた。その理由の一半はやはり『一般言語学講義』の編著者による改竄的編集にある。第三回講義でソシュールは共時性と通時性の対立を垂直に交わる二つの軸として提示している。共時性を示す軸は「同時代性の軸」axe des contemporaneités と呼ばれているが、『一般言語学講義』（ソシュール 1972: 113）では「同時性の軸」axe des simultaneités にわざわざ意図的に書き換えられている。すなわち『一般言語学講義』では、「同時性」が古典物理学的客観性の外見を共時態に与えているが、ソシュールは語る主体の意識と社会性を考慮して一定の幅と厚みをもった「同時代性」を考えていたのである。

　この「同時代性」としての共時性を例証する現象が類推なのである。ここでは類推に関して、『一般言語学講義』の編著者による重大な改竄的編纂を指摘しておこう。それは共時言語学から類推的創造という「言語創造の一般原理」を除外し、これを通時言語学のなかに組み込んでしまったことにある。この類推的創造のメカニズムは、いわゆる第四項比例式 A：B＝A`：X. X＝B` によって示される。すなわち、第一回講義でソシュールが挙げている例では、ラテン語の「演説家」の対格 oratorem と主格 otrator との関係が、「名誉」を意味する対格 honorem と主格 honos との関係に類推を及ぼして honos の傍らに新たな語形 honor が招来されてくるという事態である。もっとも類推現象を第四項比例式で説明すること自体はソシュールの独創ではなく、すでに 1880 年に刊行された青年文法学派のヘルマン・パウル『言語史原理』のなかにも読まれる。しかしパウルが類推をもっぱら歴史的変化として音声変化と同列に位置づけているのに対して、ソシュールの洞察の深さは、「類推的創造は文法的なものである、すなわちこの種のいかなる操作

も語形間の関係の理解を前提にしている。」(Saussure 1968: 断章番号 2512)（傍点は引用者による）というように、類推を話者の意識に依拠した主観的分析によってはじめてその輪郭を鮮明にしてくる共時的現象であることを看取していたことにある。ここでも「理解」という解釈学的用語が使われていることに留意しておきたい。共時態のなかに身を置いている話者の意識には既成の語形 honos の一時的忘却や新たな語形 honor の定着の予見が添えられていて、生動、すなわち生きて、したがって生みつつ動く性格が具わっている。話者の意識には、語形の関係をめぐって類推的解釈を施す自由な余地と時間性が確保されていて、平板な「同時性」とは一線を画している。話者の意識において既成の語形が新たな語形と競合しつつも共存しているという点において、類推的創造は、生じたものを消し去るという史的音声変化の巨大な捨象力とは鮮やかな対照をなすのである。音声変化の実現する変形、置換とは異なり、類推的創造はあくまでも競合的共存という共時性の裡にあることを学生に理解させようとして、ソシュールは「類推的創造が変形ではないにもかかわらず、類推現象は言語を変形する力なのです！」（エングラー版断章番号 2570）とささかまわりくどい言い方で説いている[4]。類推は、共時態が刷新の萌芽を自らの裡に蔵していることを余すところなく示している点で極めて重要な現象なのである。ところが、話者の主観的分析との関連で捉えることのできなかった『一般言語学講義』の編著者は、類推をなんと「第三編　通時言語学」のなかに組み込んでしまったのである。

　共時言語学に包摂されるべき類推的創造を通時言語学のなかに組み込んでしまった『一般言語学講義』の改竄的編輯の影響もあって、ラングは「話者の意識」と切り離され、共時言語学とは単なる既成の文法的秩序の追認に過ぎないという俗説が巷間に流布し定着してしまい、そうした秩序を統括するラングが表現と理解の主体の外側に存在するという構図が固定されてしまったと言えよう。

4　言語過程説のソシュール的側面

　これまでの検討でも明らかなように、時枝のソシュール批判は的はずれと言わざるをえないが、そこには『一般言語学講義』の編著者バイイとセシュ

エによるソシュールの原資料の改竄的編纂が介在していたことも軽視できない。ここでむしろ興味深いことは、時枝の説く〈主体的立場〉と観察的立場の識別が、ソシュールの「話者の意識」あるいは「主観的分析」と「客観的分析」との識別にほぼそのまま対応しているという事実である。時枝が『一般言語学講義』からかかる識別を言語過程説のなかに転用したのではないかと思われる側面を駆け足で見ておきたい。

4.1 単純語と複合語

時枝は、『一般言語学講義』における語の下位区分に関する主観的分析の一節をなぞるかのように、〈主体的立場〉と観察的立場の相違を単純語と複合語を区別する根拠にしている。例えば「ひのき」(火の木)のような語が、古代では複合語であったが、今日では、

> 複合語ではなく単純語として認められる根拠は、観察的立場に於いていわれることではなくして、現在に於ける主体的意識に基づいているのである。(中略)因みに単純語と複合語との主体的意識は、同じ時代、同じ社会に置いては、ほぼ共通的なものであることは、言語の社会性の上からいい得ることである。　　　　　　　　　　（時枝 2007: 53-54）

ここでの「主体的意識」はソシュールの説く話者の意識と何らの相違もない。「主体的意識は、同じ時代、同じ社会に置いては、ほぼ共通的なものであること」は、まさしくソシュールが共時的な「言語状態」と呼んだもの——そこからラングという言語規範が析出されるところのもの——に正確に対応している。

4.2 「心的」な「音韻」と「主体的音声意識」

第一篇総論の「四　言語に対する主体的立場と観察的立場」では、「音声は生理学的物理学的現象であるが、音韻は純粋に心的なものである」(時枝 2007: 42)という定義では不十分であるとして、時枝は以下のような説明をしている。すなわち、サンバ(三羽)、コンド(今度)、リンゴ(林檎)において国語の［ン］は観察的立場からは［m］［n］［ŋ］に区別されるが、「主体的

音声意識に即していうならば、国語の［ン］に三者の区別があるということは、意識されないことであるに違いない」(時枝 2007: 42–43) ので、観察的立場と〈主体的立場〉では相異なった認識がもたらされるのである。

　ここで時枝は「主体的音声意識」が、ソシュールの名を喚起する「心的」な性質の「音韻」とは別物であるかのように語っている。言うまでもなく、「音声」と「音韻」は、プラーグ学派によってソシュールによるパロルとラングの二分法を踏まえて立てられた識別であり、「音声」を対象とする音声学が発話における言語音の音を「生理学的物理学的現象」として捉えるのに対して、「音韻」を対象とする音韻論は、言語音の単位がラングの体系において果たしている機能を扱う。この機能は、ソシュールにおいては話者の「心的」な意識に関わる[5]。ところが時枝は「心的」な「音韻」と「主体的音声意識」とを敢えて識別する根拠をなんら明らかにしていないと言わざるを得ない。

4.3 「心的実在体」と概念化

　『一般言語学講義』のなかでも、記号とは「概念と聴覚影像の結合」(ソシュール 1972: 97) であり、聴覚影像とは「音声の心的刻印」(ソシュール 1972: 96) とされている。記号とは物理的な音と精神的な概念の結合ではなく、「二面を有する心的実在体 entité psychique à deux faces」(ソシュール 1972: 96) である。時枝はこの「心的実在体」をもっぱら要素の結合と見なして批判していたことを思い起こしておきたい。ソシュールは、あくまでも話者の主観(主体的意識！)における結合を指して「心的」という形容を与えていたことをここで改めて強調する必要があるだろうか。時枝がそうした結合を主体の概念化の活動のなかに位置づけるのに対して、ソシュールはそうした結合がつねに他の記号との、意識的であれ無意識的であれ、差異においてなされることを強調していたのである。時枝の場合には、そうした差異が働く前に、主体的な概念化の活動のなかにかかる結合は吸収されてしまう形となっている。さらに、表現過程においては概念が音声につねに先行していると時枝は考えているが、ソシュールはそうした言語観は言語を思想を容れる鋳型と見なしているとして、以下のように批判していたのである。「思想を前にした言語の特徴的な役割は、音声的な手段であることではなくて、思

想と音との間の妥協が不可避的に特殊な単位に至るような、そのような性質の媒介的な場 un milieu intermédiaire を創出することである。(中略)言語が鋳型であるという通俗的な考えに堕してはならない。そうした考えは、言語をなにか固定した、堅固なものと見なすことであるが、音声的素材も思想と同様に混沌としているのである。有益な現象は、音によるこうした思想の物質化ではない」(Saussure 1968: 断章番号 1828, 1830) と述べ、言語を一陣の風が吹くと水面に生じる波に喩え、大気と水の独特の結びつきが実体を形成しないで、形式を生み出すと説いている。思想の音声化でも無ければ音声の思想化でもなく、双方の非実体的な結晶としてのみ言語はある。続けてソシュールは、「思想—音が、言語学の最終的な単位であるところの区分を含んでいるということは、いわば神秘的な事実」(Saussure 1968: 断章番号 1830) であると付け加えている。最終的な単位は体系における相互的な差異によってしか決定され得ないとすれば、思想—音の非物質的な結晶はこの差異の働きによるのであって、思想の音声化ではない。時枝においては、主体は差異の働きをなんら蒙むらずに概念化を行ない、本来の意味の言語である音声および文字は、もっぱら主体による思想の表現＝物質化の手段に還元されてしまっているのである。

4.4　変化の主体としての「言語(ラング)」

「総論」の最後の「十二　言語の史的認識と変化の主体としての「言語(ラング)」の概念」では、時枝は共時態と通時態の識別に関して、以下のように論じている。「言語の史的変遷は、観察的立場に於いてなされるものであって、〈主体的立場〉に於いては、言語は常に体系以外のものではない。」(時枝 2007: 170) この文言は、ソシュールのそれと見紛うほどにソシュール的ではないだろうか。驚くべきことに、ここでは主体的立場と体系＝ラングとは矛盾するものとは捉えられてはいない。時枝はいくつかの言語事象を二つの立場に帰属せしめている。「咲く」が「咲かない」となるのは語尾変化であり、歴史的変遷とは言えないとしているが、これはソシュールが形態論に於ける交替 alternancce を文法的＝共時的と見なし、史的音変化と対立せしめたこととぴたりと対応している。また時枝は文語的表現「咲きて」と口語的表現「咲いて」が主体意識に共存した場合には文体的変化であり、歴史的変遷と

は言えないとしている。そこで挙げられているいくつかの例を図示すると、以下のようになる。

```
                 ┌─ 語尾変化
  主体的立場 ─┤
                 └─ 文体的変化


                 ┌─ 方言的認識
  観察的立場 ─┤
                 └─ 歴史的変遷
```

　時枝は、歴史的変化の主体を恒常的な存在を保つ「言語(ラング)」あるいは音韻に求めることは、歴史的変遷の原因である主体の意識とその言語的実践を無視することであるとして、次のように述べている。

> ソシュール学派は、歴史的変遷を、自然科学的個物の変化の概念によって考えようとした結果、「言語(ラング)」の概念がこれを説明するに極めて適切の様に考えられたのであるが、それが妥当でないことは以上の如くである。(中略)言語を自然科学的偏見より救い、文化科学の中に位置せしめることが出来るのである。(中略)本論は、専ら主体意識に於ける言語の体系について論ずるので、歴史的変遷及び方処的差異は本論の第二段の展開として将来の考究に俟つこととしたのである。　　(時枝 2007: 175)

　すでに見てきたように、こうした批判は、ソシュールがラングを話者という主体からあらかじめ切り離したことを前提としてしか有効性をもちえない。ここでも、興味深いのは、『一般言語学講義』のなかに以下の一節が読まれることである。

> かれら(青年文法学派を指す)のおかげで、ひとはもう言語(ラング)をそれじたいで発達する有機体などではなしに、言語集団の集団精神の所産であると見るのである。　　　　　　　　　　　(ソシュール 1972: 14)

そして以下のような原註が付されている。

　新学派は真相にいっそう迫ろうとして、比較学派の用語法に・わけてもそれに用いられている不合理な比喩に挑戦した。それいらいあえて、「言語(ラング)がこれをする」とか、「言語の生」などということを口にしようとはしない。言語(ラング)は実在体ではなく、話者においてのみ存在するというわけで。
　　　　　　　　　　　　　　　　　　　　　（ソシュール 1972: 15）

　こうした言語の実体化と主体化に向けられた批判を時枝も読んだことは間違いなく、ソシュール批判に援用したと考えられる。
　時枝においては主体の認識と表現および理解の過程全体が言語と呼ばれているが、三浦(1967)がかつて指摘したように、本来言語と呼ばれるべきものは、こうした過程の結果である音声や文字に限定されるべきである。認識過程そのものを主体的活動としての言語と呼ぶことで、主体の占める位置が肥大し言語規範が介在する余地がないかのような展開となってしまっている。さらに言えば、本来の意味での言葉に相当する音声や文字は、主体の思想表現の手段、道具と化しているのではないだろうか。そこでは主体が言語を表現手段として行使することは語られているが、主体が言語のなかで、言語を通して形成されていくというもう一つの側面はまったく顧慮されていない。またラングに関しても、ソシュールは、ラングはパロールを通して形成されるアポステリオリなものであり、決してアプリオリなものと考えてはいなかったことを書き添えておきたい(松澤 2010)。『一般言語学』のなかにも次のような一節が読まれる。「言(パロール)がひとに理解され、そのすべての効果を生み出すには、言語(ラング)が必要である。；しかし言語が成立するためには、言が必要である；歴史的にみれば、つねに言事実が先立っている」(ソシュール 1972: 33)。
　ところでソシュールこそは、まさに〈歴史的変化の主体としての言語〉を克服すべく、〈言語(ランガージュ)の科学〉を遠望しながら、悪戦苦闘していたのであった。

5 〈言語の科学〉(ソシュール)と解釈学

5.1 〈言語(ランガージュ)の科学〉の構想

　以上見てきたように、時枝の〈主体的立場〉とソシュールの〈話者の意識〉がともに主体としての話者の意識を重視した共時論的観点に立っていること、それにもかかわらず時枝が執拗なまでにソシュールの言語観を自然科学的な言語実体観と見なしていることが明らかになった。そこにはソシュールが「ラングの言語学」の創始者であり、そのラングは話者の主体性の外部に位置するものであるとの根強い先入見が時枝の側にあった。話者の主観的分析を重視しながら、ラングを強調するソシュール的理路が、『一般言語学講義』の杜撰な編纂がそこに介在したこともあって、時枝の眼にはおそらく矛盾と映ったのではないだろうか。この点をめぐって、ソシュールの側からもう少し掘り下げて考察の筆を進めたい。

　ソシュールの話者の意識を重視する共時論立場は、一朝一夕に築かれたものではなく、19世紀の史的言語学との格闘を通して1890年代に形成されたものである。時枝は言語過程説が古典解釈から生まれたと述べているが、西欧においては19世紀の比較文献学あるいは比較文法は、もっぱら対象を書かれた文字資料に限定していたために、話者の主体的活動やパロールは研究対象とはなりえなかった。パロールが話者の活動として十全に研究対象となってくるのは世紀の後半の青年文法学派の登場を待たねばならなかった。19世紀中葉までは言語研究の目的は、同一語族のなかの諸言語の比較を通したインド・ヨーロッパ祖語の再建にあったために、言語は歴史的変転を軸に研究されるほかなかった。当時の進化論の影響も相俟って、起源の言語が生育する過程で分化し、やがて衰退していくというように考えられていたために、言語は生物学的な有機体として捉えられ、自ら変化していく実体として見なされたのである。こうした言語有機体説に異を唱えたのが青年文法学派であり、彼らはそれまで軽視されてきた話者の主体的心理的活動(例えば類推形成)に注目したために、個人的発話としてのパロールがはじめて研究対象としての市民権を獲得したのである。ここで言語学の対象に決定的な変更がもたらされたと言える。ソシュールは青年文法学派の成果を踏まえて、生物学的有機体論に対しては、口や耳といった自然的生理学的器官をもって

しては人間の言語能力は実現されず、ラングという社会的媒介があってはじめて個人の発話が可能となることを説き、ランガージュ（総称としての言語；言語能力）―ラング（言語規範；言語体系）―パロール（個人的発話行為；その結果としての言葉）という三分法を設けることになる。こうしてはじめて〈ランガージュの科学〉が構想されることになるのであり、そこではパロールはいささかも排除されてはいなかったのである。

しかしながらソシュールの〈ランガージュの科学〉の構想は、『一般言語学講義』によって遮蔽されてしまった。なぜなら『一般言語学講義』は、ランガージュの科学ではなく、もっぱらラングの科学をソシュールの名において高唱したからである。

5.2 共時態と通時態の峻別の射程[6]

青年文法学派は、話者の心理的要素を考慮に入れようとしたにもかかわらず、依然として歴史言語学のなかにみずからを位置づけ、言語有機体論者と同様に、言語をみずから変化を遂げていく実体として考える弊を免れてはいなかった。ソシュールは、青年文法学派に対しては、有名な「音法則に例外なし」というスローガンに見られる史的法則の絶対視や類推現象を音変化と同様に歴史的変化に属せしめていた点を批判して、共時態と通時態の峻別の必要性を強調することになるのである。

言語をシュライヒャーのように生物学的有機体のように捉えるにせよ、青年文法学派のように機械論的に捉えるにせよ、いずれの場合にも言語は変化をその裡に蔵した、自己展開する――ソシュール自身がしばしば使う用語を踏襲するならば――実体 substance として捉えられることになる。話者の共時的意識が通時的な変化に飲み込まれるように合流し、そこに解消されてしまうならば、言語は話者から切り離されて、一定の法則性をもって自己展開する超越的な実体として、「神秘的な、あるいは特別な、または歴史に由来するところの、なんらかの本質を賦与」(Saussure 2002: 229) されてしまう怖れがある。

ここではソシュールが共時／通時の究明の果てにどのような隘路に逢着したか、1996 年に発見された『言語の二重の本質について』と題された自筆草稿のなかから、それを例示する一節を掲げることにしよう。

或る種の対象を名付け、観点 A を授けた後で、その対象は次元 A においてしか絶対に存在しえず、次元 A の外では輪郭を画定されたものでさえないのだが、そうした後で、B にしたがって見られた、次元 A のこの対象はどのように現れるのかをみることは（ある種のケースでは）許される。この場合人が身を置いているのは、観点 A なのかそれとも観点 B なのか。通常は、観点 B に立っているという返答を人は受けることだろう。なぜなら、人は独立した生を営む言語学的存在の幻想に一度ならず屈してしまったからである。最も難しいことは（中略）このときに人は反対に観点 A に根本的に留まり続けているのだということを理解することである。それは次元 A の用語を使用しているというただその事に拠ってそうなのである。仮に B に従えば次元 A という概念自体がわれわれから逃れてしまうであろうから。　（Saussure 2002: 23–24）

　この一節では二つの観点の間の共約不可能性が吟味されている。ここで「3.2」で先に引用した家屋の例に立ち戻るならば、それが言語の二重性の比喩としては実は不十分というよりもむしろ不適切でさえあることが明らかになるだろう。なぜなら間取りを変えた家屋に住み続ける者がいない以上、異なる間取りの家屋をそもそも同じ一軒の家として同定することは誰にもできない筈であるから。言い換えれば、この例はあらかじめ同じ建物（＝観点 B）という前提から出発していたのである。ところが、ソシュールがこの比喩を通して、しかしこの比喩を越えて言わんとしていたことは、歴代の住民（観点 A）にとってはただ一つの間取り（A）しか存在しないということなのである。したがって、B から見た A は依然として A に過ぎない。なぜなら A（「歴代の住民」）の用語を使っているからである。もし B の観点に真に立っているならば、A という概念自体が存在する余地がないのである。共時態（A）と通時態（B）という共約不可能な観点の差異を超えて、相異なる両者がまさしく同じ一つの言語であるという断定は、いかなる観点に依っているのか。ソシュールの逢着したこの問いは、久しきにわたって『講義』によって遮蔽されてきたとはいえ、未だ解答を得ていない。

　ここでソシュールが直面していた難問とは、共時的なものと通時的なものの統一という論理が、不可避的に言語の実体化あるいは主体化を招いてしま

うということにある。今日〈文法化〉と呼ばれて論じられている問題設定は、すでにヤコブソンによって唱えられた「動態的な共時論」の延長線上にあるのだが、そこでは、19世紀の言語有機体論に淵源している「独立した生を営む言語(学)的存在」が暗黙裡に想定されているのである。ソシュールが共時態と通時態の峻別に異様なまでに拘泥した理由もこの解き難いアポリアにあったのである。言語に対して時代を越えた「独立した生を営む言語学的存在の幻想」を投影してしまうことは、言語有機体論の誘惑に屈することになる。この難解な草稿に、時枝誠記が繰り返し批判していた言語実体観と格闘していたソシュールの言語学的ドラマを垣間見ることができるのではないだろうか。

6 結論に代えて

　時枝が『一般言語学講義』を批判する際に依拠した〈主体的立場〉は、まさにこの著作の中に見出される〈話者の意識〉や〈主観的分析〉と酷似している。おそらく時枝は、一方では通説に従ってソシュールをラングの言語学の提唱者と見なし批判しながら、他方では主体的言語意識を重視した側面を、自説を形成あるいは補強するために、積極的に摂取していったのではないかと思われる。この仮説が認められるならば、時枝は『一般言語学講義』の本文がそうした二つの方向を示す分裂・矛盾を孕んでいる点にまで読解を深めていたことになり、この二重の読解は『一般言語学講義』の本文解釈としては今日でもなお高い評価に値しよう。

　しかしながら、そうした時枝の二重の読解にもかかわらず、ソシュール批判を検討することを通して、言語過程説自体の限界もおのずと明らかになってきたことも否定できない。と同時に、『一般言語学講義』を越えてソシュール自身の言語学的探究、とりわけ言語実体観の克服をめぐる悪戦苦闘の真相に迫ることが緊要な課題として浮上してきた。稿を改めて論じたいと思う。

注

1 「彼は国語史は国語学の補助科学だと分類してしまうんです。日本語の歴史の研究は国語学の外に出しちゃうんです。日本語の研究は日本人の日本語に対する意識に対して反省を加えるんであって、その点では、ソシュールを否定しようとする時枝さんの立場は、要するに共時論です。我々は昔の言語の知識と関係なく、今の日本語を使っているんだから、奈良時代の人間がどんな言葉を使っていようが関係ないわけです。」（亀井・田中 1994: 38）

2 なお、時枝のソシュール批判を検討する際には、その批判の対象がソシュールの書いたテクストではなく、弟子たちの手によって編纂執筆され、師の没後3年目にあたる1916年に刊行された『一般言語学講義』であることには注意を払っておく必要がある。時枝の批判はソシュールの原資料を改竄した『一般言語学講義』に対してのみ妥当する場合が少なくないからである。本稿ではソシュールの自筆草稿や聴講ノートに関する文献学的注解は、煩雑さを避けるためにエングラー版の断章番号など必要最小限の言及に敢えて留めておいたことをあらかじめお断りしておく。なお弟子達による改竄のプロセスについては拙論（松澤 2003）を参照していただければ有り難い。

3 小林訳を引用する理由は、時枝が『一般言語学講義』の小林訳に依拠しているからである。但し引用にあたっては、若干訳し変えたりルビをふった箇所がある。例えば「話手」は「話者」に変更した。またランガージュ、ラング、パロールは小林訳では「言語活動」「言語」「言」とそれぞれ訳されているが、むしろランガージュは総称としての「言語」、ラングは「言語規範」ないしは「言語体系」、パロールは「（個人的）発話行為」ないしは「言葉」が訳語としてはより適切ではないか、と思われる。

4 もっとも第一回講義ではソシュールは類推を「第一部　進化」のなかで語っており、このために『一般言語学講義』の編者者が通時言語学のなかに組み入れてしまったと考えられる。しかし第二回一般言語学講義では類推的創造は共時態に属すると次のように明言されている。「変化があるとすれば、私たちは通時的なもののなかで動いているのだろうか。それこそ共時態と通時態の識別において慎重を要する問題点だと言わなければなりません。類推を生むためには、共時的事象が、言語の全体が、体系が必要なのです」（Saussure 1968: 断章番号 2591）。

5 なお因みにソシュールの時代にはそもそも音声学と音韻論の識別は存在していなかったし、ソシュールは言語音の生理学的物理学的研究を phonologie と呼び、狭義の言語学の外部にある二次的補助的な研究と位置づけていた。そして言語音の歴史的変化を扱う研究を phonétique と呼び、史的言語学あるいは通時言語学に属するものと見なしていた。ソシュール自身は音韻あるいは音素 phonème という用語を使用することはあったものの、プラーグ学派におけるような最小機能単位という定義をしてはおらず、パロールにおける具体的な言語音という程の意味で使用している。

6　この節は松澤(2009)の一部と重複することをお断りしておきたい。

参考文献
亀井孝・田中克彦(1994)「国家語の系譜」『現代思想』1994年8月号
釘貫亨(2007)「日本語研究の近代化過程と西洋哲学」『HERSETEC』1(2)名古屋大学文学研究科
釘貫亨(2010)「時枝誠記「言語過程説」と有坂秀世「音韻論」をつなぐ現象学の系譜」田島毓堂編『日本語学最前線』和泉書院
時枝誠記(1966)『國語學史』岩波書店
時枝誠記(1957)『国語学への道』三省堂
時枝誠記(2007)『国語学原論』(岩波文庫)岩波書店
根来司(1985)『時枝誠記研究　言語過程説』明治書院
ガダマー, ハンス＝ゲオルク(1986)轡田収・麻生健・三島憲一・北川東子・我田広之・大石紀一郎訳『真理と方法Ⅰ』法政大学出版局
ソシュール, フェルディナン・ド(1972)小林英夫訳『一般言語学講義』岩波書店
パウル, ヘルマン(1993)『言語史原理』講談社
松澤和宏(2003)「ソシュールと『一般言語学講義』の間」『生成論の探究―テクスト・草稿・エクリチュール』名古屋大学出版会所収
松澤和宏(2009)「ソシュールにおける共時態と通時態の峻別について」『月刊言語』38(2): 26–33、大修館書店
松澤和宏(2010)「ソシュールの翻訳と解釈―時枝誠記による『一般言語学講義』批判をめぐる予備的考察」高橋亨編『日本語テクストの歴史的軌跡―解釈・再コンテクスト化・布置』(グローバルCOEプログラム「テクスト布置の解釈学的研究と教育」第8回国際研究集会報告書)、19–25、名古屋大学大学院文学研究科
三浦つとむ(1967–1972)『認識と言語の理論』勁草書房
Saussure, Ferdinand de (1968) *Cours de linguistique générale*, Edition critique par Rudolf Engler, tome 1, Wiesbaden: Otto Harrassowitz.
Saussure, Ferdinand de (2002) *Ecrits de linguistique générale*, Paris: Gallimard.

消滅の危機に瀕する琉球語文学の研究

かりまた　しげひさ

[概要]

琉球国は現在の沖縄県の八重山諸島、宮古諸島、沖縄諸島、鹿児島県の奄美諸島を支配していたが、1609年江戸幕府のゆるしをえた薩摩藩によって侵略された。琉球国は維持されたが、薩摩藩の管理下におかれ、幕藩体制下の異国であった。450年つづいた琉球国は1879年日本国に併合されて沖縄県となった。琉球列島を本州にかさね、北端の喜界島を宮城県仙台市に位置させると、那覇市が長野県、宮古島が大阪、最西端の与那国島は岡山と広島の県境あたりに位置する。ひろい海域の島々ではなされる琉球語諸方言は多様性にみち、外国人や日本人の研究者をひきつけてきた。琉球語諸方言の研究は日本の他の地域の方言研究に比較して活発で、一定の成果をあげている。外国人や日本人研究者のはたした役割はおおきい。いっぽう、弱小言語としてはめずらしく、対象言語を母語とする研究者がおおいことも琉球語研究の特徴であり、つねに琉球語研究の中心的な役割をになってきた。面積も住民の人口も日本の約1％で、琉球語は、アイヌ語とならぶ日本のマイノリティの言語であり、わかい世代に継承されず消滅の危機に瀕している。琉球語の研究状況を危機言語という観点からふりかえり、琉球語研究の課題をかんがえ、研究の今後を展望したい。

1　消滅の危機に瀕した琉球語

　自らの言語をかきあらわす文字を有して書きことばを発達させ、たくさんの書き手によってかかれたたくさんの言語作品（さまざまな文字資料、文献、碑文など）を有する言語は、文字をもたない言語にくらべて、当該言語を対象にした研究においても、あるいは、当該言語の史的研究においても圧倒的にめぐまれた条件をそなえている。日本語も固有の文字と表記法があり、膨大な量の言語作品をもっている。

消滅の危機に瀕している言語や方言のおおくは、文字をもたず、話しことばとしてしか存在していない。あるいは、弱小の言語や方言のなかには近代になって研究者などによって考案された文字をもつが、所属する国家の優勢な大言語や標準語におされて、書きことばを発達させていない。世界中の消滅の危機に瀕した言語のおおくは、文字をもたず、書きことばを発達させないまま、研究者の収集した資料だけをのこしてきえていこうとしている。かつて文字を有し、文字にかかれたが、今ではきえてしまった言語もあるだろう。しかし、文字をもたず記録にものこされないまま、自らの存在した痕跡さえのこさずきえてしまった言語にくらべれば幸運である。

沖縄県の八重山諸島、宮古諸島、沖縄諸島、鹿児島県の奄美諸島ではなされてきた琉球語も、さだまった表記法をもたず、書きことばも発達させていない言語であり、消滅の危機に瀕している。

2 琉球語の多様性

琉球語がはなされている地域の面積も、そこに住む住民の人口も日本の約1%であり、琉球語は、アイヌ語につぐ日本のマイノリティの言語である[1]。しかし、琉球語のはなされている琉球列島の島々は、ひろい海域に点在している。琉球列島を本州にかさね、北端の喜界島を宮城県仙台市に位置させると、那覇市が長野県あたり、宮古島が京都と大阪の府境あたり、石垣島が淡路島の西、最西端の与那国島は岡山と広島の県境あたりに位置する。南北大東島は、本州からはみだして、八丈島の東に位置することになる。琉球列島のひろい海域の島々ではなされている琉球語は、たくさんの下位方言からなりたっている。

琉球列島最北端の奄美大島旧笠利町佐仁方言には a、i、u、e、o、ï、ëの7母音に長短の区別があり、さらに ã、õ、ĩ、ẽ の4個の鼻母音もあって、計18個の母音音素がある。いっぽう、最西端の与那国島方言の母音は a、i、u の3個を基本とし、e、o は周辺的である。

沖縄島北部の今帰仁村謝名方言の子音は、無声の破裂音と破擦音、鼻音、半母音に喉頭音化した p'、t'、k'、tz、ʔ、ʔm、ʔn、ʔj、ʔw と喉頭音化しない p、t、k、ts、m、n、j、w が対立していて、計25個の子音音素がある。いっ

ぼう、宮古大神島方言には破裂音に有声／無声の対立がなく、p、t、k、f、v、s、m、n、j、rの10個の子音しかない。f、v、s、m、nは子音単独で音節をなす成節的な子音である。また、f、sはkffi（作れ）、pstu（人）のように音節主音として機能する。子音にも長短の対立があり、長子音だけからなる単語 m:（芋）、s:（巣）、v:（売る）も存在する。興味ぶかい現象は、音韻だけにみられるのではなく、文法の様々な面でもみられる。

3 琉球語の研究と琉球文学の研究

　琉球語でかたられたりうたわれたりする口承文芸や、文字に書かれた琉球語の文学を「琉球文学」という。琉球文学のほとんどが口承の文学で、後述するように、その種類も多様で数もおおい。琉球語、および、琉球文学の多様性は、研究者にとって魅力的であり、琉球人研究者だけでなく、おおくの外国人研究者や日本人研究者をひきつけてきた。琉球語および琉球文学の研究は、琉球出身の研究者、琉球出身以外の日本人研究者、外国人研究者がはじめからかかわっていた。外からやってきた研究者の研究成果そのものがおおきな役割をはたしただけでなく、外からやってきた研究者は、すぐれた研究方法をもちこんで琉球出身の研究者におおきな影響をあたえて、琉球語や琉球文学の研究の進展におおきく貢献している。

　東京帝国大学で言語学と文学をおしえていたイギリス人言語学者 B・H・チェンバレン (1850–1935) が 1893 年に沖縄に一カ月滞在して言語、民俗の調査をおこない、1895 年に「Essay in aid of a grammar and dictionary of The Luchuan language」をかいたことをもって、近代における琉球語（琉球方言）研究の嚆矢とすることができる。琉球文学研究は、新潟県出身の田島利三郎 (1869–1931) が國學院大學（皇典講究所）を卒業したのち、1893 年に沖縄県尋常中学校の教師として赴任し、『おもろさうし』を書写したのがはじまりであろう。チェンバレンの沖縄調査と田島利三郎の沖縄赴任は、おなじ年であった。

　沖縄うまれの伊波普猷 (1876–1947) は、琉球語研究、琉球文学研究、琉球史研究で多数の著作をのこし、その後の琉球研究におおきな影響をあたえ、「沖縄学の父」とよばれる。伊波普猷は、田島利三郎の沖縄県尋常中学校教

師時代のおしえ子であり、その影響をうけただけでなく、田島利三郎の収集したしたさまざまな資料(のちに『琉球文学研究』として 1924 年に出版)をひきついで研究をおこなっている。伊波普猷は、東京帝国大学文学部で言語学をまなび「p 音考」(1904)、「琉球語の母音統計」(1907)、「琉球語の母音組織と口蓋化の法則」(1930) などの琉球語の研究をすすめるいっぽう、『校訂おもろさうし』3 巻(1925)をまとめながら「おもろさうし」に関する論考を多数あらわし、琉球文学研究の基礎をきずく。

ロシア人言語学者のニコライ・A・ネフスキー(1892–1937)は、1922 年、1926 年、1928 年の 3 度宮古島を訪問し、宮古方言や宮古の歌謡、民俗などを調査した。ネフスキーは、調査でえられた宮古方言の単語を辞典風にまとめた手書きノートをのこしている[2]。また、調査でえられた 48 編の歌謡(アーグ、トーガニ)とことわざやなぞなぞなどの伝承をかきのこした[3]。ネフスキーの宮古方言調査のインフォーマントであった稲村賢敷は、のちに研究者になり『宮古島庶民史』(1957)、『宮古島旧記並史歌集解』(1962)をあらわした。ネフスキーの宮古島調査に同行した慶世村恒任(1891–1929)は、『宮古民謡集』(1925)、『宮古史伝』(1927) などをあらわし、宮古島の歴史、文学を研究した。宮古研究の基礎は、ネフスキーと彼にかかわった人たちによってきずかれた。

沖縄県石垣島うまれの宮良當壯(1893–1964)は、國學院大學卒業後、宮内省図書寮に勤務し、上田万年、柳田国男らの推薦によって研究費の補助をうけて全国方言の調査研究をおこった。『採訪南島語彙考』(1926) は、九州以南の調査成果の一部をまとめものであり、日本ではじめて国際音声字母をもちいて方言音声を表記した方言集である。『八重山語彙』(1930) は、故郷八重山に関する研究成果である。『八重山語彙』には旧石垣町 10400 語、竹富島 1900 語、鳩間島 1800 語、小浜島 1000 語、新城島 1000 語、黒島 900 語、波照間島 900 語の方言語彙が仮名表記と音声記号によってしめされている。音声記号はロシア式の記号が使用されていて、ネフスキーの影響がみられる。宮良當壯は、琉球方言に関する論考をおおくかいているが、琉球文学に関する著書、論考もおおく、『沖縄の人形芝居』(1925)、『八重山古謡第 1 輯』(1928)、『八重山古謡第 2 輯』(1930) をだしている。『八重山古謡』には、儀礼歌謡、三味線歌、雨乞い歌、およびそれら歌謡の語注、解説、楽譜

が掲載されている。

　近代以降の琉球語と琉球文学の研究は、研究者による琉球語の資料収集と琉球文学のテキスト作成の歴史といってよい。伊波普猷もネフスキーも宮良當壯も、そして、それにつづく研究者も、琉球語の研究をおこないながら、琉球文学のテキストを作成して琉球文学の研究をおこなっている。あるいは琉球語の研究者と琉球文学の研究者とが協力し、研究をおこなってきた。

　琉球語がわかい世代に継承されず消滅の危機に瀕しているのとおなじく、口承の文学としての琉球文学も後継者減とうたわれる場の減少と喪失とによって消滅の危機に瀕しているのだが、研究者によってこれまであつめられてきた口承の文学は、琉球語研究、琉球文学研究の貴重な資料であるだけでなく、記録・保存およびそれらの継承のための大切な資料でもある。

4 琉球語の文字資料

　琉球語のはなされている地域は、かつて琉球国として存在し、1609 年江戸幕府のゆるしをえた薩摩藩によって侵略されるまで独立国家として存在していた。琉球国は、1609 年以降薩摩藩の管理下におかれたが、国家としての体裁は維持され、幕藩体制下の異国であった。琉球国は、1879 年日本国に併合されて沖縄県となるまで独自の官僚制度を有し、中国や東アジアの国々との交易をおこなった。450 年つづいた琉球国は、たくさんの行政文書をのこしている[4]。おおくは中国語（漢文）によってかかれているが、和文の文書もある。琉球人がかな文字と漢字をつかって記録した琉球語の文書もある。琉球語が文字にかかれなかったわけではないのである。

　琉球語とはいっても日本語の変種であり、琉球方言ともよばれることがおおく、基礎語彙をはじめとするおおくの単語を共通にもっている。これらの単語の音声形式は、音韻変化によって変化しているが、子音 1 個と母音 1 個からなる CV の開音節を主とする音節構造からなる点も日本語のそれとほぼおなじなので、かな文字によってかきあらわすことができる。

　琉球語は、助詞や語尾などの文法的な接辞の膠着による語形変化の体系をもち、形態論的な構造が日本語とおなじである。したがって、日本語とおなじように名詞、動詞、形容詞の単語の文法的な形は、語幹や語基などの不変

化部分を漢字でかきあらわし、文法的な意味や機能のちがいによって変化する助詞や語尾などの部分をかな文字によってかきあらわすことができる。琉球語は、漢字とかな文字をまぜてかきあらわすことが可能なのである[5]。つぎの1番目の例は、1623年の『おもろさうし』第12巻の歌謡のうたわれた日時場面などが記された部分である。2番目の例は、1713年成立の『琉球国由来記』の琉球語の記述の部分である。

嘉靖廿四年乙巳年の年　きみてすりのもゝかほうことの時に　八月十九日つちのと酉日のとらの時に　きこゑ大きみの御まへより給申候
（外間守善・西郷信綱 1972、巻 12、p. 249）

右祭之時　玉城巫唄
「中森　国ノ根　ヲヒヤクメイガ　イシユヅカヘニ　ヨヽレタル」
（外間守善・波照間永吉編 1997、p. 312）

「おもろさうし」は、琉球国時代に首里城内でおこなわれた儀礼にともなってうたわれた歌謡をかな文字と漢字で記録したものである。首里王府が編纂した「おもろさうし」の22巻には1554首の歌謡が掲載されている。第1巻が1531年、第2巻が1613年、第3巻以下が1623年に編纂されている。

あおりやへか節
一　きこえ大きみきや
　　世かけせし　おろちへ
　　あんしおそいしよ
　　すゑまさて　ちよわれ
又　とよむせたかこか
又　首里もりくすく
又　またまもりくすく　（外間守善・西郷信綱 1972、巻 1–26 番、p. 19）

琉歌とよばれる琉球固有の定型短詩を記録した『琉歌百控』がある。三味

線歌謡としての琉歌の節（曲）を中心に編纂した歌謡集で 601 首の琉歌が掲載されている。上編が 1795 年、中編が 1798 年、下編が 1802 年に書写されている。和歌の五七五七七の三十一音に対して、琉歌は、八八八六音の三十音四句体の定型である。地方でうたわれる琉歌形式の詩形をもつ歌謡のなかには、即興的につくられるものがある。

恩納松下に禁止の牌の立ちゆす
恋忍ふまでの禁止やないさめ
（恩納村の松の下に禁止の立札が立っている。恋い忍ぶまでの禁止ではあるまい。）　　　　　　　　　　　　　　　　　（島袋盛敏 1968、p. 8）
自由ならぬとめば思ひ増鏡
影やちやうも写ち拝みぼしやの
（自由にならないと思うと思いが増す鏡、影だけでも写して拝んでみたい）　　　　　　　　　　　　　　　　　　　　　　（島袋盛敏 1968、p. 50）

琉球国時代、中国から渡琉した中国皇帝の使者を歓待するために 1719 年にはじめて演じられた「組踊」とよばれる舞台芸術がある。沖縄につたわる音楽と舞踊をとりいれた舞台芸術で、八音を中心にした琉歌形式の台詞が音楽にのせてとなえられる。1823 年の使節をむかえたときの「躍之次第」（羽地本）と 1866 年の使節をむかえたときの「組踊集」（小禄本）があった。原本は、第二次大戦の戦災で消失したが、伊波普猷（後述）が筆写し、校訂した『校註琉球戯曲集』（伊波普猷 1929）がのこされている。

4.1　古典琉球語

琉球国時代にかかれた文字資料のうち、「おもろさうし」、『琉歌百控』などの琉歌、『校註琉球戯曲集』などの組踊の言語を、現在琉球列島各地ではなされている現代琉球語に対して古典琉球語と仮によぶことにする。『琉歌百控』『校註琉球戯曲集』の古典琉球語は、時代が比較的あたらしいこともあって、現代琉球語との差異がちいさい[6]。それに対して、「おもろさうし」の言語は、かかれた時期が 16 世紀中期とふるいこともあって、現代琉球語とくらべても、琉歌、組踊などの古典琉球語とくらべても、音韻、文法の面

でことなっている。「おもろさうし」は、未詳語をふくめ不明な部分がおおい。

　田島利三郎、伊波普猷以来、琉球文学研究の中心は、「おもろさうし」の研究にあった。伊波普猷（1925）『校訂おもろさうし』によってひろがった「おもろさうし」の研究は、仲原善忠・外間守善（1965）『校本おもろさうし』、仲原善忠・外間守善（1967）『おもろさうし辞典・総索引』によって飛躍的にすすむことになった。とくに、「総索引」は「おもろさうし」研究の精度をたかめるのに貢献している。

　仲宗根（1976）は、「おもろさうし」のイ段のカナとエ段のカナに書き分けがあることを発見した。高橋（1977）は、さらに厳密な検討をおこなって仲宗根（1976）の結論を確認し、その後、高橋（1991）は、表記と音韻の関係を全体にわたって詳細に検討し、『おもろさうし』の表記が当時の発音を正確にかきあらわしたあるものであることをつきとめた。これによって 16 世紀ごろの琉球語の状態がつかめるようになったし、『おもろさうし』の未詳語が格段に減少し、語釈が精密になって琉球文学の研究が進展することになった。

　玉城（1991）は、琉球列島各地で伝承されてきた歌謡（次節で詳述）を検討しつつ、「おもろさうし」に掲載されている歌謡を詳細に分析して、歌形と歌唱法をあきらかにした。その成果をもとに先にあげた巻 1–26 番のオモロを復元すると次頁のようになる。記載に際して省略された部分を復元した部分を括弧で挿入した。下線部は、反復部とよばれ、囃子のように各節にくりかえされる部分である。「一」「又」記号ではじまるのが対句部とよばれる出来事を対句形式で叙述する部分である。玉城（1991）は、反復部と対句部が意味的にきれており、つなげて解釈してはいけないことをあきらかにし、「おもろさうし」の 1 首 1 首を正確に解釈する基礎をきずいた。

　かりまた（1989）は、「おもろさうし」の条件形の分析をおこなったが、連用形と終止形、連体形と終止形などの活用形の認定は、玉城政美の成果なしにははたせなかった領域である。玉城（1991）によって琉球文学研究が進展したのはもちろんだが、古典琉球語の文法研究が可能になったのである。

　仲原善忠や玉城政美などの琉球文学研究者と外間守善、仲宗根政善、高橋俊三などの琉球語研究者の研究は、相互に好影響をあたえ、琉球語と琉球文

学の歴史的な研究を可能にしたのである。

　　あおりやへか節
　　一　きこえ大きみきや
　　　　　世かけせし　おろちへ
　　R　あんしおそいしよ
　　　　すゑまさて　ちよわれ
　　又　とよむせたかこか
　　　　　世かけせし　おろちへ
　（R　あんしおそいしよ
　　　　すゑまさて　ちよわれ）
　　又　首里もりくすく
　（R　あんしおそいしよ
　　　　すゑまさて　ちよわれ）
　　又　またまもりくすく
　（R　あんしおそいしよ
　　　　すゑまさて　ちよわれ）

5　琉球各地の琉球文学

　琉球文学には、「おもろさうし」に代表される叙事的な文学、琉歌に代表される叙情的な文学、組踊に代表される劇文学がある[7]。伝統的な琉球文学は、そのほとんどが音楽をともなってうたわれた歌謡であり、琉球語でかかれた散文は、ほとんどみられず、書きことばを発達させてこなかった。琉球文学研究は、歌謡を構成する音楽的側面を捨象して、ことばによってつくられた世界を研究するものがおおい。

　おもろさうし、琉歌、組踊の言語は、支配者層の居住していた王都・首里の方言である。首里方言以外の下位方言は、近代以前に文字でかかれることはほとんどなかった。文字をもたず、音声言語としてしか存在していなかった下位方言にとっての文字テキストは、近代以降になって日本語の教育をうけ、文字を所有するようになった地元の人々、あるいは、研究者によってか

きのこされた歌謡、民話、ことわざ[8]などの口承の文芸作品と、研究者によって録音され文字化された談話資料などである[9]。

5.1 叙事的文学

琉球列島各地につたわる叙事的な文学は、そのほとんどが集落や地域社会でおこなわれる儀礼にともなってうたわれる儀礼歌謡である。儀礼歌謡のおおくは、うたわれるのが年に一、二度しかない集落の祭祀の日に限定され、一定年齢以上の女性しかたちいることができない祭場で、歌唱者も祭祀を統括するノロやツカサなどの神女に限定されている。したがって、儀礼歌謡は伝承される機会もすくなく、祭祀を統括する神女の高齢化や他界によって祭祀とともにきえた地域もあって、現在祭祀がつづけられている地域でも危機的な状況に危機感をもっている。

沖縄諸島には、ミセセル、オタカベ、クェーナ、ウムイ、ティルクグチなどの民俗呼称をもつ儀礼歌謡や物語歌謡がある。『南島歌謡大成Ⅲ沖縄篇上』には 936 編の儀礼歌謡や物語歌謡が収録されている。

1	ウヘイヘイ	（囃子、以下略）
	むかしから　あるよーに	昔からあるように
2	あまんから　しゃるよーに	大昔からしたように
3	あまちゃにぬ　うゆゑ	甘種の御為
4	しらちゃにぬ　うゆゑ	白種子の御為
5	かみあしび　みせん	神が遊びをし給う
6	しじゃあしび　みせん	セジが遊びをし給う
7	みかびから　うぐまち	三日前から賑わして
8	ゆかびまでぃ　とぅゆまち	四日前から鳴響まして
9	あやぬ　のぶ　ふぃちょーてぃ	綾の屏風を引いていて
10	あやぬ　むしる　ぐならびてぃ	綾の筵を並べて
11	しるんさく　いぐまち	白神酒を賑わして
12	まんさくに　いぐまち	真御酎を盛り合して
13	うふんさく　しるまち	大神酒、神酒
14	しるんぱな　しきてぃ	白御花を飾って

15	くがにびん　かじゃてぃ	黄金瓶を飾って
16	たまぬびん　かじゃてぃ	玉の瓶を飾って
17	たんなふぁぬ　くるが	玉那覇の男が
18	かみ　うまちみせん	神を御待ちし給う
19	しじ　うまちみせん	セジを御待ちし給う
20	いすぎすぎ　かみがみ	急げ急げ、神々
21	踊り　踊り　神々	踊れ踊れ、神々

(『南島歌謡大成Ⅰ沖縄篇上』ウムイ316)

　宮古諸島には、タービ、ピャーシ、フサ、アーグ、ニーリ、ユンタなどの民俗呼称をもつ儀礼歌謡や物語歌謡がある。『南島歌謡大成Ⅲ宮古篇』には、244編の儀礼歌謡、物語歌謡が収録されている。

52	やまとぅから　くだたい	大和から伝わってきた
	うふぶーぬーや　まかなし	大帆にまかせて
53	いチチんな　いらまーん	五棚船もほんとうに
	てぃんまがみ　はぎゆらし	伝馬船までも建造して
54	てぃびから　みーてぃが　いらまーん	後から見るとほんとうにまあ
	まっさびが　しるてぃびよー	真白美の白いお尻のようだ
55	まいから　みーてぃがーよー	前から見ると
	うとぅがふぁーぬ　しらオむてぃよー	末っ子の白い美しい顔のようだ
56	うふとぅん　いでぃ　ひゃらしば	大海に出て(船を)走らすと
	とぅなか　いでぃ　ひゃらしば	海の真中に出て(船を)走らすと
57	まっさびが　いらまーん	真白美がほんとうに
	くぱジーからー　あいきゅーいにゃーん	陸(堅い)地から歩いているようだ

(『南島歌謡大成Ⅲ宮古篇』アーグ27)

　八重山諸島には、カンフチィ、ニガイフチィ、ユングトゥ、アヨー、ジラ

バ、ユンタなどの民俗呼称をもつ儀礼歌謡や物語歌謡がある。『南島歌謡大成Ⅳ八重山篇』には、916 編の儀礼歌謡、物語歌謡が収録されている。

	くんりんぎんぷくぬ唄	（婚礼元服の唄）
1	きゆが　ぴば　むとぅばし	今日の日をもとにして
	くがにびば　にしきばし	黄金日を根付けにして
2	ば　ならいふぁぬ　どぅむてぃや	私の慣れ子の結婚式は
	く　ならいファぬみむてぃや	この慣れ子の結婚式は
3	てぃだんまひろまで　うむいうたそが	日の照る真昼間と思っていたが
	まさんどぅきで　うむふだそぬ	真申時と思ったことよ
4	どぅじきどぅ　むたたる	夜間になって持たせた
	たいしきどぅ　やらたる	炬火をつけて行かせた
5	さとぅが　やに　いぎよーて	夫の家に行って
	さとぅが　きむ　きなしぶり	夫の心と合っており
6	ぶどぅが　やに　いきやうてぃ	夫の家に行って
	ぶどぅが　あゆひん　かにないうり	夫の心にも叶っており
7	ねだい　すな　ば　ならいふぁ	根絶えするな私の慣れ子
	むとぅだい　すな　かなしふぁ	元絶えするな愛しい子
8	びふな　いちぃちにん　まりしゆい	男子五人生まれ
	みどぅなふぁ　たい　まりしゆい	女子二人生まれ
9	びふなふぁや　しぃま　むたし	男の子は島を持たせ
	みどぅなふぁや　とぅね　むたし	女の子は殿を抱かせて
10	あばき　しどぅ　うむいだる	あんなに思っていた
	くりか　しどぅ　うむいだる	こんなに思っていた

（『南島歌謡大成Ⅳ八重山篇』アヨー 78）

奄美諸島には、オモリ、クチ、タハブェ、オモリ、ナガレなどの民俗呼称をもつ儀礼歌謡や物語歌謡がある。『南島歌謡大成Ⅴ奄美篇』には、388 編の儀礼歌謡、物語歌謡が収録されている。

ヒチャガマ祭のクチ
1　でぇあぁとぅとぅ　　　　　　嶽阿尊尊
2　ことしぬ　にぃがなしや　　　今年の稲加那志は
3　たばりじっきど　そぅたる　　束り搗きにしましたが
4　やねぇぬ　にぃがなしや　　　来年の稲加那志は
5　みすちがぢっき　　　　　　　三十枡搗き
6　はたちがぢっき　　　　　　　二十枡搗き
7　にしん　にゃだま　　　　　　西の稲霊
8　ひがん　にゃだま　　　　　　東の稲霊
9　でくまたぶくろ　　　　　　　大熊田袋
10　うんたぶくろ　　　　　　　　上の田袋
11　しゃんたぶくろ　　　　　　　下の田袋
12　ゆぅりみしぇて　　　　　　　寄満ちて
13　あぶしまくら　かぶ　　　　　畦枕　株

(『南島歌謡大成Ⅴ奄美篇』オモリ・クチ・タハブェ 20)

　『南島歌謡大成Ⅰ沖縄篇上』、『南島歌謡大成Ⅲ宮古篇』、『南島歌謡大成Ⅳ八重山篇』、『南島歌謡大成Ⅴ奄美篇』は、外間守善が琉球文学研究者の玉城政美、宮古文学の研究者の新里幸昭、八重山文学の研究者の宮良安彦、奄美研究者の田畑英勝とそれぞれ共編で刊行したもので、それ以前に出版されていたさまざまな歌謡集を集大成し、地域別、ジャンル別に分類し、解説をつけたものである。掲載された歌謡のなかにはすでに伝承されておらず、歌詞だけがのこっているものもある。
　沖縄県教育庁文化課(1988)『沖縄の神歌─沖縄の神歌伝承活動(Ⅰ)宮古諸島』〜同(1992)『沖縄の神歌─沖縄の神歌伝承活動(Ⅴ)沖縄諸島』は、外間守善他編著『南島歌謡大成Ⅰ〜Ⅴ』以後に沖縄各地での臨地調査にもとづいて収集した儀礼歌謡(神歌)をまとめたものである。『南島歌謡大成』に参加した玉城政美、琉球文学研究者の大城学、波照間永吉らが共同調査・執筆をおこなっている。玉城政美は、さらにその後、科学研究費をえて、奄美沖縄地方や宮古地方の儀礼歌謡の共同調査を指揮し、玉城編(2004)、同(2008)を発行している。これには琉球語研究者の高橋俊三と狩俣繁久も参加してい

る。狩俣と大胡太郎（文学研究）は、共同して学生を指導して宮古水納島の祭祀「スツウプナカ」を複数台のビデオカメラと録音機を使用して詳細に調査した。学生たちの調査成果は狩俣（2001）として発行されている。これには水納島の儀礼歌謡8編と祭祀の進行、手順などを詳細に記述し、編集したビデオが付録についている。その後も儀礼歌謡を収集するフィールドワークはつづけられている。

5.2 抒情的文学

抒情的な文学は、琉歌形式の定型短詩と不定形の短詩とがあるが、いずれも曲にのせてうたわれる。

奄美地方、沖縄地方には、八八八六の4句体の定型短詩の琉歌がおおくみられる。『南島歌謡大成Ⅴ奄美篇』には、奄美地方の琉歌形式の歌謡が566首、わらべ歌が68曲、手まり歌が45曲、子守唄が48曲掲載されている。『南島歌謡大成Ⅱ沖縄篇下』には沖縄地方の琉歌3676句が『琉歌百控』『天理本琉歌集』『琉球大歌集』『疱瘡歌和歌口説古名歌集文』『古今琉歌集』など、琉球国時代に筆写された琉歌集などから掲載されている。

宮古地方、八重山地方には琉歌のような定型短詩はみられず、宮古地方のトーガニ、八重山地方のトゥバラーマ、与那国島のションカニなどの民俗呼称をもつ不定形短詩がおおい。いずれも曲にのせてうたわれ、個人が即興的に創作することもおおく、八重山のトゥバラーマは現在でも創作トゥバラーマがうたわれている。

natsï fuju kawaran	夏も冬も変わらない、
ninupanu pusïgama ju:	子の方の星〈北極星〉よ。
fumurada tiriul	曇らずに照っている、
ninupanu pusïgama jo:	子の方の星〈北極星〉よ。
vvaja m'a:gidu	あなたを見上げて、
pusïgamaja nagamidu	星を眺めて
kurasadi bᵋ:m jo:	暮らしたいものだ。

（ネフスキー 1998、（即興歌「トーガニ」）p. 273）

うらとぅ　ばんとぅや　のーでどぅ　かたろうだ
(貴方と　私とは　なんといって　語らったか)
いつぃゆまでぃん　ままでどぅ　かたろうだ
(いつの世までも　共にといって　語らった(のに…))
　　　　　　　　　　(とぅばらーま歌集編集委員会 1986、p. 32)

いくさゆーば　ふけーおーり　ばがーけーら
(戦の世を　潜り抜けてきて　皆がいっしょに)
とぅばらーま　いざり　とぅきぃん　ありらー
(とぅばらーまを　歌える　時も　あるとは)
　　　　　　　　　　(とぅばらーま歌集編集委員会 1986、p. 154)

　小泉文夫、小柴はるみを中心にした東京芸術大学民族音楽ゼミナールと『南島歌謡大成』をまとめた外間守善を中心とする琉球文学研究者のグループとが共同で日本放送協会編(1989)、同(1990)、同(1991)、同(1993)を刊行した。テキストの表記に関しては加治工真市、内間直仁の琉球語研究者が協力している。掲載された歌謡(民謡)は、民族音楽ゼミナールが1973年から1990年までの間に現地調査をおこなって録音、採集したものである。わらべ歌、子守唄、儀礼・行事の唄、作業歌(労働歌)、座興・遊び歌など多様なジャンルの歌謡が掲載されている。掲載された歌謡のほとんどは東京芸術大学民族音楽ゼミナールがフィールドワークによって採集したものだが、テキストの確定、現代日本語訳、解説などを琉球文学研究者グループが分担している。

　日本放送協会編(1989)には387曲の八重山諸島の民謡が収録されている。日本放送協会編(1990)には300曲の宮古諸島の民謡が収録されている。日本放送協会編(1991)には407曲の沖縄諸島の民謡が収録されている。日本放送協会編(1993)には400曲の奄美諸島の民謡が収録されている。北海道から鹿児島までの民謡を収録した『日本民謡大観』が全9巻なのに対して『日本民謡大観(沖縄・奄美)』が4巻であることからもこの地域の口承の文学のゆたかさは理解できるであろう。下位方言ごとの方言差のおおきい琉球列島の伝承歌謡の研究に、民族音楽研究者と、それぞれの下位方言にくわし

い琉球語、琉球文学の研究者とが共同で仕事したことによっておおきな成果をのこしたのだといえるであろう。

5.3 劇文学

伊波普猷のまとめた『校註琉球戯曲集』には11本の組踊の台詞、上演方法、服装、舞台装置、小道具などが記録されているが、台詞には原文の発音のローマ字表記が併記されている。ローマ字表記は、組踊の言語を研究するうえで重要なだけでなく、組踊を継承していくうえでも重要な役割をはたしている。組踊は、地方にも伝承されて演じられ、現在72本の演目がしられている。これらの台本の収集と研究がすすめられている。

劇文学としては、組踊のほかに、近代になって民間で創作された「沖縄芝居」とよばれる沖縄方言の台詞をもつ演劇がある。沖縄芝居には、台詞や所作を音曲にのせてうたい演じる「歌劇」と、歴史に題材をとった「史劇」とがある。沖縄芝居は、台詞や演出を口伝によって伝承していく「口立て」とよばれる方式で演じられてきたために、さだまった台本がのこされていない。

上村幸雄と狩俣は、沖縄芝居の役者の真喜志康忠に依頼し、真喜志康忠が座長をつとめた「ときわ座」で演じられた沖縄芝居の脚本78本のテキスト化を共同でおこなった。漢字かなまじり、カタカナ表記、音韻記号、現代日本語訳をならべたテキストを作成し、語注と補注をつけている。その一部が沖縄芝居作業グループ(1993)、月野・島田(1994)として刊行されている。

最盛期には10ちかくあった沖縄芝居の劇団が1年をとおして毎週末に公演していたが、方言の台詞を理解し芝居をたのしめる客も激減し、いまでは2、3の劇団が年に数回程度の公演をするだけになっている。上記の真喜志康忠と共同で作成した脚本集は、琉球語研究、とくに文法研究の貴重な資料となるものだが、沖縄芝居の普及と活性化のためにも役立てられるものである。

6　おわりに─在野の研究者のやくわりとかかわり─

大学などの研究機関に所属しない在野の研究者が琉球語研究や琉球文学研

究にはたした役わりはおおきい。また、在野の研究者と大学などの研究機関に所属する研究者が密接に協力しあって、仕事をのこしている。

　沖縄首里出身の島袋盛敏は、『琉歌大観』(1964)と『標音評釈琉歌全集』(1968)をまとめた在野の琉球文学研究者だが、島袋盛敏のかいた首里方言辞典の草稿を柳田国男が国立国語研究所にもちこみ、国立国語研究所の所員だった上村幸雄が言語学的な検討と整理をおこなってできたのが国立国語研究所編(1963)『沖縄語辞典』である。石崎公曹(1928-1997)は、奄美大島で中学校教師をしながら郷里の竜郷町瀬留方言辞典の執筆とことわざ、シマウタ(琉歌)の収集をおこなった在野の研究者である。上村幸雄と狩俣は方法論上の指導と援助をおこない石崎公曹の仕事をたすけたが、石崎公曹のことわざ集の遺稿を狩俣繁久・上村幸雄編(2003)『石崎公曹の奄美のことわざ』として刊行した。約1万6千語の語彙を収録した瀬留方言辞典の草稿を出版するための準備を狩俣がすすめている。

　沖縄島那覇出身の金城朝永、久米島出身の仲原善忠、八重山出身の喜舎場永珣、喜界島出身の岩倉一郎などの在野の研究者が戦前から戦後にかけて琉球語や琉球文学の資料や著作などをだしている。その他にもたくさんの地元の研究者ののこした琉球語、琉球文学の著作や資料集はおおい。

　琉球語、および琉球文学の研究は、おなじ消滅危機言語のアイヌ語などとくらべると、対象言語を母語とする研究者がおおいとかんがえるが、在野の研究者は、当該地域の方言の母語話者であり、その仕事は、外からやってきた研究者の研究をおおいにたすけ、研究を進展させるのにおおきく貢献している。琉球語、琉球文学が継承されず、危機的な状況は進行しているのだが、琉球語研究、琉球文学研究のめぐまれた条件をいかした研究のさらなる進展がのぞまれる。

注

1　ユネスコは、2009年2月に東京都の八丈島の「八丈語」と琉球語の諸方言を消滅危機言語として認定した。琉球語の下位方言は、その内部の言語差のおおきさから「与那国語」、「八重山語」、「宮古語」、「沖縄語」、「国頭語」、「奄美語」のむっつの言語か

らなるとしている。
2 ネフスキーの調査ノートは、宮古島平良市教育委員会がロシア科学アカデミー東洋学研究所サンクトペテルブルグ支部の許可を得て写真複製し、『宮古方言ノート―複写本（上）（下）』（ニコライ・A・ネフスキー、2005）として出版している。ノートは、ロシア語のアルファベット順に配列された宮古方言の辞書の草稿である。単語の見出し語はロシア式の発音記号で、意味や用法はロシア語と日本語でかかれている。
3 これらの歌謡、ことわざ、なぞなぞの翻訳がニコライ・A・ネフスキー（1998）『宮古のフォークロア』として出版されている。
4 量的にはあまりおおくはないが、琉球語でかかれた碑文があるし、地方役人に発給した辞令書がある。
5 音節構造が複雑で日本語のそれとおおきくことなる宮古諸島の方言を音節文字のかな文字でかきあらわすことはできないし、喉頭化子音を有して子音体系が日本語とおおきくことなる伊江島方言や奄美方言、沖縄島北部方言を清音と濁音の書きわけしかしていないかな文字でかきあらわすことがむつかしい。地元のひとや研究者によってさまざまに工夫されたかな文字表記法が考案されているが、いっぱんに承認されたものはまだなく、子どもたちをふくむわかい世代に対する方言教育をむつかしくしている。
6 「おもろさうし」の琉球語を前期古典琉球語、琉歌、組踊などの古典琉球語を後期古典琉球語のように区分することができる。
7 琉球文学のジャンル、それぞれの内容と特徴については、玉城（2010）がくわしい。
8 民話、ことわざなどの口承文芸については、本稿では紙幅の都合もあって、あつかわないが、民話やことわざの収集とテキスト化もおこなわれている。民話のばあい、収集された数のおおさにくらべて、方言をそのまま文字化したテキストがすくない。仲井真元楷（1971）『沖縄ことわざ事典』には788句、吉村玄得（1974）『沖縄宮古ことわざ全集』には564句、宮城信勇（1977）『八重山ことわざ全集』には1057句、狩俣繁久・上村幸雄編（2003）『石崎公曹の奄美のことわざ』には1080句のことわざがそれぞれ収録されている。いずれも原語のテキストの他に、現代日本語訳、解説などが付されている。狩俣・上村編（2003）は、音声記号のテキストも併記されている。
9 近年は、録画され字幕のついた映像資料がある。場面におおきく依存した音声言語にとって、字幕つきの映像資料、あるいはデータベース化した映像資料は、文字資料や音声のみの資料のもっていた短所を克服し、言語研究にあらたな可能性をもたらした。

参考文献

伊波普猷（1925）『校訂おもろさうし』南島談話会（『伊波普猷全集第六巻』1975、平凡社に

所収）
伊波普猷(1929)『校注琉球戯曲集』春陽堂(『伊波普猷全集第三巻』1974、平凡社に所収)
沖縄県教育庁文化課(1988)『沖縄の神歌―沖縄の神歌伝承活動(Ⅰ)宮古諸島』沖縄県教育委員会
沖縄県教育庁文化課(1989)『沖縄の神歌―沖縄の神歌伝承活動(Ⅱ)八重山諸島』沖縄県教育委員会
沖縄県教育庁文化課(1990)『沖縄の神歌―沖縄の神歌伝承活動(Ⅲ)八重山諸島』沖縄県教育委員会
沖縄県教育庁文化課(1991)『沖縄の神歌―沖縄の神歌伝承活動(Ⅳ)沖縄本島・周辺離島』沖縄県教育委員会
沖縄県教育庁文化課(1992)『沖縄の神歌―沖縄の神歌伝承活動(Ⅴ)沖縄本島・周辺離島』沖縄県教育委員会
沖縄古語大辞典編集委員会(1995)『沖縄古語大辞典』角川書店
沖縄芝居作業グループ(1993)「沖縄芝居テキスト・喜歌劇『豊年』」『琉球列島における音声の収集と研究Ⅱ』(沖縄言語研究センター研究報告 2)沖縄言語研究センター
かりまたしげひさ(1989)「オモロの条件形」『沖縄文化―創設40周年記念特別号』沖縄文化協会
狩俣繁久(2001)『宮古多良間村水納スツウプナカ― 2000年平良市高野集落』(琉球語学野外実習調査報告)
Karimata Shigehisa (2004) "The Researcher, Speaker, and Municipality in Ryukyu Language Research" (Lectures on Endangered Languages: 4 — From Kyoto Conference 2001)
かりまたしげひさ(2007)「これまでの琉球方言研究、これからの琉球語研究」『沖縄言語研究センター資料№ 161』沖縄言語研究センター
狩俣繁久・上村幸雄編(2003)『石崎公曹の奄美のことわざ』(環太平洋の消滅に瀕した言語に関する緊急調査研究、文部科学省特定領域研究成果報告書)
島袋盛敏(1968)『標音評釈琉歌全集』武蔵野書院
高橋俊三(1977)「『おもろさうし』に於けるエ段音とイ段音」『沖縄国際大学文学部紀要(国文学編)』6(1)、沖縄国際大学文学部
高橋俊三(1991)『おもろさうしの国語学的研究』武蔵野書院
玉城政美(1991)『南東歌謡論』砂子屋書房
玉城政美(2010)『琉球歌謡論』砂子屋書房
玉城政美編(2004)『奄美沖縄諸島における儀礼歌謡の収集・研究とデータベース化』(科学研究費補助金基盤研究(B)研究成果報告書)琉球大学法文学部
玉城政美編(2008)『沖縄県宮古諸島における儀礼歌謡の収集・研究とデータベース化』(科学研究費補助金基盤研究(B)研究成果報告書)琉球大学法文学部

とぅばらーま歌集編集委員会(1986)『とぅばらーま歌集』石垣市
月野美奈子・島田優子(1994)「沖縄芝居脚本のテキスト化」『那覇の方言Ⅲ―那覇市方言記録保存調査』(沖縄言語研究センター研究報告5)沖縄言語研究センター
仲宗根政善(1976)「おもろの尊敬動詞『おわる』について」『沖縄学の黎明』沖縄タイムス社
仲原善忠・外間守善(1965)『校本おもろさうし』岩波書店
仲原善忠・外間守善(1967)『おもろさうし辞典・総索引』岩波書店
日本放送協会編(1989)『日本民謡大観(沖縄奄美)八重山諸島篇』387、日本放送出版協会
日本放送協会編(1990)『日本民謡大観(沖縄奄美)宮古諸島篇』300、日本放送出版協会
日本放送協会編(1991)『日本民謡大観(沖縄奄美)沖縄諸島篇』407、日本放送出版協会
日本放送協会編(1993)『日本民謡大観(沖縄奄美)奄美諸島篇』400、日本放送出版協会
ニコライ・A., ネフスキー(1998)狩俣繁久・渡久山由紀子・高江洲頼子・玉城政美・濱川真砂・支倉隆子訳『宮古のフォークロア』砂子屋書房
ニコライ・A., ネフスキー(2005)『宮古方言ノート―複写本(上)(下)』宮古島平良市教育委員会
外間守善・西郷信綱(1972)『おもろさうし』(日本思想大系18)岩波書店
外間守善・新里幸昭編(1978)『南島歌謡大成Ⅲ宮古篇』角川書店
外間守善・玉城政美(1980)『南島歌謡大成Ⅰ沖縄篇上』角川書店
外間守善・波照間永吉編(1997)『定本琉球国由来記』角川書店
外間守善・波照間永吉編(2002)『定本おもろさうし』角川書店
外間守善・比嘉実・仲程昌徳(1980)『南島歌謡大成Ⅱ沖縄篇下』角川書店
外間守善・宮良安彦編(1979)『南島歌謡大成Ⅳ八重山篇』角川書店

漢字文化圏における近代語彙の伝播の一例
―『漢城旬報』を中心に―

李　漢燮

[概要]

本稿は、『漢城旬報』や『漢城週報』を資料にし、漢字文化圏における近代語彙の成立と域内への伝播の問題を考えてみたものである。『漢城旬報』及び『漢城週報』は、1883年から1888年のあいだに韓国で出された新聞である。これらの新聞は発行当初から日本人が関わっていたということと、外国ニュースの情報源を中国や日本の新聞から求めることが多かったということで、当時生まれた中国や日本の近代新語が漢字文化圏内へどのように広まったかを研究するのにいい資料である。本稿では、『漢城旬報』や『漢城週報』の記事を調査し、それぞれの近代新語がいつごろ、どのような方法で韓国の新聞に取り入れられたかをみることによって、19世紀末漢字文化圏における語彙の交流や伝播の問題を考えてみることにする。

1　はじめに

　本稿は、『漢城旬報』を通して、19世紀末東アジアの新聞が近代の知識や語彙の伝播にどのように関わっていたかを見ようとするものである。19世紀に入り「西勢東漸」の中で漢字文化圏の国々ではいろいろな面で対応に迫られていた。まず西洋の列強から自国を守るための体制を整えなければならなかったし、新しい制度やシステムを作るために国民を啓蒙する必要があった。海外へ留学生を送ったり、国外から専門家を受け入れ西洋の新文明を学ぶ努力もした。また西洋の新しい制度や文化を理解するため多くの西洋の書籍を翻訳した。このような動きの中で多くの新語や訳語などが生まれたわけであるが、後にこれらの語はさまざまな交流を通して漢字文化圏の域内へ広がったのである。本稿では、この時期に、新聞という媒体が漢字文化圏の新語や新知識の伝播にどのように関わっていたかを考えてみたいと思う。

ある文化が他の地域へ伝播するには必ず人やものなど文化の伝達に関わる媒体が必要であり、言葉においてもそれは当てはまる。この時期に言葉の伝播と関わったと思われる媒体は、人とものに分けて考えることができる。まず人としては、外交官、視察団、留学生、居留民、商人などが挙げられ、ものとしては書籍や新聞・雑誌、商品(食料品、薬、生活用品、機械)などが考えられる。ここではその中でも新聞という媒体に注目し、特に『漢城旬報』の場合を探ってみたいと思う。

2 漢字文化圏における近代新聞の発行

ここではまず19世紀における漢字文化圏の新聞の発行について考えてみたいと思う。漢字文化圏において最も早い時期に新聞を発行した国は中国である。中国の近代的新聞の発行は1810年代から始まっており、最初は中国国内の社会的必要からというより、新教宣教師たちの布教目的や西洋文明の宣伝を通して中国人の外国観を変える目的が大きかったといわれている[1]。卓南生は19世紀の中国の新聞について、「宗教月間紙時代(1815-1858)」と「「新報」の登場時代(1857-1874)」に分けて説明している[2]。「宗教月間紙時代」の新聞とは、新教開拓者たちが中国伝道活動の一部として新聞を発行した時期で、1815年から1821年までマラッカで発行された『察世俗毎月統記傳』や『特撰撮要毎月紀傳』(1823-1826)、『天下新聞』(1828-1829)、『東西洋考毎月統記傳』(1837-1835、広州)、『各国消息』(1838)、『遐邇貫珍』(1835-1856、香港)、『六合叢談』(1857-1858、上海)などがこれに属する。これらのうち、『遐邇貫珍』や『六合叢談』は日本に輸入され、翻訳あるいは翻刻によって「官版翻刻新聞」として発行された。「「新報」の登場時代」とは、中国人自身による中国語の新聞への自立過程に発行された新聞であり、The Daily Press の中国語版である『香港船頭貨価紙』(1857、香港)や『香港中外新報』(186?-、香港)『中外新聞七日報』(1871-、香港)『香港華字日報』(1872-、香港)『循環日報』(1874-、香港)などがこれに属し、ほとんどが香港で発行されている。

一方、1870年代以降になると上海でも新聞が発行されるようになるが、『申報』や『字林滬報』がそれに該当する。『申報』はイギリス人貿易商アー

ネスト・メジャーが発行した新聞で、正式の名前は「申江申報」である。1872年4月に発行が始まり、1949年5月の廃刊まで77年間で26,000号を出した近代中国において最も影響力のある新聞である。『字林滬報』はNorth China Heraldの中国語版で、1882年8月から1899年6月まで約17年間発行された新聞である。

　これらの中国の新聞のうち、香港で発行された『香港中外新報』や『香港華字日報』、『循環日報』、『申報』、『字林滬報』などは、多くの記事が、本稿で問題にしている『漢城旬報』のニュースのソースとして使われており、特に『申報』や『字林滬報』は『漢城旬報』の主な情報源になっていた。

　日本の近代的新聞発行は中国より遅く、最初の新聞は1862年洋書調所において、ジャワから来たオランダ語の新聞を翻訳し、木活字によって印刷した『バタビヤ新聞』であった。日本人の手で創作された新聞は、明治元年に明治新政府の官報として発刊された、京都における『太政官日誌』と、江戸における柳川春三などによる『中外新聞』であった。1871年には日本最初の日刊紙である『横浜毎日新聞』が創刊され、1872年には『東京日日新聞』が創刊される。続いてこの時期に女性や下層民を対象としたいわゆる「小新聞」が発行されるようになるが、代表的な「小新聞」としては1874年に創刊された『読売新聞』と1879年に大阪で創刊された『朝日新聞』がある。1882年には福沢諭吉によって『時事新報』が創刊されており、この『時事新報』は『漢城旬報』の主な情報源として使われることになる。

　最後に韓国の新聞について触れることにする。韓国の近代的新聞の発行は中国にはもちろん日本よりもはるかに遅れて、1880年代まで待たなければならない。韓国国内で始めて新聞が発行されたのは1881年(明治14年)のことで、釜山に居住していた日本人団体「在釜山港商法会議所」が発行した『朝鮮新報』がそれである[3]。この『朝鮮新報』は日本語で書かれた在釜山地域日本人のための新聞であったので、海外で発行された日本語新聞であると考えるべきであろう。韓国初の近代的新聞は本稿で取り扱っている『漢城旬報』であり、日本より約20年も遅れた1883年になって発行されるに至った。以降韓国では『漢城周報』(1886–1889)や『漢城新報』(1895)、『独立新聞』(1896–1899)、『毎日新聞』(1898)、『帝国新聞』(1898)、『皇城新聞』(1898)などが発行された。

以上、中国・日本・韓国など三国の近代新聞について概観してみたが、東アジアにおいて新聞の発行は中国が一番早く、その次が日本、韓国の順であったということが分かる。

3　『漢城旬報』について

3.1　『漢城旬報』はどういう新聞か？

　『漢城旬報』は 1883 年 10 月から 1884 年 12 月まで 1 年 2 ヶ月間ソウル（漢城）で発行された韓国最初の近代的新聞であり、第 36 号まで発行された（図1を参照）。政府が発行した新聞であったので国営新聞と言うべきであろう。

　新聞の発行には最初から日本人が関わっていた。『漢城旬報』を印刷するための印刷機は日本から輸入され、第 1 号から第 5 号までは新聞の印刷用紙まで日本の用紙が使われた。7 人の日本人が新聞の発行をサポートするために参加し（彼らのうち 5–6 人は新聞の発行の前に帰国した）、特に井上角五郎という人物は韓国政府から「翻訳人」という身分で雇われ、日本の新聞

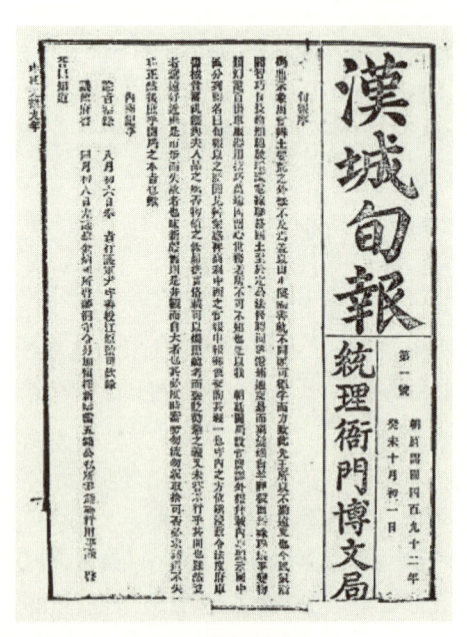

図1　『漢城旬報』

や書籍の取り寄せや翻訳を担当した。つまり、韓国最初の近代的新聞の発行には日本人が深く関わっていたのである。

文章は、当時韓国の公的文書と同じようにすべて漢文になっている。

3.2　新聞の構成および内容

『漢城旬報』の大きさは今日の規格から見るとB5サイズに似ていて、17cm × 24cm の大きさであった。ページ数は18頁から24頁。新聞の内部構成は、大きく国内ニュースと国外のニュースに分けられる。国内のニュースは表1から見て取れるように、「国内官報」と「国内私報」に分かれており、「市直探報」と称して、ほぼ毎日物価情報も載せている。国外ニュースは「各國近事」という国外の新聞に載っている記事を転載または翻訳して載せたものや、「集錄」という国外の雑誌や書籍から文明開化に関連する情報を持ってきたものなどから成る。また時には国外の新聞の社説や主張などを転載した「論説」欄もある。『漢城旬報』の第8号(1884.1.8)には76件の記事が載っており、そのうち国内記事は18件、国外記事は58件もあり、国外の記事の方がはるかに多かったことが分かる。

表1　『漢城旬報』第8号の記事の構成

分類		記事の題	ニュースのソース
国内記事	国内官報	京畿道觀察使狀啓 上諭恭錄 議政府啓 上諭恭錄 義州府尹狀啓 京畿道觀察使狀啓 議政府啓 黃柑設科 議政府啓 議政府啓 日本人閑行里程約條	
	国内私報	各國度量衡表 日本 英吉利	

		法蘭西	
		俄羅斯	
		合衆國	
	市直探報	(物價情報)	
国外記事	各國近事	中國奧師已決	英京電音
		彭玉麟奏疏	滬報(11月16日)
		楚軍續至	香港報
		兵輪東下	上海報
		廈門近報	廈門 遞信
		鄂省閱兵	滬報
		雲南巡撫滯領雄兵	香港報(11月6日)
		雄師拔隊	申報
		行營通電	近閲津信
		募兵駐圍	上海報
		彭宮保移營	羊城新聞
		調防近信	上海報(11月24日)
		經略江海各處	中外新聞
		奧東催餉	香港報
		海防近信	香港 西字報
		仏艦至廈	申報
		法人辦理兵餉	循環報
		法報照譯	西貢 法字報
		增兵要電	滬報
		法艦赴越	香港 西字報
		倫敦電音	申報
		法國文武不和	香港報
		海防近報	香港報
		海防信息	上海報
		黃旗投入黑旗	上海報
		彭宮保抵粵	香港報(11月6日)
		防兵到粵	上海報
		寗郡設防	上海報
		河內近報	香港 中外新聞
		東京近報	西貢法字新報
		海防切近音信	滬報(11月18日)
		越事近聞	香港 西字報
		戰事傳聞	申報

	擬戴法兵	申報
	桑台失守	香港 華字報
	桑台續聞	西貢 信息
	惡患預防	倫敦忌笠新報
	倫敦電音	倫敦電音
	阿爾蘭現欲自立	倫敦發來電音
	埃匪始末	西報
	蘇祿王未死	蘇祿王未死
	素素亞國得法國之保護	素素亞國得法國之保護
	柬蒲寨得法國之保護	柬蒲寨得法國之保護
	佛突條約	佛突條約日本報
	越王被弒)	西字郵筒(11月9日)
	葡國亂耗	滬報
	印絲近情	近聞印度信
	閩茶述聞	滬報
	中國商務日監	西字報
	詳述天際紅光	香港報
	地變誌異	申報
	黑氣亘天	滬報
	印度近報	印度遞到新聞
論說	西人論中佛戰事	近聞津信
	西人論中國兵備	香港西報
	防法論	滬報
	中西時勢論	中國公報館 論說
	華人可爲工局董事論	上海報
集錄	0	0

3.3 『漢城旬報』と外国のマスコミとの関わり

　ここでは、『漢城旬報』と中国や日本の新聞との関わりについて見てみたい。『漢城旬報』は新聞記事の作成において中国や日本の新聞・雑誌の記事が多く使われている。ここでは『漢城旬報』の記事のソースを調べることによって、中国や日本の新聞との関わりを探ってみたい。

　『漢城旬報』の記事は前にも述べたように、国内のニュースと国外のニュースとに分かれている。国内のニュースは、国王の命令や政府の役人たちの人事、地方官から送られた報告などが中心になっており、国外ニュースはほ

とんど国外の新聞の記事をこのまま転載するか内容を抄訳して載せている。先の表1を見ると、『漢城旬報』第8号には国外ニュースが58件載っており、すべての記事のソースが中国や日本の新聞になっている。もちろん全記事のソースが示されているのは稀で、日によっては情報源のないものもある。国外ニュースのソースを示す方法は、頭の部分に「上海報云」や「日本時事新報云」、「香港西字報云」、「右駈見滬報」「陽暦八月二十八日日本時事新報載」などのように、記事の出典を示し、中国の新聞の場合は記事全文を持ってきており、日本の新聞の場合は記事を漢文に翻訳(または抄訳)して掲載している。

表2は、『漢城旬報』の国外ニュースの記事の数を調べたものである。『漢城旬報』に収録された記事の総数は1,646件であり、そのうち国外ニュースは記事数全体の約70%に当たる1,155件である。これら1,155件の国外ニュースのうち、情報源の示されている記事は854件で、約74%の記事はソースがはっきりしていたということになる。表2はこれらの情報源を国別、媒体別に数えて整理したものである。

表2 国外記事の情報源

『漢城旬報』(1,155件)
中国資料：630件(73.77%)   　申報(244件)、滬報(103件)、中外新報(45件)、循環日報(43件)、中外新聞(12件)
日本資料：89件(10.42%)   　日本報(15件)、時事新報(13件)、日本近信(8件)、報知新聞(6件)、日本統計雑誌(5件)、東京日日新聞(3件)、歐美 回覽實記(1件)
その他の資料：135件(15.70%)   　英国関連(14件)、西報(9件)、西字報(8件)、ベトナム関連(10件)、美国関連(10件)

表2を見ると『漢城旬報』に使われた国外の新聞の記事は、中国の新聞の記事が7割を超えており、日本の新聞の記事は10%を若干超える程度であったということが分かる。中国や日本の新聞の記事には当時使われていた西洋の新概念や新語が多く含まれており、これらの記事が韓国の新聞に使われたことにより、中国や日本の新語、新概念が韓国に紹介されたのである。

3.4 収録された近代の新知識

『漢城旬報』の記事のうち特別なものに「集録」と呼ばれる記事がある。「集録」とは今日の「特集記事」(フィーチャー)に似ているもので、内容は世界地理や諸外国の事情、西洋の科学文明、政治及び制度を紹介する記事がほとんどである。この「集録」記事は西洋の知識や新概念を韓国に紹介する内容が多く含まれており、それだけに中国や日本の新知識、新語が多く入っている。第1号から第36号まで掲載された「集録」記事の題を挙げると表3の通りである。

表3 「集録」記事一覧

第1号：	地球圖解、地球論、論洲洋
第2号：	論地球運轉、歐羅巴洲
第3号：	會社說、亞米利加洲
第4号：	論電氣、亞非利駕洲
第5号：	日本史略、阿西亞尼亞洲
第6号：	英國誌略
第7号：	英人演說、泰西法律
第9号：	電報說、各國陸地電線表、各國海底電線表、各國海底電信 私立會社
第10号：	地球圓日圖解、歐羅巴史記、歐洲各國帝王生年元年及系統政治一覽表
第11号：	歐美徵兵法、俄國疆域記(日本近信)
第12号：	泰西運輸論、地球圓日圖解成勢序圖說、美國誌略
第13号：	泰西運輸續稿
第14号：	美國誌略續稿
第15号：	博覽會說、法國誌略
第16号：	歐米租制
第17号：	火器新式(丁韙良書)、法國誌略續稿
第18号：	技藝院、格物院、英國書籍博物院、德逸國誌略
第19号：	德國誌略續稿、科倫布檢出新地、科倫布再航新地、西班牙人馬爾慕亞慕亞檢出太平洋(米利堅誌)
第20号：	萬國衛生會、風雨鍼、寒暑鍼
第21号：	泰西製鐵法、各國氣候一覽表 第一、各國 氣候一覽表 第二、亞非利加各地人口一覽表、世界人口一覽表、合衆國財政概況
第22号：	論養氣、論輕氣、論淡氣、泰西河防、富國說 上、各外國貿易
第23号：	富國說 下、論炭氣、論綠氣、論炭輕二氣、法取火、恒星動論
第24号：	禁烟說略、論耶蘇教、亞里斯多得里傳、江河表 下
第26号：	隣交論、治道論、俄國誌略

> 第 27 号：論洋債利弊、航海說
> 第 28 号：俄國誌略續稿
> 第 29 号：歷覽英國鐵廠記略(格致彙編第四年第五號)、各國耕地及牧畜數一覽表
> 第 30 号：伊國誌略
> 第 31 号：和蘭誌略、
> 第 32 号：地球養民關係、地球養民關係續前卷 亞非利加洲(1881 年上海格致館考)
> 第 33 号：火輪船速力說、禁烟論、地球養民關係論 續前卷 歐羅巴州(上海格致館考)
> 第 34 号：公法說、論戰國與局外交際之例、歷覽英國鐵廠記略 續前卷(格致彙編第四年第五號)
> 第 35 号：歷覽英國鐵廠記略 續前卷(格致彙編第四年第五號)、日本地租例(日本報)、
> 第 36 号：歷覽英國鐵廠記略 續前卷(格致彙編第四年第五號)、地球養民關係 續前卷 亞米利加洲、地球養民關係 續前卷 澳大利亞洲

「集錄」記事は第 25 号を除いて毎号 2–3 件ずつ掲載されている。このようなことから、新聞の編集者たちは「集錄」記事を毎日載せるという方針を持っていたということが窺える。つまり「集錄」記事は大変重要視されていたということになる。但し、記事のソースはほとんど示されておらず、わずかな記事にのみ出典が明示されている。例えば、第 17 号の「火器新式」はW. A. P. Martin（丁韙良）の書籍から持ってきたものであり、第 29 号、34 号、35 号、36 号に載っている「歷覽英國鐵廠記略」は中国最初の科学雑誌である『格致彙編』第四年第五號に載っている記事を持ってきたとされている。また、第 32 号、33 号、36 号に載っている「地球養民關係」記事は、「1881 年上海 格致館考」から持ってきたと書かれている。このようなことから推して考えると、「集錄」記事は 1880 年代初めごろに中国や日本で出された雑誌または書籍を利用して作られたものと思われる。

4 『漢城旬報』に見える近代の新概念・新漢語

ここでは中国や日本の新聞を通して『漢城旬報』に入った新概念や新漢語を見てみることにする。ただし、現時点でこれらの語のすべてを明らかにすることは難しいので、今回は今後の研究の予備調査としていくつかの記事を対象に調査した結果を載せることにする。また個別の語の場合は全号から明らかに外国由来のものとして確認されたもののみを拾ってあわせて示すこと

4.1 中国の新聞から移入された語彙

まず、中国の資料から移入された語彙から見ることにする。今回は表4で見られるように、八つの号から一つずつ記事を選んで調査した。

表4　中国の新聞記事から移された『漢城旬報』の語彙

号数	記事名	記事のソース	抽出語
第1号	安南與法人議和	上海新報	法兵、安南、法国、欽次全權大臣
第2号	王李兩軍門增輝邊陲	滬報	官場、軍裝局、後膛快槍、水雷砲、百戰身輕
第3号	華人調兵等臺	香港報	華人、華兵、調兵
第4号	中國籌邊	香港循環報	募兵、駐守、招募、勇丁、聲威、訓練、勁旅
第8号	經略江海各處	中外新聞	軍機大臣、信息、駐扎、招商局、邊防、火船
第9号	倫敦電音	中外新聞	法人、法軍、西曆、砲船、軍兵
第20号	福州近事	萬國公報	軍營、火藥、火輪兵船、工程、成效、武官
第29号	軍信紀聞	申報	五點鐘、和局、水師提督、進口、兵船、商務

これらの語は中国の新聞に載っていた語をそのまま持ってきたので、当時は訳語ではなく中国語そのものに近かったと言えよう。

4.2 日本の新聞から取り入れられた語彙

日本の新聞から取り入れられた語彙については、表5で見られるように、八つの号から調べた。調査した結果は表5で示したとおりである。

表5　日本の新聞記事から取り入れた日本語の語彙

号数	記事名	情報源	抽出語
第8号	佛突條約	日本報	行政、司法、国債
第9号	日本海軍	東京日日新聞	財政、海軍、海峽、將校、容積、士官、鐵甲艦、軍艦、士官、海軍学校
第13号	日本海軍再述	日本近信	会社、陸軍、砲台
第15号	1882年電氣史	日本近信	電學、海底電線、會社、機關車輛、鐵路、陽極、陰極、蒸氣
第16号	法國艦隊	報知新聞	艦隊、邏航艦、探候艦、運送船
第17号	俄廷頒補各會金額	時事新報	會社、監査員、經濟學會、美術、農學會、新聞社、醫學會、音樂學校、雜誌、周旋員
第30号	英國財政	日本報	國産税、精算表、所得税、委員、印紙税、豫算表
第35号	日本地租例	日本報	地方税、地券所、地價、肥料、官有地、私有地

　上に示した語彙は、日本語原文を漢文に直す過程で取り入れられたものである。『漢城旬報』の記事を書いた人は、日本語原文に対応する適当な用語が見つからない場合は日本語の語彙をそのまま使っている。

4.3　個別の語の例

　『漢城旬報』第1号から第36号までの記事に使われた語のうち、中国や日本の語彙から取り入れられたと思われるものはかなりあり、その数は500語を超えている。ただし今の段階ではこれらの語のすべてがそうであると断定することは難しいので、ここでは明らかに日本語または中国語の語彙であると判断されるもののみを示しておくことにする。

4.3.1　政治・社会・法律・軍事分野

社会：人民所為雖不害於社会而或政府必禁止傍人(旬1号)、社会党(旬1
　　　号、9号)
共和：現今之共和政府起見也(旬1号)、政治則唯瑞西法蘭西用共和政治(旬

漢字文化圏における近代語彙の伝播の一例　153

2号）
権利：自主之|権利|（旬2号）
大統領，副統領：其国之帝王或|大統領|（旬3号）、其下有|副統領|（旬32号
　　　美国大統領）
警察：設万国|警察|法之議乃昨年事也（旬3号）、|警察|費四千一百円（旬35号）
　　　有警官捕得一人（旬9号）
開化：後日就富強月進|開化|（3号）、万国富強之基兆庶|開化|之源多係於此
　　　|文明開化|之源由之而漸進（旬12号）
郵便：各国広求富強之術自火車汽船電機|郵便|便鉱務（旬4号　日本史略）
政体：其|政体|以君民同治（旬6号）
国会：英国女王親臨|国会|（旬16号　英王演説）
立法，司法，行政：一日|立法|権在上下両院二日|行政|権三日司法権（旬6号）
民主：自立為|民主|之国（8号）泰西有君主国有民主国（旬8号）
上院，下院：立法府則国有会議之所分而為ニ|上下院|是也一名民選議員（旬
　　　10号）
憲法：三大官之組織以為国典者乃|憲法|也（旬10号）
国会，国会議員，代議士，演説（旬16号　英王演説）
内閣：英京電報謂法廷|内閣|諸臣弁事各有意見不同（旬5号　独法失和）
大審院：|大審院|在司法省内（旬7号）
高等法院：一日|高等法院|（旬9号）
判事，検事，検察官：其法官有四。一日|判事|二日|検事|三日書記四日|検察官|
　　　（旬7号　泰西法律）
日本の官制など：太政官，内大臣，内閣総理大臣，外務大臣，内務大臣，大
　　　蔵大臣，陸軍大臣，海軍大

4.3.2 経済分野

会社：諸|会社|等号指不勝縷也（旬3号　会社設）
商会：各様貨物必經|商会|（旬24号　国内私報）
経済：右見英京|経済|雑誌（旬9号）、学術|経済|一切事為皆従我国効習而（旬9
　　　号）
経済学：|経済学|一百八十七部（旬16号　英国出版新著書籍）

資本：一曰資本会社如貧人役夫雖有勤倹之実初無資本(句15号　本国会社)
保険：内務省以為保険費用若不納書冊及保険費用則不準販売(句15号　出版権)
銀行：八月令国立銀行(句5号　日本史略)、于日本銀行局(句18号)
商業，鉱業，農業(句19号　欧米富裕表)
財政，予算，歳出，歳入，海関税，印紙税，家屋税，公債(句30号　英国財政)
鉄道：印度鉄道(句30号)
人力車：一道路既治則人力車馬力車不可不行惟(句26号　治道略則)

4.3.3　科学分野
電線：英国電線十万九千余英里(句33号　地球養民関係続前巻　欧羅巴州)
電報：本館頃接電報知小亜細亜州(句6号)
電信，電信局，電池，電力，陽極，陰極，電信機(句9号　電報説)
電気：夫電気者陰陽二気合而為一無物(句4号)
物理学：是以物理学家査験物質(句6号)
化学：化学功用(句15号　化学功用)
馬力：有二百五十四馬力(句3号)
宇宙：宇宙如此其多也。(句6号)
寒帯：自南黒道限至南極之間名南寒帯(句1号　地球図解)
顕微鏡：顕微鏡影灯(句19号　顕微鏡影灯)
写真：化学及写真術(句29号　英国協会)
貿易風：騰気当起貿易風時於赤道(句18号　天時雨暘異常考略)

4.4.4　教育分野
学校：小学校，中学校，大学校，師範学校，官立学校，公立学校，私立学校，工業学校，建築学校，医学学校，鉱山学校，農業学校，農学校，獣医学校(15号　学校)
学問の名称：幾何学，代数，大気論，窮理学，音声学，化学，元素，鉱物学，地質学，岩石学，鉱業経営，馬力(句24号　日本載筆)，物理学，画学(美術)，工芸科，無機化学，有機化学，分析化学，応用科

学，終身学，経済学，簿記学，分数，代数，方程式，平面幾何，物理
　　　(旬26号　職工学校規則)
格物院，数学，幾何，力学，科学，生物(旬18号　格物院)
卒業：挙行卒業式之際皆致優等(旬36号　国内私報)
鉛筆：鉛筆洋筆毛筆(旬6号　海関税則)
微分，積分：代数而創微分積分之学(旬14号　泰西文学源流考)
国語／国文：初等学校之課―中略―其科目曰習字曰読字曰国語曰算術(旬
　　　24号　初等学校)、其教科目曰終身曰法教曰国語曰国文曰史典曰地
　　　理(旬24号　特設中等學校)
美術：前年度予算表中現於処々之美術及古物学等費目(旬23号　奥国政府
　　　一歳出入予算表議案説明)
法学：継持測算格致而終成於医法学性道(旬15号　各国学業所同)

4.4.5　その他の分野

宗教：宗教多奉耶反蘇教(旬2号　欧羅巴洲)
出版：欧米各国有所謂出版権者(旬15号　出版権)
広告：若不在広告不為販売者不告其由(旬15号　出版権)
博物館，博覧会(旬15号　博覧会説)
病院：駐日我国人卓廷植於該国神戸病院(旬16号　国内　私報)
演説：美国大統領演説(旬16号　美国大統領演説)
学会：彼得堡経済学会、莫斯科農学会、理学会(旬17号)
衛生：英国衛生会(旬19号)
病院：有感染病則退之於港外或移於病院(旬20号　万国衛生会)
芸術：再於我国芸術律令等節有所採択焉可也(旬7号　大統領答辞)
郵便：中西之官報申報郵便交洵其義一也(旬1号　旬報序)
郵便局：郵便局収入(旬30号　英国財政)
個人：私有地即一個人民之所(旬19号　日本地租条例)
小説：二十七条小説歌謡等出版亦准此例(旬15号　出版権)
動物園，博物館：草園動物園博物館調楽院文書庫(旬2号　欧羅巴州)
図書館：而置三処浅草文庫東京図書館(旬16号　伊国日盛)
曜日：月曜日，火曜日，水曜日，木曜日，金曜日，土曜日，日曜日(旬32

号　美国大統領）
軍事関係：海軍，陸軍，砲兵，工兵，歩兵，小隊，大隊，植民地兵，軍医，
　　　　工兵士官／(旬19号　英国海軍）
師団：第一 師団 ，騎兵，工兵，（旬31号　土耳古兵制）
士官学校(旬4号　国内私報）
医学関係：神経：然其天賦之虚弱 神経 之過鋭不能応(旬25号　日本軍医）

5　おわりに

　以上、『漢城旬報』を通して、19世紀末韓国に紹介された近代の新知識や新語彙について見てきた。本稿は新聞という媒体が漢字文化圏において近代新知識や新語彙の伝播にどう関わっているかを見たわけであるが、調査の結果、新聞は東アジアにおいて新しい知識や概念、語彙を伝播するのに大きな役割をしたということが確認された。今後はさらに個別の記事について考察を加え、『漢城旬報』のすべての記事に取り入れられた語彙を明らかにしていきたい。

注

1　卓南生の『中国近代新聞成立史1815–1874』(ぺりかん社、1990)など。
2　卓南生の前掲書による。
3　鄭晋錫(1983)『韓国言論史研究』pp. 4–5、一潮閣

参考文献

荒川清秀(1988)「地理学用語「回帰線」の起源をめぐって―和製漢語検証のための一試論」『国語学』155、国語学会
稲葉継雄(1987)「井上角五郎と『漢城旬報』『漢城周報』―ハングル採用問題を中心に」『文芸言語研究・言語篇』12、筑波大学文芸・言語学系
井上角五郎(1891)『漢城廼残夢』東京春陽書楼
井上角五郎(1934)『福沢先生の御朝鮮経営と現代朝鮮の文化とに就いて』非売品
上垣外憲一(1982)『日本留学と革命運動』東京大学出版会

京極興一(1993)『「国語」とは何か』東宛社
熊谷明泰(2004)『朝鮮総督府の「国語」政策資料』関西大学出版部
櫻井義之(1964)『明治と朝鮮』櫻井義之先生還暦記念会
朱京偉(2003)『近代日中新語の創出と交流』白帝社
沈国威(1994)『近代日中語彙交流史』笠間書院
沈国威(2008)『漢字文化圏諸言語の近代語彙の形成―創出と共有』関西大学東西学術研究所
沈国威(2010)『近代中日詞汇交流研究』中華書局
陳力衛(2001)『和製漢語の形成とその展開』汲古書院
中下正治(1996)『新聞にみる日中関係史　中国の日本人経営紙』研文出版
原田環(2001)「井上角五郎と朝鮮―仁川まで」宮嶋博史・金容徳編『近代交流史と相互認識』慶應義塾大学出版会
広田栄太郎(1969)『近代訳語考』東京堂出版
古庄豊(1919)『井上角五郎君略伝』井上角五郎君功労表彰会
保科孝一(1942)『大東亞共榮圏と國語政策』統正社
松井利彦(1979)「近代漢語の伝播の一面」『広島女子大学文学部紀要』14、広島女子大学文学部
松井利彦(1980)「近代漢語の定着の一様相」『広島女子大学文学部紀要』15、広島女子大学文学部
森岡健二(1969)『近代語の成立 明治期語彙編』明治書院
森岡健二(1969)『近代語の成立』明治書院
森田芳夫(1987)『韓国に於ける国語・国史教育』原書房
米川明彦(1989)『新語と流行語』南雲堂
渡辺学・阿部洋編(1987-1991)『日本植民地教育政策史料集成(朝鮮篇)』龍溪書舍　復刻版
김민환(1999)『동아시아 근대신문 지체 요인』나남출판
金容徳(2001)「1880年代朝鮮開化運動の理念に対する検討―『漢城旬報』・『漢城周報』を中心に」『近代交流史と相互認識』慶應義塾大学出版会
閔賢植(1985)「開化期 國語의 研究」『国語教育』53,54、韓国語教育研究会
朴英燮(1994)『開化期國語 語彙資料集』1-5、図書出版博而正
朴英燮(1997)「國語 漢字語에 대한 小攷」『國語學』29 국어학회
宋敏(2001, 2002)「開化期의 新生漢字語 研究 1, 2」『語文学論叢』20, 21、国民大学語文学研究所
宋敏(1988)「日本修信使의 新文明語彙接触」『語文学論叢』7、国民語文学究所
李光麟(1968)「漢城旬報와 漢城週報에 代한 一考察」『歴史學報』38、歴史学会

李漢燮(2003)「近代における日韓両語の接触と受容について」『国語学』54(3)、国語学会
李漢燮(2010)『近代漢語語彙研究文献目録』東京堂書店
鄭大撤(1986)「開化期 新聞의 新聞論에 관한 考察」『韓国学論集』10(1)、漢陽大韓国学研究所
鄭晉錫(1983)「漢城旬報와 周報의 뉴스源」『韓国言論学報』16(1)、韓国言論学会
鄭晉錫(1983)「漢城旬報 周報에 관한 研究」『新聞研究』36、관훈클럽
鄭晉錫(1984)「最初の近代新聞〈漢城旬報〉」『言論研究論集』2、中央大学校新聞放送学大学院
鄭晉錫(1990)『韓国言論史』나남출판
崔俊(1969)「「漢城旬報」의 뉴스源에 대하여」『韓国言論学報』2(1)、韓国言論学会
崔俊(1983)「「漢城旬報」의 史的 意味─韓国新聞 100周年을 맞이하면서」『新聞研究』36、관훈클럽
『福沢諭吉伝』(石河幹明編、岩波書店、1932)『福沢諭吉書簡集』(慶應義塾編、岩波書店、2004)『福沢諭吉伝全集』(慶應義塾編、岩波書店、1959)など、福沢諭吉関連資料

※本研究は 2010 年度高麗大学校文科大学の特別研究費の助成を受けたものである。記して感謝の意を表したい。

翻訳以前にテキストを考察する方法の実例
―謡曲の鸚鵡小町のテキストを踏まえて―

ズデンカ・シュヴァルツォヴァー

[概要]

受け入れる者に向けて重要な事柄を語るテキストは特定の機能を果たすように組み立てられる。（普段の伝達の場合にはしばしば「相互理解」的な機能が勝つ。）詩や小説や台詞などのテキストの場合には「相互理解」的な機能が弱くなり、それに「詩趣」的な機能や「劇」的な機能が勝つだろう。この二つの機能が製作者のやりかたに主な影響を及ぼし、受け入れる者の期待にも影響を与える。

謡曲というテキストの形式を考えれば、それは「劇」的な芝居用の台詞であるが、しかし特別な中世の謡い用の芸術文章なので「劇」的な機能より「詩趣」的な機能の方が強いようである。謡曲の鸚鵡小町のテキストを踏まえてこの二つの機能がどのように重なり合うのかという問題を考察する。それによって文章の雰囲気を理解することは必ずその文章の翻訳の助けとなろう。著者は謡曲の鸚鵡小町をチェコ語に翻訳した時に、詩趣的な側面と劇的な側面の外に後の主な側面が四つあることをはっきり理解した。それは美・実際・説教・道徳的な側面である。当謡曲の題・登場人物・現場・事柄・本筋を踏まえて、上の六つの側面を洞察したことのお陰で謡曲の鸚鵡小町というテキストの本質をより深く分かるようになってきた。それにこの論文の後半を構成する分折の部分も、一種の組織になっている六つの側面の結合のモデルに従っている。

1 はじめに

　伝達という機能を果たす発話・テキストなどは受け入れる者に向けて特定の事柄を語るために組み立てられる。普段の発話・文通の場合には、いわゆる為手・受手の間に相互理解を求める実際的な機能が勝つが、歌詞や小説や台詞のテキストの場合には相互理解という目的を持っている実際的な機能が弱くなり、「詩的な」機能や「劇的な」機能が勝るようである。この二つの

機能が実際的な機能を凌ぐことは芸術作品の特性に原因があり、作者のやりかたに主な影響を及ぼすと同時に、受け入れる者の期待にも影響を与える。なぜかというと、普段の為手・受手が相互理解を求めることと違って、芸術作品の創造・享受両面の場合には、作者も受け入れる者も独特の経験を求めるということである。それに受け入れる者に向けて詩的・劇的な内容を伝えるテキストなら常識的な判断力より想像力の方が求められるだろう。

謡曲というテキストは、類型として「劇的な」芝居用の台詞であるが、しかし中世の謡い用の芸術文章なので「劇的な」機能より「詩的な」機能の方が強いようである。謡曲の鸚鵡小町の文章を踏まえてこの二つの機能がどのように重なり合うかという問題を考察する。勿論、劇的・詩的な側面の外に精神的な側面(実際・説教・道徳的な)がどのような伝達にも欠かせないだろう。それはある程度明白な形、あるいは隠れている形で存在するだろう。その結果、伝わるストーリーの雰囲気が変化したりするだろう。具体的な文章(鸚鵡小町という謡曲)における、上に述べた側面の割合を調査して確認したが、その結果、この謡曲の題・登場人物・現場・事柄・本節・テキストの成り立ちがもっと深く分かるようになる。それはまた鸚鵡小町の翻訳の助けとなろう。

2 具体的なテキストを考察する一つの方法

謡曲の鸚鵡小町は、観世(元重)左近(1895–1939)によると『歌謡作者考・異本謡曲作者に世阿彌作とある』[1]とのことである。一段と二段から成り立ち、割に短い詞章で、謡曲の大部分のように平安・鎌倉時代の伝説に基づいた翻案物である。

「鸚鵡小町」という題は、謡曲に詳しい人ならその二重の意味がはっきり分かると思われる。というのは、題の「鸚鵡小町」は、事柄(鸚鵡がえし)を示唆すると同時に、主人公(小町)のことも示唆するということは疑いない。ところが、謡曲に詳しくない人は「鸚鵡小町」を「鸚鵡」の名称と「小町」の固有名詞から成り立った複合語とみなして、それを「Parrot Komachi」、つまり「小町は鸚鵡のようだ」とからかって言った「たとえ」[2]と認識してしまうだろう。ただ、そのテキストを読み終えた後には、その題の意味を正

しく理解できるようになる。決して、謡曲の鸚鵡小町の全体の意味には「からかい」の意味がない。

　登場人物は、シテ（老女の小野小町）とワキ（勅使の「新大納言行家」）のみであるが、三人称の人物として陽成院（前段）と在原業平（後段）が勅使から指示されて、登場しないままに劇的な役割を果たす。鸚鵡小町のストーリーを語るのは、シテとワキの外に地謡である。それは語り手の役割を果たし、シテの声を借りたりして、シテが思うようなことやその思い出すことなどを伝える。シテとワキは「劇的な会話, dramatic dialogue」に入り込むことがあるし、それぞれの「劇的な独白, dramatic monologue」を朗唱することもある。「dramatic monologue」という演劇・詞章の用語は「筋の決定的なところで黙音の聴取者に向かって、一人の登場人物が自分のことや劇的な状況を明らかにした詩的な表現形式である」[3]と定義されている[4]。謡曲のワキの「名乗り」という台詞も劇的な独白であるが、しかしそれは、上の定義に全面的に応じていない。「筋の決定的なところで」実現することがないから、定義の一つの条件を満たさない。ワキの名乗りの外にシテの一声なども劇的な独白であるが、それは「黙音の聴取者に向かって」実現する条件を満たさない場合があるのである。上の定義の条件を満たさない例は謡曲の鸚鵡小町によく見られる。ワキの行家が登場してから「黙音の聴取者に向かって」名乗りをあげながらまともに自己の身分やそこに来た趣旨を「詩的な表現」で述べる。ただし、これは「筋の決定的なところ」ではなくて、この謡曲のはじめに実現すべき劇的な独白である。次に登場するシテの小町はもっと「詩的な表現」をして自分自身の過去と現在の「劇的な状況」について歌ったり朗唱したりする。一般的に言えば、筋の「状況」が強調されるとき、「劇的な」演劇・詞章ができて、「表現形式」が強調されるとき、「詩的な」演劇・詞章ができる。劇的な会話のことを説明したチェコ人の演劇学者の Jiří Veltruský (1919–1994) が一般の会話について次のようなコメントを加えた。［台詞の］「会話には、あらゆる趣味や意見に共通点ができるだけ沢山あるように、原則として同じ社会階級の人物が選択される。」[5] 謡曲の鸚鵡小町に登場する人物の「出羽の郡司小野よしざねが娘」（小町）と「陽成院に仕え奉る新大納言行家」（勅使）は Veltruský が述べる条件に完全に合致する。よって、この二人の登場人物の「dramatic dialogue」は豊かな会話になりうる可能性が高い。

現場になる關寺の辺りというはっきりした名称はこの謡曲の全体の意味が分かるために重要な暗号である。名称の關寺に含まれている「セキ」という要素(形態)は主人公の小町が老齢なので生活が限定されていることを象徴し、その意味のニュアンス[6]を持つ表現はテキストの中に何回も繰り返されている。關寺の辺りに「百とせ祖母」の「柴の庵」があって、勅使の行家がいうように「閑居にはおもしろき所なり」。これは同情と皮肉が混じっている表現のようである。演劇・詞章などが討論されているときに必ず「現場・時間の統一」のことも触れる。鸚鵡小町の場合には小町と勅使がある日の昼間のはっきりしない瞬間にあって、夕方に別れる。しかし、これはこの謡曲のたった一つの時間ではない。「關寺の邊」は、一日の内に何時間かを一緒に過ごす小町や勅使にとって、不思議な、次第に変わっていく二層の世界になる。一つは登場人物の「今、ここの」世界で、もう一つは、登場人物が言及する世界(過去のできごと・思いで・夢・望み・想像などの世界)である。言うまでもなく、この両世界のどちらも作者に虚像された世界である。前者の世界の時間は「作品の時間」と言われて、「作品の知覚の基礎」[7]になる。後者の世界の時間は「描写される時間として作品時間とまったく違う」[8]時間である。謡曲にはこの二つの時間の差が小説などのテキストと比べてより曖昧になっていると思う。小町と勅使と地謡も自由にこの二つの世界のさかいを超えたり、描写される心的な世界のことをいったりする。シテは次のように歌う。「昔を戀ふる忍びねの、夢は寝覚の長きよを、あき果てたりなわがこころ…」。また、ワキの「今、ここの」世界は外の登場人物の世界と一緒になったり離れたりするようである。

　鸚鵡がえしの伝説の内容を謡曲の鸚鵡小町の内容と比較すれば、いくつかの違う点が見つけられるが[9]、その主な**事柄**はあまり違っていない。つまり、「大内」あるいは「雲の上」[10]から勅使が持ってきた「御歌」に小町が返歌を作るように頼まれて、しばらく躊躇して、そして「所詮此返歌を只一字にて申そう」[11]と結論する。それは不満な勅使(ワキ)と歌人の小町(シテ)との対話の話題になる。小町は「雲の上は｜ありし昔に｜變らねど｜見し玉だれの｜内やゆかしき」[12]という御歌の最後の一句に現れる助詞「や」を「ぞ」に変えて、疑問の表現をきっぱりとした表現に変えることにする。陽成院の御歌は謡曲の鸚鵡小町の「事柄・内容」の主な要素であるが、同時

に、この御歌そのものの「言柄・姿」とその「一字の変化」は上位概念の「事柄」の主な要素になるわけである。「鸚鵡小町」という題が受け入れる者の好奇心をそそったら「一字の変化」は一種の鸚鵡返しとしてそれを満たすことになるだろう。

　元の伝説（特にその前半）と世阿彌が翻案した謡曲の**本筋, main story**には異なるところがかなりある。謡曲は、陽成院とその御歌の仲介によって本筋に入るが、伝説は、仲介になるのは「大内」の女房達とその謀りである。「小町老い衰へて後、大内ゆかしげに見る」[13]とのことである。伝説の「鸚鵡がえし」の込み入った「劇的」な筋に対して、謡曲の鸚鵡小町の筋は簡単で「詩的」な筋である。この謡曲の本筋の特徴は、闘争・冒険・喧嘩などのあまり劇的な要素がないのに、緊張を高めるところがないとは言えない点である。第一段の絶頂になるのは「恐れ」という情緒に刺激された表現である。その原因は登場しない陽成院の権力がその御歌を通じてシテの小町とワキの勅使の心を打つことである。「陽成院に仕へ奉る」勅使は、小町が御歌を無視して返歌を読んでくれなかった場合に、陽成院の感情を害することがこわくなった。しかも、陽成院の御歌がシテの小町を感動させるので、高齢の歌人は悲しくなって、返歌を読む気がしないが、しかしすぐ再考して「申さぬときは恐れ也。」[14]と言って、不安を感じることを発声する。急に悟って返歌として鸚鵡がへしという歌を読もうと思うようになったところ、地謡から「恐れ」の気配がある謡ひが聞こえてくる。「みかどの御歌を、ばひ参らせて讀む時は、天の恐れもいかならむ。」[15]とのことである。鸚鵡がへし歌は昔から認められている特定の和歌の類であることを勅使も認めて安心すると、「劇的な」一節が終わって、叙述がゆっくりその前の「詩的」な調子で続く。第二段に及ぶとワキの勅使が突然シテの小町に要求する、「いかに小町。業平玉津嶋にての法樂の舞を学び候へ」[16]。小町がそれに積極的に応じる。シテの舞う「法樂の舞」は、舞台で演じる時に能楽の鸚鵡小町の「grand finale」になるにちがいない。しかし、謡曲の鸚鵡小町というテキストの結束性に関してそれはむしろ欠点として認められる。観世（元重）左近がそのことについて次のように述べた。「前段の鸚鵡がえしの場面と後段の舞の場面との間には何等の聯絡もなく、殆ど勅使の出来心から舞はせるやうなもので」[17]ある。舞が終わってから勅使が都に帰りそうになって、小町が

「杖にすがりて、よろよろと、立ち別れ、ゆく袖の涙、立ち別れ、ゆく袖の、なみだも關寺の、柴の庵りに、歸りけり」[18]。舞の部分に切断された本筋はこの最後の表現によって繋がれるようである。にも拘らず、謡曲の鸚鵡小町の前段と後段の間に「何等の聯絡もなく」という解決に全面的に賛成することができなさそうである。少なくとも前段と後段を繋げるのは勅使と小町の間にある一種のきずならしい。二人のことは「たつとからずして、高位に、まじはると云ふ事、只わかのとくとかや、只和歌のとくとかや」[19]というように地謡に歌われる。だから、勅使が小町を「出来心から舞はせる」[20]という解釈に対して別の解釈が考えられるだろう。勅使が小町から必要な鸚鵡がへしの歌を得たが、その前の好きな和歌の話をした内に二人ともお互いに活気を与えたようである。そこで勅使はすぐ都に帰る気がなくなって小町を「舞わせた」。だから登場人物の間に知的感情のお陰で連絡があるため、謡曲の鸚鵡小町の前段と後段の間にも聯絡があると著者は思う。

　謡曲が劇的な**テキスト**であると言うのは、どういう意味だろうか。「劇」は広辞苑によると「激しく強いこと」を意味するそうなので、劇的な状況はどのような状況かと問えば、それは目立つ・驚くべき・人騒がせな・感動させる状況だろうと答えられる。元々の「劇」というギリシャ語の言葉は「行為・行動・動作」を意味したが、今では「激しく強いこと」を意味するようになってしまった。小説・詩・詞章(謡曲)などの場合には登場人物の間に闘争・論争・喧嘩などが起こったり、又、「激しい」錯乱も起こったりするから劇的な状況というのは「激しく強いこと」[21]という意味に取る方がいいと思われる。それに対して、「詩のように美しい詩的な表現」[22]は特に謡曲の場合に、その一つの特徴として高く評価されている。

　しかし、劇的な表現のお陰で表に現われる人間の経験は、劇的な側面と詩的な側面だけに限られず、その外に美的な・道徳的な・説教的な・実際的な側面もある。人間の経験にあるこのような側面はテキストの表現に反映され、特定の意味をもつ。

　上述の「dramatic monologue」の定義を繰り返したい。それは「筋の決定的なところで黙音の聴取者に向かって、一人の登場人物が自分のことや<u>劇的な状況を明らかにした詩的な表現形式である</u>」ということである。この定義が含む「劇的な状況」と「詩的な表現形式」という二つの概念は、劇的な独

白だけでなく、すべての詞章・演劇・小説などのテキストに応用することができる。それらは、皆劇的な状況の激しさと詩的な表現の美しさの度合いによって特別な芸能・特別のテキストになるわけである。あらゆる状況に基づく劇的さも、あらゆる表現形式に基づく詩的さも、そしてそのあらゆる度合いは、どのようなテキストの場合でも、その独特さの基本であろう。謡曲という詞章には詩的な表現の効力が優位を占めることを疑う人は少ないだろう。しかしそれは劇的な状況を提示しなければ、無駄なものになってしまう。このようにあらゆる表現の詩的な側面と劇的な側面は互いに密着して、一方だけでは不完全である。

　図1で示すように、上述の実際的な側面と説教的な側面は人間の経験（存在・生命・学識）の立場から見れば、詩的な側面と劇的な側面ほど密着していなくて、お互いの関係はむしろ外面的である。更に上述の美的な側面と道徳的な側面はより離れて、人や状況によって関係を結ぶようである。

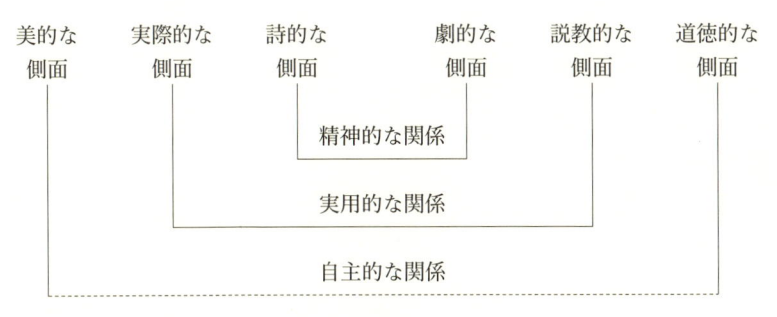

美的な側面	実際的な側面	詩的な側面	劇的な側面	説教的な側面	道徳的な側面
		精神的な関係			
	実用的な関係				
自主的な関係					

図1

　謡曲の鸚鵡小町の文章を踏まえて127の表現を抜粋して、そしてそれをその意味によって分類してみた。上の六つの側面、つまり美的な・実際的な・詩的な・劇的な・説教的な・道徳的な側面を一種の基本的な「意味の巣」とみなすことにした。鸚鵡小町の文章の全体における意味の大綱は図2で示すように詩的な側面に掛かっている。（六つの側面の上に示した数字が127の内訳である。）

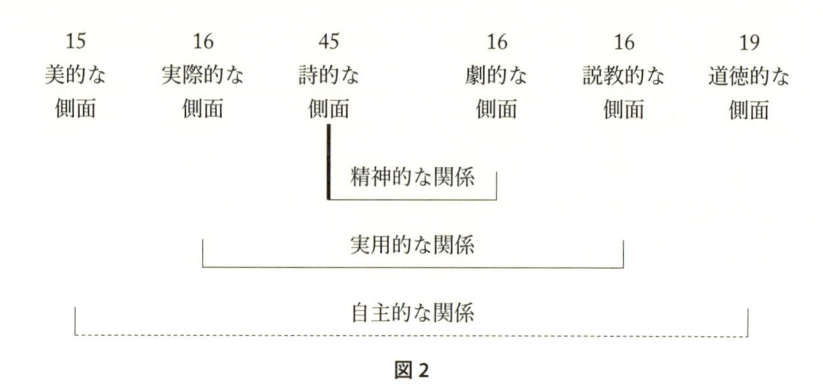

```
   15        16        45        16        16        19
 美的な    実際的な    詩的な    劇的な   説教的な   道徳的な
  側面      側面      側面      側面      側面      側面
                      |                              
                      └── 精神的な関係 ──┐           
            ┌────────── 実用的な関係 ──────────┐     
  ┌──────────────── 自主的な関係 ────────────────┐
```

図 2

そしてそれぞれの側面は別の範疇の「意味の記号」によって代表されている。

	側面	範疇	意味の記号
I	美的な側面	美の範疇	美貌・顕著・精選・趣味・雄大・背景
II	実際的な側面	実際の範疇	希望・有望・期待・信頼・恩義・確言
III	詩的な側面	詩の範疇	換喩・比喩・引喩・諷喩・象徴・その他
IV	劇的な側面	劇の範疇	序・破・破・破・急・急[23]
V	説教的な側面	説教の範疇	例規・学習・教育・達成・芸術・教化
VI	道徳的な側面	道徳の範疇	規則・位・実行・保護・使命・告辞

抜粋した表現が適当な範疇とその中の適当な**意味の記号**に割り当てられている。その度数分布と実例は次のように整理できる。詩的な表現は圧倒的に多く、外の基本的な側面に与えられた表現はだいたい同じ範囲に度数分布している。

謡曲の鸚鵡小町の文章調査の概観：

I. 美の範疇　　127 の抜粋の中の 15 例
美的な側面 (aesthetic aspect) 15 例の内訳と実例
1. 美貌　　2 例

シテ：かほばせは憔悴と衰え…
2. 顕著　5例
シテ：何とみかどより御憐みの御歌をくだされて候。
3. 精選　4例
地謡：歌のさまさへををうなにて、ただ弱々とよむことこそ、…
4. 趣味　1例
ワキ：勝々せき寺はさすがに都遠からで、閑居にはおもしろき所なり。
5. 雄大　1例
ワキ：雲の上は、有りし昔にかはらねど、みし玉だれの内やずかしき
6. 背景　2例
地謡：かくて此日も、暮れゆくままに、…

II. 実際の範疇　127の抜粋の中の16例
実際的な側面（matter of fact aspect）16例の内訳と実例
7. 希望　3例
シテ：都ぢに立ち出でて物をこふ。
8. 有望　3例
ワキ：うしろには霊験の山高うして…
9. 期待　3例
地謡：和歌の道ならば、神もゆるしおはしませ。
10. 信頼　3例
地謡：ひがしに、向へば有難や。
11. 恩義　1例
シテ：又申さぬときは恐也。
12. 確言　3例
ワキ：雲の上は、有りし昔に、かはらねど、みし玉だれの、内やゆかしき

III. 詩の範疇　127の抜粋の中の45例
詩的な側面（poetical aspect）45例の内訳と実例
13. 換喩　2例

シテ：いつ又六の巷ならん
14. 比喩　　9例
　　シテ：はだへはとうりの梨のごとし。
15. 引喩　　7例
　　シテ：和歌の浦に、潮満ちくれば…
16. 諷喩　　2例
　　シテ：今は花ずすき穂に出でそめて霜のかかれる有様にて、憂世にながらふるばかりにて候。
17. 象徴　　7例
　　地謡：志賀唐崎のひとつ松は、身のたぐひなる物を、…
18. その他の修辞　　18例
　　ワキ：小野小町かれは雙なき歌の上手にて候。

IV．劇の範疇　　127の抜粋の中の16例
劇的な側面（dramatic aspect）16例の内訳と実例
19. 序 (exposition)　　4例
　　ワキ：今は百とせの祖母と成りて、…
20. 破 (collision)　　1例
　　シテ：杖つくならでは力なし。
21. 破 (crisis)　　3例
　　シテ：かからざりせばかからじと、昔を戀ふる忍びねの、夢は寝覚めのながきよを、あき果てたりなわがこころ。
22. 破 (peripetia)　　3例
　　ワキ：小町ぞ哀れなりける。
23. 急 (catastrophe)　　4例
　　シテ：杖にかかりて、よろよろと、立ち別れ、ゆく袖の涙…
24. 急 (catharsis)　　1例
　　シテ：涙も関寺の…

V．説教の範疇　　127の抜粋の中の16例
説教的な側面（didactic aspect）16例の内訳と実例

25. 例規　　3例
    シテ：あら面白の御歌や候。…ふるき流れをくみて…
26. 学習　　4例
    シテ：わかの、六義を尋ねしにも、…
27. 教育　　3例
    地謡：鸚鵡の鳥のごとくに、歌の返歌もかくのごとくなれば、鸚鵡返しとは、申すなり。
28. 達成　　1例
    地謡：世々のあつめの歌人の、其おほくある中に、今の小町は、たへなる花の色このみ、歌のさまさへをうなにて、…
29. 芸術　　3例
    所詮此返歌を只一字にて申そう。
30. 教化　　2例
    地謡：家々の、書伝にもしるし置き給へり。

VI. 道徳の範疇　　127 の抜粋の中の 19 例
道徳的な側面（ethical aspect）19例の内訳と実例
31. 規則　　2例
    ワキ：御歌を下され候。
32. 位　　8例
    地謡：たつとからずして、高位に、まじはると云ふ事、只わかのとくとかや
33. 実行　　2例
    シテ：歌よむべしも思はれず。
34. 保護　　3例
    地謡：石山の観世音
35. 使命　　1例
    地謡：かくて此日も、暮れゆくままに、さらばといひて、行家都に帰ければ、…
36. 告辞　　3例
    ワキ：ぞといふ文字とは扨いかに。

注

1. 観世（元重）左近『鸚鵡小町』などの謡本が参考になる。
2. このような「たとえ」は explicit metaphor として日本語で「明喩」と名づけられると思うが、佐々木健一氏が（『レトリック事典』、p. 196）明喩を直喩の下位の範疇に属するものとして扱われる。
3. Urdang, Laurence,. Ed. *The Random House Dictionary of the English Language*, 1968, p. 401
4. これは西洋のドラマに相応しい定義であるが…。
5. Veltruský, Jiří, *Drama jako basnické*, 1999, dilo p. 17.
6. 「セキ」および「せく」に「しわぶくこと」・「あせること」・「せきとめること」のような老齢の気配が感じられる。
7. Červenka, Miroslav, *Významová výstavba literárního díla*, 1992, p. 124. 日本語訳 Z. S.
8. Ibid.
9. 例えば、阿佛抄に「小町老い衰へて後、（中略）女房達見て小町が果てなるといひ」とあるが、鸚鵡小町の謡曲には「女房達」の話がなくて、その代わりに「陽成天皇」の話がある。観世左近『鸚鵡小町』などの謡本が参考になる。
10. 「大内」は伝説に現われる御所を指示する表現で、「雲の上」謡曲に現われる御所を指示する表現であるが、両方とも修辞の換喩語である。
11. 田中允校註『謡曲集（上）』、p. 245
12. Ibid.
13. 観世左近『鸚鵡小町』などの謡本参照。
14. 田中允校註『謡曲集（上）』、p. 245
15. Ibid, p. 246
16. 田中允校註『謡曲集（上）』、p. 247
17. 観世左近『鸚鵡小町』などの謡本参照。
18. 田中允校註『謡曲集（上）』、p. 248
19. Ibid, p. 246
20. 観世左近『鸚鵡小町』などの謡本参照。
21. 『広辞苑』第二版（1973）
22. Ibid.
23. Exposition, collision, crisis, peripetia, catastrophe, catharsis
24. すべての例は田中允校註『謡曲集（上）』、pp. 243–248.

参考文献

観世左近（1977）『鸚鵡小町』檜書店
小池清治（1997）『現代日本語文法入門』筑摩書房

佐々木健一監修(2006)『レトリック事典』大修館書店
田中允校註(1953)『謡曲集(上)』(日本古典全書)朝日新聞社
Červenka, Miroslav (1992) *Významová výstavba literárního díla*. (文学作品における意味の組み立て) Praha: Univerzita Karlova.
Urdang, Laurence (Ed.) (1968) *The Random House Dictionary of the English Language*. New York: Random House.
Veltruský, Jiří (1999) *Drama jako básnické dílo*. (詩的な作品としてのドラマ) Brno: Host.

専門知「国語学」の創業
―橋本進吉の音韻史―

釘貫　亨

[概要]

近代日本語研究には、山田孝雄の「文」、時枝誠記の「言語」、有坂秀世の「音韻」、奥田靖雄の「単語」など研究対象の本質規定に執着し、その定義に際して心理学、哲学、経済学など圏外の領域から正当性の根拠を求める教養主義の流れがある一方で、往々にして水掛け論に終わりがちな本質規定から一歩退いて精緻な技術的記述に徹する専門知と言うべき流れもある。ソシュールとスウィート以来、言語学の主要潮流はむしろこの方面にある。日本における専門知の源流に橋本進吉を位置づける。橋本は、芳賀矢一がもたらしたドイツ流のロマン主義的な Philology（文献学）を批判しつつ、ここから精密科学としての技術主義的な側面を校本万葉集の編集過程を通じて継承した。その結果、橋本の文献学の手法は上代特殊仮名遣いの発見に代表される音声の歴史的再建に顕著な成果を上げた。橋本は、Philology から精密科学としての技術的側面を選択的に導入しようと意図していた。精神主義的要素を除いた専門知としての国語学は、国学批判、言語学、精密科学としての文献学の三者を合流させた橋本が確立した。

1　橋本進吉のフィロロギー批判

　橋本進吉博士著作集第一冊『国語学概論』（岩波書店 1946）に収録される「国語学概論」には、類書と異なる個性的な記述が認められる。それは、第 1 章「国語学の概念」における「フィロロギーと国語学」という一節の存在である。フィロロギー Philology とは、今日「文献学」と訳される学問領域であるが、橋本はここで原語を音訳して論評を加えている。以下はその全文である。

　　フィロロギーと国語学

言語の外に、之と同じく一国民又は一民族の精神的生活の発現として、文学、神話、説話、民謡、信仰、風習、法制などがある。此等のものが集まつて一つの学問の対象をなすといふ見方がある。その学問を独逸ではフィロロギー Philology と名づける。之を古典学又は文献学と訳すのが常であるけれども、その資料となるのは、文字に書かれたものばかりでなく、単に口にのみ伝はつてゐる民謡や説話や方言などもあるのである。この学は独逸に於て発達したものであるが、独逸では言語学(各国語学)を Philology の一分科として認めてゐる。もし、この Philology に相当する日本文献学といふやうなものが成立するとすれば、国語学はその一分科と見得る訳である。然るにこの Philology が一つの学として成立し得べきや否やについては学者の間に議論があるのであつて、それは、一国民又は一民族の産んだ文化を一つのものと見、言語文学その他を、その一つの文化の種々相として見ることが出来るかどうかが問題になるのである。その解決は、此等各方面の研究を一つの体系にまとめ得るや否やに懸つてゐる。実際、独逸に於ける Philology を見ると、各部門につき分業的に諸学者がなしたものを集めたもので、全体が渾然たる一の体系をなしてゐるかどうかは甚疑はしいといはなければならない。　　　　　　　　　　　　　　　　　　　　　(『国語学概論』7頁〜8頁)

　本書冒頭の「凡例」によれば、この「国語学概論」は「岩波講座日本文学」(岩波書店)の中の一篇(上下二冊)として、1932(昭和7)年10月と翌年1月に刊行されたものをもとに、橋本が自ら書入れを施した校訂本を底本としたという。この文章を昭和7年刊行本と照合したところ相違は存在しない。後述の同書からの引用(第3節「国学と国語学」)も同様である。
　さて、上の記述によれば、橋本はドイツにおける Philology に相当する日本文献学の中に国語学を含めることに懐疑的な見解を表明している。橋本によれば Philology が文学、神話、言語を始めとする国民の精神と文化を統合する学問として考えられているが、現実には一つの体系としてまとまらず分業的なものの集まりに過ぎないという。橋本は、日本文献学の中に国語学を包摂することに反対している。国語学の概説書における他書に例を見ない Philology 批判は、唐突な印象さえ受ける。何故なら橋本は、前人が到達し

なかった厳密な文献学的手法によって音韻史研究を立ち上げた人物として定評を得ているからである。橋本の Philology 批判の真意は、どこに存するのであろうか。

ドイツ文献学を模範にして日本文献学を標榜した人物として芳賀矢一の名が知られる。芳賀は、1900（明治 33）年にベルリン大学に留学し、科学的な Philology を修得して以来、近代的学術としての国文学を立ち上げたとされている[1]。小西甚一によれば、ドイツ文献学には背反する二つの特色が共存していた[2]。それは、ドイツ民族の優秀性に期待するロマン主義的な民族意識と科学的合理的な文献考証である。芳賀は、ドイツで学んだ民族主義と堅実な文献考証の共存の実例を日本近世の国学に見いだした。芳賀は、文献学が言語と文学を土台とした民族と文化の精神発達を考究する古学に相当し、日本においては近世の国学がそれに当たるとしたのである[3]。

> 余が、こゝに所謂「日本文献学」とは、Japanische Philologie の意味で、即ち国学のことである。国学者が、従来やつて来た事業は、即ち文献学者の事業に外ならない。唯その方法に於いて改善すべきものがあり、その性質に於いて拡張すべきものがある。

橋本は、「国語学概論」で「フィロロギー」に関する参考文献として芳賀が影響を受けた A. Boeckh: Encyclopaedie und Methodologie der Philologischen Wissenschaft (1886) と K. Elze: Grundriss der englischen Philologie (1889) を挙げ、「国学」に関する参考文献に芳賀矢一『日本文献学』、村岡典嗣『本居宣長』、久松潜一『契沖学』を挙げている。よって橋本の Philology 批判は、芳賀の日本文献学を射程に入れたものであることが知られる。橋本は、芳賀が日本におけるフィロロギーと認めた国学に対して如何に対峙したのか、それを次節で検討したい。

2　上代特殊仮名遣いの再発見と橋本の石塚龍麿批判

橋本は、フィロロギーと日本文献学を批判した。それでは橋本が文献学の外側にいた人物なのかと言えばそうではない。橋本の業績の中で代表的なも

のと評価されるのは、上代特殊仮名遣いの発見と上代語母音の再建であるが、これは橋本が文献学的方法によって見出した歴史的事実である。しかし、橋本は当初から音韻史の研究を目指したのではなかった。大野晋によれば、橋本は文科大学の卒業論文で係り結びを取り上げた。大学院進学後、橋本は文部省国語調査委員会の委嘱を受けて文章法の発達過程を研究しようとしていた[4]。橋本は、上代特殊仮名遣いにかかる現象をその過程で見いだした。大野が引用する橋本の文章（「大正4、5年頃の執筆とおぼしい仮名遣研究史の一部（未定稿）」）によると、その発見の端緒は「明治42年頃」であった。大野の引用の冒頭に言う。

> （前略）自分が去明治四十二年二月中、国語調査委員会の嘱をうけて<u>我が国、文章法の発達について研究中</u>、万葉集巻十四東歌の中に辞「が」にあたるべき所に、「家」の字を書いたものが（以下省略、傍線釘貫）
> （大野晋「解説」中引用橋本著作集第三冊『文字及び仮名遣いの研究』298頁）

1912（明治45）年『校本万葉集』の編修が佐佐木信綱のイニシアチブにより文部省の事業として承認され、佐佐木は橋本に事業への参加を求めた。編者は、佐佐木のほか橋本進吉、千田憲、武田祐吉、久松潜一の5名である。その編修経緯について、大野は言う。

> 佐佐木博士の相談を受けられた橋本博士は「自分は万葉集を専門に研究するものではないが、<u>自分の古代の仮名の研究の為に協力する</u>」旨を、容をあたらめて明言せられたといふ事である。（佐佐木信綱博士直話、傍線釘貫） 　　　　　　　　　（大野「解説」『前掲書』302頁）

これによれば、橋本は自分の専門領域を明治42年における「我が国、文章法の発達」から明治45年までの間に「古代の仮名の研究」へと転換した。橋本の回想によると、上代仮名の未知の二類の使い分けを「明治42年頃」の作業過程で発見した。それは、石塚龍麿『仮字遣奥山路』（1798（寛政10）年以前成立）の既に成る業績の再発見であった。

さうしてこの我が発見は実に二重の意味に於ける発見であつた。一はこの特殊の仮名遣の再発見であり、一は石塚龍麿のかくれたる仮名遣研究の発見である。もし自分でこの仮名の使ひ分けを発見しなかつたならば、奥山路の真面目を解し、その真価を認むることが出来なかつたであらう。さうして又わが独立になした調査があつたからこそこの古人の研究の長短得失瞭然たるを得たのである。　（大野引用『前掲書』300 頁）

　橋本は、上代仮名に存する「特殊の仮名遣」の再発見によって、専攻を「古代の仮名の研究」に定めた。大野は、「校本万葉集の編修、仮名遣史の研究に導かれて橋本博士は江戸、元禄時代の碩学、契沖の研究へとむかはれた。」（『前掲書』304 頁）と書いている。これが橋本の上代特殊仮名遣再発見の最初の報告「国語仮名遣研究史上の一発見—石塚龍麿の仮名遣奥山路について—」（『帝国文学』第 23 巻 11 月号（1917（大正 6）年））に結実する。この報告は、橋本の『校本万葉集』編修参加と関わっていた。芳賀は、上田万年とともにこの編修事業を最初から支援した[5]。『校本万葉集』編修は、わが国の近代的文献学を確立する実践であり、橋本はその只中にいたのである。

　橋本は、近世における仮名遣い研究史上もっとも著しいものとして、契沖『和字正濫鈔』（1695（元禄 8）年刊）、奥村栄実『古言衣延弁』（1829（文政 12）年成立）、石塚龍麿『仮名遣奥山路』の三つを挙げる。橋本は、龍麿『奥山路』が本居宣長『古事記伝』（1798（寛政 10）年成立）の説に基づいたものであり、宣長の観察が『古事記』に限られたのに対して、龍麿は広く奈良朝文献に考察を及ぼして宣長も及ばなかった新事実に到達したと言う。すなわち、今日同音に帰している「え」「き」「け」「こ」「そ」「と」「の」「ひ」「へ」「み」「め」「よ」「ろ」の十三種の万葉仮名に各々二類の対立関係があるという事実の発見であるが、橋本は自らの発見と宣長、龍麿との間に隔たりが存在することを強調している。橋本は、上代文献に見いだされる特殊な仮名遣いには、例外的な違例が存するが、龍麿がこの違例の処置において精密さを欠いたと言う。

　此等の正しくない例を如何に説明すべきかについては、龍麿は一言も述べて居ないのである。或いは数百の例の中、数個の例外があつても、意

に介するに足りないと考へて居たのかもしれないが、これを古代の文献に於ける仮名の用法の問題として、当時の音韻組織にまでも関係させて考へようとすれば、一つの例外でも忽緒に付することは出来ないのである。龍麿の研究は、この点に於いて、徹底しないところがあると云はければならない。　　　　　　　　（橋本「国語仮名遣研究史上の一発見」）

　上の記述で橋本は、龍麿が音韻組織に関連させて考えなかったが故に違例の処理に厳密を欠いたと受け取れるように書いているが、実際は龍麿が文献学的厳密さに達しなかったが故に音韻の差異の問題に届かなかったことを主張している。龍麿の研究の不徹底の原因を、橋本は次の三点に求めている。

其の研究の不完全であつた第一の点は、資料とした諸書の校合が不十分であつた事であつて、其の為転写の誤に心づかず多くの例外を出したのである。例へば「咲ける」「長けむ」の「け」には祁家の類の仮名を用ゐて気の類を用ゐない例であるが、万葉集巻十七の三十四丁には「佐気流さかり」とあり、同四十二丁には「けの奈我気牟」とあつて、何れも他の例に合はない。然るに、元暦本や西本願寺旧蔵本、大矢本などによれば、「佐家流」「奈我家牟」とあつて例外とはならない。又「夜」及び「いさよふ」（猶予）の「よ」には欲の類を仮名を用ゐて与の類を用ゐない例であるのに、万葉集巻七の三丁には「不知与歴月」並に「与ぞくだけちる」とあつて共に此の書に不正としてあるが、古活字本及び大矢本によれば「不知夜歴」「夜ぞ」とあつて共に例に合ふのである。
　　　　　　　　　　　　　　　　　　　（橋本「前掲論文」）

　橋本は、龍麿の文法的知識の未熟を指摘する。

此の書の研究の不完全であつた第二の点は文法上の考が十分明らかでなかつた為分かつべきものを混同した事であつて、其れが為正しいものを正しくないとした所が少くない。例へば、万葉集巻十九、三十五丁の「いは敝わがせこ」同三十六丁の「しぬ敝」などを不正としてあるが、自分の研究によれば、同じ波行四段活用の語尾「へ」でも已然形と命令

形とは其の仮名を異にし、已然形には閇の類を用ゐ命令には敝の類を用ゐるのであるから、以上の諸例は何れも正しいのである。然るに此の書には、之を「たゝか閇ば」「みちと閇ど」など已然形の例と混同した為、例に合はないことゝなつたのである。　　　（橋本「前掲論文」）

　橋本によれば、龍麿が犯した「最も悲しむべき」誤りは万葉集中の東国語を例証とした点にあるという。

自分の研究によれば、十三音の仮名遣いが行はれて居たのは、我が国の中央部であつて、恐らくそれ以西の諸地方にも及んで居たであらうが、東国には及ばなかつたのである。万葉集巻十四の東歌、殊に巻廿なる防人歌に此の仮名遣の乱れたものが甚だ多いのは此の為である。然るに此等の歌を採つて例証としたのは誠に大なる欠点であつて、東国語を除き去れば此の書に挙げた例外は著しく其の数を減ずるのである。
（橋本「前掲論文」）

　さらに橋本は、龍麿が上代の特殊の仮名遣いの違例を網羅しなかったことによる追試不可能性を嘆き、本書の研究の前近代性を批難する。

殊に、我々が、最遺憾に感ずるのは、例外を尽く挙げなかつた事であつて、其れが為、此の書の欠を補ひ誤りを訂さうとするには、此の書の著者と同じ径路を踏んで再根本的に調査しなければならないのであつて後の研究者に不便を与へる事甚しいといはなければならない。
（橋本「前掲論文」）

　次いで、橋本は本書の評価に関する本質的な問題であるところの、龍麿が上代の特殊な仮名用法が音声の区別を反映するものと認識していたかどうかに言及する。橋本が拠った写本『奥山路』「総論」に次の記述がある。

上つ代にはその音同じきも言によりて用ふる仮字定まりていと厳然になむありつるを（中略）しか定まれるはいかなるゆゑともしらねども

これによれば、橋本は龍麿が明瞭な観念を持たなかったように見えるとしながら、草鹿砥宣孝『古言別音鈔』が引用する『奥山路』の、音の相違に言及した次の記述に注目する。

　　今の世にては音同じきも古言には音異るところ有りて古書には用ひし仮字に差別ありていと厳になん有りけるを

　橋本は、これが「古言別音鈔所引のものが後になつて得た説ではあるまいか」と推定する。橋本は、龍麿が万葉集諸本の校合に徹底を欠き、よって特殊の仮名遣いの本質にある音の相違の根本的認識に至らなかったこと、四段活用の已然形と命令形語尾の仮名種の違いに気づかない文法的知識の未熟を露呈したこと、特殊仮名遣いが見いだされない東国語を証拠にして例外の数を大幅に増やす結果を招いたことを批判する。
　しかし、万葉集諸本の校合など江戸時代当時の学術環境では望むべくもなく、特殊仮名遣いと東国語との関係も中央語における事実確認の結果、後に付随して認識されたのであるから、「最も悲しむべき誤り」とまでは言えず学説生成過程の不可避的段階にすぎない。
　このように橋本の龍麿批判は、後知恵から先行業績を裁断する傾きがあり、学説史的検討と言えるものではない。
　以上のように、橋本が龍麿に対峙した観点とは、厳格な文献処理と言語学の知識であるが、橋本にとって百数十年前に同じ事実に到達していた龍麿と自らの業績の違いを際立たせるには、この点を強調することが必要であったのだろう。

3　橋本の国学批判とフィロロギー批判をつなぐもの

　橋本は『校本万葉集』編修事業に参加することによって文献学的実践に通達し、上代特殊仮名遣いを発見した。しかし、同様の事実が本居宣長、石塚龍麿によって指摘されていることを知り、橋本は彼らとの認識の違いを強調する必要があった。そのためには、宣長、龍麿らが特殊仮名遣いの背後にある音声の差異に関する認識が無かったことを主張することが肝要であった。

橋本は、龍麿が諸本校合の方法を知らず、東国語に論証を求めたために例外を大幅に増やす誤りを犯した、とした。橋本によれば、宣長、龍麿の文献考証は技術的精度において劣っており、追試の機会を与えない方法は前近代的である。しかし一方で橋本は、近代科学であるはずのフィロロギーに対して冷淡な反応を示している。それは何故であろうか。

　明治から大正時代にかけてフィロロギーは、どのような学問として見られていたのであろうか。フィロロギーは、民族精神の生み出したものを再現する学術であるが故に、文学、言語学、歴史学、哲学などのほかに考古学、宗教学などをも包摂した。ドイツ Philology の紹介者である芳賀が留学先の経験からこれを「文献学」と訳し、自ら「日本文献学」の立役者を以て任じた。芳賀がドイツで学んだ 19 世紀後半の Philology は、ゲルマン民族主義を核とするロマン主義に加えて、文献考証に基づく精密な実証主義を特徴とした。芳賀は、ドイツ Philology の日本における実例を近世の国学に見いだした[6]。

　近世国学は、文献考証と民族主義的性格を兼ね備えていたので、芳賀はこの点にドイツ文献学との共通性を認めた。明治 45 年に佐佐木信綱から『校本万葉集』編修への参加を求められた橋本は、既に上代特殊仮名遣いの根幹的事実を把握していた。このとき橋本は当初の専攻である古代語の文章法から古代の仮名の研究へと変更していた。『校本万葉集』編修事業への参加は、橋本の文献処理技術に磨きを掛けたであろう。

　橋本の国学批判は、龍麿の文献学的技術水準の未熟を衝くものである。橋本は、龍麿が文献処理の技術的未熟の故に、上代の仮名用法を音声、音韻の問題として把握出来なかったとした。この国学批判の論構成は、門弟の亀井孝が記した橋本への抒情的な追悼文においても踏襲されている[7]。

> そもそも、従来の国学の伝統のながれをくむ国語学には、真に音韻の研究とみなしうべきものに、はなはだとぼしかつた。それは、音韻そのものを、研究の対象として、自覚すること、つまり、音韻論といふ分野の存在に対する認識にかけてゐたからである。かゝる情勢に対する博士の研究の意義だけは、うへにも一言したところであるが、こゝに、もつと注意すべきは、その音韻研究をうんだもの、それこそ、博士自身による

かゝる状況の自覚的判断にほかならなかつたと、おもはれる点である。博士のばあひにおいてもまた、最初の国語学へのたびだちは、文法現象への関心からであつた。

ここで亀井の言う「音韻論」とは、音声の学理的把握という程の意味であろう。亀井が橋本の「自覚的判断」を推測したように橋本にとって自らの「再発見」を国学者の業績から区別するために、国学における音韻研究の不在という批判は、大正6年当時における譲れない一線であった。しかしその後、昭和12年に内務省から依頼された講演「古代国語の音韻に就いて」では、宣長ら国学者が仮名遣いを音声の問題として把握していたという認識を表明している。以下の引用は、昭和17年刊行『古代国語の音韻に就いて』(明世堂)からのものである。

　　我々は、「か」と「き」とを書き違へることはない。発音が違つて居るから我々は聞き分けることが出来るからであります。それと同じやうに「い」と「ゐ」、「お」と「を」は発音が違つて居つたとすれば、之を違つた仮名で書き、決して混同する事がなかつたのは当り前のことであります。其の事は賀茂真淵の弟子の加藤美樹の説として「古言梯」の初めに出て居ります。又本居宣長翁も矢張「古事記伝」の初めの総論に「仮字の事」といふ条に、明に音の区別であつたといつてゐるのであります。それから、冨士谷成章も矢張さう考へて居つたのでありまして、本居宣長の時代になりますと、古代には、後に至つて失はれた発音の区別があつたのであつて、仮名の使ひ分けは此の発音の区別に依るものであるといふことが、立派に判つて来たのであります。さうして本居宣長翁は、其の実際の音を推定して「を」は「ウオ」(ローマ字で書けばwo)であり、「お」は純粋の母音の「オ」(即ちo)であると言つて居られます。是は正しい考だと思ひます。ワ行の「ゐ」「ゑ」「を」は、「ウイ」「ウエ」「ウオ」(wi,we,wo)であつたと考へられるのであり、それに対して、ア行の「い」「え」「お」は、イ、エ、オ(単純な母音)であつたのです。
　　　　　　　　　　（『古代国語の音韻に就いて』31頁～32頁）

龍麿が見出した十三の仮名に於ける二類の区別は、万葉仮名だけに於ける区別であつて、之を普通の仮名で代表させ、仮名の違ひによつて示すことは出来ないので、その点で少し様子が違つてゐるのであります。違ひは唯それだけであります。平仮名片仮名に於ける区別が万葉仮名に於ける区別と合はないといふだけの事で、我々が同音に発音してゐる仮名を昔の人が区別して用ゐてゐるといふ事を明にした事は龍麿も契沖と同じであります。同音の仮名の使ひ分けといふ事が仮名遣の問題であるとするならば、契沖と同じく、龍麿の研究も仮名遣の研究であるといつてよい訳であります。龍麿がその著に「仮名遣奥山路」と名を付けたのは、之を仮名遣の問題として考へたものと思はれますが、是は正しいと言つてよいと思ひます。　　　　　　　　　　　　　（『前掲書』65頁）

　ここで橋本は、宣長がア行仮名イ、エ、オが単純母音、ワ行仮名「ゐ」「ゑ」「を」が(wi,we,wo)と推定していたと述べている点が注目される。これは、『字音仮字用格』(1776 刊)「喉音三行弁」「おを所属弁」に一致する見解であり、この結論を宣長がどこから得たのかを橋本が説明していないのは惜しまれるが、これに関する示唆を与える文献が後年発見された。それは、「上世の仮名遣に関する研究序論」と題される橋本の草稿で著作集第九・十冊『国語学史・国語特質論』(岩波書店 1983)に収められている。大野晋の解説によればこれは、「大正二、三年頃」の執筆と推定されるもので、大野が昭和 20 年の東京空襲による橋本宅の焼け跡から救出し、福島県に疎開させたものであり、長らく公表されず曲折を経て『著作集』第九・十冊の刊行（1983 年）とともに日の目を見たものである。実は、これが前節で大野が紹介した橋本の「未定稿」であって、「解説」によればこれの刊行が原因不明の事情によって「十数年」遅れたと言う。この「研究序論」において橋本は、『字音仮字用格』「総論」と『古事記伝』巻一を引用して上代の仮名の使い分けが音の別によるものであること、「おを所属弁」が「実に我国古代の音韻研究上の一発見といふべきである。」として宣長の業績を顕揚している（『国語学史・国語特質論』290 頁〜 293 頁）。このことに関して安田尚道氏よりお教えを受けた。さらに橋本は、同じ草稿で『古言衣延弁』の古代語音声における「夜行エ」の発見を評して「これ実に、古代の音韻組織に関する

新説であつて、我国音韻研究史上に特筆すべきものである。」と最大級の賛辞を贈っている(『前掲書』312頁)。

　第2節で述べたように、橋本は後に発表した大正6年『帝国文学』所収の「国語仮名遣研究史上の一発見」において近世の仮名遣い研究史上、業績の最も著しいものとして契沖、栄実、そして龍麿の三者を挙げた。しかしながら宣長について、龍麿の先駆者とはするが特殊仮名遣いに関連して『古事記伝』を挙げるのみで『字音仮字用格』を没却している。その結果、この橋本論文において仮名遣いと古代音声との密接な関係への言及が著しく曖昧になり、音声の問題が後景に退いてしまった。何故なら、仮名遣いと音声の問題を最も体系的に論じたのは『古事記伝』ではなく『字音仮字用格』だからである。橋本はこのことを知っていたが、大正6年の論文でこれを伏せる処置を施したのである。推測するに、橋本が自らの上代特殊仮名遣いの再発見と宣長、龍麿らの発見とを最も鮮やかに際立たせた点が、国学者が仮名遣いと古代音声との関係を知らなかったと強調することであったから、『字音仮字用格』の古代音声に関する考察の存在は橋本にとって不都合であった。

　近年まで、場合によっては今でも、近世の仮名遣いが論じられるとき、専ら書記規範に特化して説明される。近世の「歴史的仮名遣い」については書記規範の復元に重きを置き、歴史的音声再建の問題は明治以後言語学の導入によって始めて認識されたのであるとするのが概論諸書の常套的記述である。

　そのような共通認識は、さかのぼれば大正6年の橋本論文によって仮名遣い論史の記述から『字音仮字用格』が締め出された結果齎されたのである。近現代における仮名遣いに関する論説に及ぼす橋本の権威は、そのような認識を形成させるだけの影響力を持っていた。

　筆者が明らかにしたところによれば『字音仮字用格』「喉音三行弁」「おを所属弁」は、『和字正濫鈔』以来の近世仮名遣い論の最高の到達であるが、学界全体では『字音仮字用格』に関する仮名遣い研究史上の評価が定まっていない。

　橋本の処置は、後学の認識を著しく曇らせる結果を招いた。大正6年の橋本論文の読者は、本居派の仮名遣い認識が古代音声への洞察を欠いていた、とする見解に無理なく導かれてゆくのである。

　すなわち、「①龍麿の業績は宣長『古事記伝』の後継研究であり、特殊の

仮名遣いと音声との関わりの認識が曖昧である。②それは、本居派(国学)が仮名遣いと古代音声への本質的洞察を欠いていたからである。」との見解である。

例えば、先に引用した亀井孝の「従来の国学の流れをくむ国語学には、真に音韻の研究とみなしうべきものに、はなはだとぼしかった。」の評価などはその典型で、大正6年以後の、公表された橋本の見解を無批判に踏襲したものである。後学は橋本の未公表の草稿を目にすることが出来なかったかも知れないが、『字音仮字用格』や『古言衣延弁』には容易に目を通すことが出来たはずである。

このようにして橋本は、やや屈折した操作を交えながら文献学の技術と言語学の知識によって国学の「弱点」を克服し、上代特殊仮名遣いを発見したとして自らの立場を正当化した。橋本の門弟を中心とする後学もまた彼の国学批判の物語を敷衍した。

芳賀が構想する日本文献学は、国学を取り込むことを以てその特色とする。橋本は、精密を旨とする近代の文献学的方法と国学の文献考証を同一視する日本文献学の構想を受け入れることが出来なかった。筆者は、橋本『国語学概論』における「フィロロギーと国語学」に続く次の記述に注目する。

国学と国語学
我国で江戸時代に興った国学は、古典の研究に基づいて、外来の要素の混じない純粋の日本国民の精神や生活を明らかにするのを目的としたもので、その方法及び範囲に於いて独逸のPhilologieと一致するところが多いからして、之を日本の文献学と見るものもあるが、国学に於いては、古典解釈の基礎として古語の研究を重んじ、各方面の研究が進むと共に、古語研究を国学の一部門と認めるに至つたが、その国語研究は、成果に於いては称讃すべきものが少くないに拘らず、その理念に於いては実用的語学の域を出なかつたもので、今日の国語学とは性質を異にするものである。それ故、今日の国語学を以て、国学の一部門とするのは不当である。実際、国語や国文学其他が、日本精神や国民性の研究に用立つ事は疑無い。しかし、それは、之に資料を供するといふだけである。同じ国語を取扱つても、国語学は之とは違つた目的をもつた別種の

学問である。　　　　　　　　　　　　　　　（『国語学概論』8頁）

　橋本は、上代特殊仮名遣いの発見が国学の業績の単純な再発見ではなく、精密な方法論と音声に対する認識において「別種の学問」の別個の発見であることを強調した。龍麿の業績に対する過小評価は、この過剰な強調の結果である[8]。本居宣長『古事記伝』一之巻「仮字の事」において我々は、仮名遣いの由来と歴史に関する彼の見解を見ることが出来る。宣長は、ここで明確に仮名遣いを音声の問題として認識している。

　仮字用格のこと、大かた天暦のころより以往の書どもは、みな正しくして、伊韋延恵於袁の音又下に連れる、波比布閇本と、阿伊宇延於和韋宇恵袁とのたぐひ、みだれ誤りたること一ツもなし、其はみな恒に口にいふ語の音に、差別ありけるから、物に書にも、おのづからその仮字の差別は有リけるなり、〔然るを、語の音には、古へも差別なかりしをただ仮字のうへにて、書分たるのみなりと思ふは、いみじきひがことなり、もし語の音に差別なくば、何によりてかは、仮字を書キ分クることのあらむ、そのかみ此ノ書と彼ノ書と、仮字のたがへることなくして、みなおのづからに同じきを以ても、語ノ音にもとより差別ありしことを知ルべし、かくて中昔より、やうやくに右の音どもおのおの乱れて、一ツになれるから、物に書クにも、その別なくなりて、一ツノ音に、二タともの仮字ありて、其は、無用なる如くになむなれりけるを、其ノ後に京極ノ中納言定家ノ卿、の仮字づかひを定めらる、これより世にかなづかひといふこと始マりき、然れども、当時既く人の語ノ音別らず、又古書にも依らずて、心もて定められつる故に、その仮字づかひは、古ヘのさだまりとは、いたく異なり、然るを其後の歌人の思へらくは、古ヘは仮字の差別なかりしを、ただ彼ノ卿なむ、始めて定め給へると思ふめり、又近き世に至りては、ただ音の軽キ重キを以て弁ふべし、といふ説などもあれど、みな古ヘを知らぬ妄言なり、こゝに難波に契沖といひし僧ぞ、古書をよく考へて、古ヘの仮字づかひの、正しかりしことをば、始めて見得たりし、凡て古学の道は、此ノ僧よりぞ、かつがつも開け初ける、

『古事記伝』一之巻

宣長は、『古事記伝』およびそれと同時期に執筆した『字音仮字用格』において、仮名遣いを古代音声の問題として捉えた。仮名遣いは、本質的に古代音声の問題である、これは宣長にとって決定的な確認事項であった[9]。龍麿が宣長の特殊の仮名用法の観察を継承するに際して『仮字遣奥山路』の書名にあるように「仮名遣」問題として捉えたことを橋本は、『古代国語の音韻に就いて』(昭和17年)で「正しい」と評価した。これは、龍麿の古代音声に関する認識に半ば疑いを表明した大正6年当時の見解からの進展と一応評価できるものであるが、実際は大正初年の段階で橋本が到達していた未公表の「上世の仮名遣に関する研究序論」の立場を専門外の神職に向かって目立たぬように表明したに過ぎない。

4　専門知「国語学」の創業

今日の日本語研究は、鎌倉時代以来の伝統的蓄積に加えて言語学の方法が合流して成立している。ために、とりわけ伝統の継承を自覚する研究者は、観察対象の本質規定に拘泥してきた。押し寄せる言語学の最新潮流に対して彼らが葛藤と緊張感を以て接したからであろう。山田孝雄の「文(句)」、時枝誠記の「言語」、有坂秀世の「音韻」、奥田靖雄の「単語」などは、それぞれの定義において異彩を放っている[10]。彼らの業績は、日本語学に印象的な個性を与えている。彼らは、研究対象の本質規定に際して既存の言語学に飽きたらず、ヴントの心理学、カントの哲学、フッサールの現象学、マルクス経済学を参照した。彼らが恃んだ圏外の分野は、その折々の多くの青年学徒の心を捉えた教養の中核をなしていた。彼らは、観察対象の本質規定と研究することの意義をつかみ取ろうと試みた。このような姿勢は、教養主義と呼ばれる精神的傾向の典型的特徴である。

これに対して、しばしば水掛け論に陥りがちな本質規定から一歩退いて、現象面に考察を絞って、精密さを目指した分析的記述を追究しようとする潮流が存在する。現代言語学においては、むしろこの方面が主流を構成していると言える。

ドイツが牽引した比較言語学は、19世紀前半の興隆期において濃厚にロマン主義的な精神性を備えていた[11]。言語の起源や文の定義さらに民族精神

との関連が情熱的に論じられもした。しかし、言語の起源論、文や単語の本質規定には今のところ誰も成功しておらず、これらは現代言語学では必ずしも重要な課題となっていない。現代言語学は、文や単語の存否そのものを問わずこれを公理的前提として記述を前進させる方向で展開している。

初期言語学のロマン主義的要素を除いたのが音声学の祖英国人ヘンリー・スウィートと、記号の恣意性原理によって一般言語学理論を立ち上げたスイス人フェルディナン・ド・ソシュールである。彼らは19世紀後半以後に活躍した。スウィートは、ドイツ歴史音声学に学びながら音声学の確立過程において民族主義と濃密に結びついた歴史主義的要素を除外した。ソシュールは、比較言語学者として立ちながら記号の恣意性という冷徹な原理を前面に出して、言語学の研究領域を飛躍的に拡大した。1865年に設立されたパリ言語学会が会則の第2条で言語起源論と普遍言語の創造に関する論文は受け付けないことを宣言したことは、言語学のロマン主義的傾向からの離脱的趨勢を象徴する[12]。ソシュールがパリ言語学会に入会するのはその数年後のことであると言われる。

筆者は、日本語研究の分野でスウィートやソシュールと同様の貢献をした人物として橋本進吉に注目する。橋本に親炙した金田一春彦が橋本の学風とその後進への影響を的確に評価している。

> 今、国語学は、日本の文化諸科学のうちで、相当進んだ線を行っている。それは、九学会連合の学会別の発表スピーチを聞いていてもはっきりわかる。その原因はどこにあるか。研究の範囲が限定されていること、それもあるが、学問の基礎の部分が単純な単位から出来ている構造体であること、そのために、研究の性質が前の学者の仕事がしっかりしていれば、それをもとに次々の学者が着実に積み重ねて行けることが大きい。この意味で、こういう学問の体系を作り出した学者として、国語学における橋本進吉博士の存在はきわめて重要である。
> (「日本語学者列伝 橋本進吉伝(一)」『日本語学』1983年2月号(明治書院))

その論考は従来の説を逐一吟味し、次に証拠をあげて自説を提出しようという方法で、その場合、感情に淫せず、しっかりした証拠だけを淡々

とした態度であげてゆき、断定すべかざるものはしいて深追いしないという、まことに模範的な論証の仕方であった。これはのちに博士の書かれるものに広く見られる特色で、多くの後進が慕って模倣しようとしたものだった。　　　　　　　（「前掲論文(二)」『日本語学』1983年3月号）

　山田、時枝、有坂らが観察対象の本質論を発信したのに対して、橋本は、従来の誰もが行ったことのない精密な方法論を発信した。それが目覚ましい実践であったことは、複数の門弟の証言によって知ることが出来る。橋本は、ロマン主義的傾向を濃厚にもつ日本文献学から距離を置き、近代文献学の持つ精密科学の技術的側面を選択的に継承した。上代特殊仮名遣いの発見と古代語母音組織の再建は、橋本に自らの厳密な方法の正当性を確信させたであろう。有効な方法論の提案は、訓練によって研究水準を目に見える形で引き上げることを可能にする。橋本が厳格な教育者であったことは、このことを橋本自身が自覚していたことを証明する。ここに、金田一ら門弟が橋本の学問に瞠目する原因があった。
　官学アカデミズムの成立に注目する立場からは、文科大学国語研究室の設立や上田万年「P音考」を以て国語学創業の画期とすることがある。しかし「P音考」は、その結論の事実自体が大島正健や大槻文彦によって従前から指摘されており、考証も文献学的なものではない。内田智子は、「P音考」が比較言語学から類推した思弁的性格を持っており、それが却ってこの論文の個性となったことを明らかにした[13]。今日の「P音考」への高い評価は、橋本と有坂をつなぐ音韻史の光芒が逆照射したということではないか。
　音韻史の成立を指標として近代国語学の創業を画期しようとする考え方には、根拠がある。それは、歴史的音声の実態を鮮やかに照らし出した精密な文献学的方法に対する高い評価である。以来、音韻論と音韻史は、近年まで日本語学諸分野の中で最も高い権威を保持していた。橋本が開拓した音韻史は、国学流音韻学や創業期の近代文法学が内包していた民族主義、国家主義思想を免れており、専門領域の記述に特化した姿勢は個性的であり、一般言語学との整合性を備えていた。日本文法学の近代化過程において文献学は、音韻史成立に果たした役割ほどには鮮やかに関与していない。文献学と音声学によって過去の微細な音声を浮上させた音韻史に対して、文法学は品詞の

再分類と単位の再定義の論理を蓄積して来た。近代文法学を担った大槻文彦、山田孝雄、松下大三郎には、国家主義、民族主義の精神性が濃厚に付着した。戦後文法学を主導した教科研文法にもマルクス主義が随伴している。文法学とロマン主義との親和性は、継続している。

　橋本の東京帝大教授在職期間は、太平洋戦争をめぐる戦局が緊迫した時期に重なっており、先述の『古代国語の音韻に就いて』は時局が要請する講演、執筆依頼であった。しかし、そのような性格の講演等においても橋本の論は、日本語に関する事実のみを述べるにとどまっており、国家主義、民族主義的言辞はあまり見出されない[14]。これは、消極的な事実ではあるが、橋本の専門家としての自覚の反映であろう。

　以上、精神主義的要素を言語の外に排除したという点において、専門知の体系たる国語学の創業は、文献学の技術、言語学の知識、国学批判を基盤にして音韻史研究を立ち上げた橋本によって成ったというのが筆者の結論である。

注

1　小西甚一(2009)『日本文芸史［別巻］日本文学原論』笠間書房
2　芳賀矢一(1904)「国学とは何ぞや」『國學院雑誌』10(1-2)、國學院大學
　　佐野晴夫(2001)「芳賀矢一の国学観とドイツ文献学」『山口大学独仏文学』山口大学独仏文学研究会
　　衣笠正晃(2008)「国文学者・久松潜一の出発点をめぐって」『言語と文化』法政大学言語・文化センター
3　芳賀矢一(1928)『芳賀矢一遺著(日本文献学)』冨山房
4　大野晋(1949)「解説」『橋本進吉博士著作集第三冊　文字及び仮名遣の研究』岩波書店
5　『校本万葉集』(1925)首巻巻一「本書編纂事業の由来及経過」1924(大正13)年7月、校本万葉集刊行会
6　芳賀矢一(注3)前掲書
7　亀井孝(1950)「解説—故橋本進吉博士の学問像と国語音韻の研究」『橋本進吉博士著作集第四冊　国語音韻の研究』351頁、岩波書店

8 安田尚道(2003)「石塚龍麿と橋本進吉―上代特殊仮名遣の研究史を再検討する」『国語学』54(2)、国語学会
9 釘貫亨(2007)『近世仮名遣い論の研究』名古屋大学出版会
10 釘貫亨(2010)「日本語研究の近代化過程と教養主義の系譜」齊藤倫明・大木一夫編『山田文法の現代的意義』ひつじ書房
11 泉井久之助(1976)『言語研究とフンボルト』弘文堂
12 後藤斉(1983)「言語学史の中の国際語論」『月刊言語』12(10)、大修館書店
13 内田智子(2005)「上田万年「P音考」の学史上の評価について」『名古屋大学国語国文学97』名古屋大学国語国文学会
14 明世堂版『古代国語の音韻に就いて』における橋本の「はしがき」によると次のようにある。「本書は昭和十二年五月内務省主催第二回神職講習会における講義を速記したものであつて、昨年三月神祇院で印刷に付して関係者に頒布せられたが、今回書肆の請により同院の許を得て新に刊行したものである。前回はかなり手を加えたが、今回は誤字を訂正したほかは、二、三の不適当な語句や用字法を改めたのみである。
昭和十七年三月　　橋本進吉」内務省神祇院が橋本の講義に対して何を期待したのか今のところ詳らかにしないが講演の冒頭に「我が国の古典を読むに就いて何か其の基礎になるやうな事に就いて話してもらいたいといふ御依頼」とあるのが今のところ唯一の手がかりである。橋本が講演を行った昭和12(1937)年の数年前頃から東京帝大教授美濃部達吉の天皇機関説に対する民間右翼や政党の攻撃に端を発した国体明徴運動に呼応して岡田啓介内閣が、2次にわたる「国体明徴宣言」(昭和10年8月、10月)を出した。この過程で、内務省の果たした役割が注目される。なぜなら沸騰する世論に呼応して美濃部の『憲法撮要』(有斐閣1923年)ほか3著書を発禁処分(1935年4月)にしたのが内務省だからである。美濃部が貴族院勅選議員辞任に追い込まれたのは周知のとおりであるが、東京帝大教授であった橋本が一連の事態をどのように見ていたのか。神職講習会において、内務省が橋本に何を期待したのかに興味が持たれるが、『古代国語の音韻に就いて』による限り、橋本は神職相手に国語音韻史の成果だけを淡々と講義している。当時の第一線の国語学者が民族主義的言辞に傾く中で、権力中枢が主催する「思想講習会」での橋本の「専門的」な講義の真意を読み解くにはなお幾分の時間が必要であるかも知れない。時局が要請する文章で留意されるのは橋本進吉博士著作集第四冊『国語音韻の研究』(岩波書店)所収の「駒のいななき」である。これはもともと日本文学報国会(代表者　中村武羅夫)が編集し国語学国文学関係者が広く寄稿した短文集『国文学叢話』(青磁社、昭和19年)に収められていたものである。冒頭に守随憲治の「まへがき」があって、本書編纂の趣旨が記されている。「文学報国即文学参戦、これがわれらの信条である。前線の勇士は剣を以て敵を討つ。銃後の吾等文を以て国土を護る。殊に国文学部会はその発会以来、かなり激しく活動

してきた。少し動き過ぎはしないだらうかとさへ噂された。事業は次々と企画せられ、著々と処理実行に移されて行く。幹事会や委員会の招集は毎週ある。週に二度三度に及ぶことすらあつた。こんな忙しい思が、慾で果たされるものではない。(以下省略)」実は、ここに収められている橋本の文章は著作集の文章と少し違う。この事実は岡島昭浩氏からお教え頂いたものであるが、その部分を指摘しておく。まずオリジナルの文には、次のようにある。「「兵馬の権」とか「弓馬の家」とかいふ語もあるほど、遠い昔から軍事の要具とせられ、<u>現下の大東亜戦争に於ても皇軍将兵と一体となつて赫々たる武功を立てて立てて</u>ゐる勇ましい馬の鳴き声は、「お馬ヒンヒン」といふ通り詞にある通り(以下省略)」釘貫が施した下線部分が岩波版では、削除されている。削除主体は著作集刊行委員会に違いない。その理由は、おそらく「世俗の風潮におもねることなく」学問の自由を貫徹した橋本のイメージを護るためであったろうことは察しがつく。この程度の記述が橋本の時局便乗の証拠になるとも思えないが神経質なことである。

日本悉曇学と『韻鏡』

肥爪周二

[概要]

古代日本において、外国語学と言えるものは、事実上、漢語学と梵語学(悉曇学)のみであった。特に音韻分野においては、それぞれの言語の文字・音韻体系の特徴を補い合う形で、この二つの学問は、密接な関連をもって発展してきた。漢字音韻学における大きな転機の一つは、鎌倉時代に『韻鏡』がもたらされたことである。『韻鏡』の分析の枠組みは、のちに悉曇学にも移入されることになった。『韻鏡』の用語を、明確な形で取り入れている主要な悉曇学書の中で、もっとも早いのは、『悉曇字記創学鈔』の賢宝(1333–1398)による補筆部分である。その『創学鈔』の音注形式「声調・韻目・五音・清濁・広韻反切・玉篇反切」は、成立年不明の『摩多体文清濁記』一帖(東寺金剛蔵第202函4号)のものと一致する。また、『創学鈔』の素材となったことが明らかにされている、『字記勘註第一第二』二巻(同第208函4号)・『字記勘註第一』一巻(同第208函6号)を検討し、この音注形式が、組織的な運用は未だしいものの、師の杲宝にまで遡るものであることを指摘する。この他、江戸時代における『韻鏡』研究の飛躍的発展が、いかように悉曇学に取り入れられたかについても言及する。

1 はじめに

『韻鏡』とは、『広韻』(1008年刊)の反映する中国語音韻体系を、(その後の音韻変化を若干加味して)43枚の図表の形に整理したものである。成立年は不明であるが、南宋の張麟之が、1161年に序文をつけて刊行したことにより普及することになった。中国では早くに散逸したが、日本には鎌倉時代に伝えられ、多くの写本・刊本が伝存している。『韻鏡』の成立自体に、悉曇学(梵語学)の影響があったことは、しばしば指摘されるところであるが、本論で問題とするのは、平安時代以来の伝統的な日本悉曇学に、鎌倉時代に

伝えられた『韻鏡』の音分類の枠組みが、どのように取り入れられていったかということである。

2 日本韻学の二本の柱

　古代日本において、外国語として体系的に学習され、学術研究の対象にもなったのは、中国語と梵語のみであった。実用性という意味では、中国語が圧倒的な優位を誇ってはいたけれども、学術研究の場、特に音韻学の分野においては、二つの言語の音韻体系・文字組織の性質の偏りを補い合うような形で、漢字音韻学と悉曇学とは、密接な関係を持って、「日本韻学」として、独自の発達を遂げることになった。

　一つには、漢字が表語文字であって、純粋に音を表すための文字・符号を持たなかったため、漢字音の表示には、もっぱら「反切」を用いる必要のあったことがある。反切とは、未知の漢字の音を、既知の漢字二つの音を組み合わせることによって表示する様式であり、音節の始まりの子音と、それ以外の部分を切り離して操作する必要がある。中国語話者ならば、たとえばCVC音節をC-VCとして把握するとされるので、反切の操作は比較的容易であったと考えられるが、日本語話者の場合は、CVC音節をCV-Cとして把握するため、反切において、子音と母音を切り離す操作には、困難が大きかったはずである。漢字音韻学は、その日本化の帰結として、反切の運用において、悉曇学の場で発達した五十音図を援用するようになるのも必然であった。

　一方、悉曇学が五十音図を発達させる契機となり得たのは、まず、その文字体系が、子音を基調とする表音文字であったことが大きい（梵字は、当時の日本人が知ることのできた唯一の外国の表音文字でもあった）。梵語の音節構造は、中国語に比べて決して単純なものではないものの、文字体系の基礎となるのは、一つの子音と一つの母音とが組み合わさったものであり、母音体系も、日本語の五母音体系と、よく対応するものであった。また、悉曇学は、悉曇章と呼ばれる、五十音図と同様のシステムによる字母表を持っていた。こうした土壌に発達した五十音図は、その後の悉曇学においても漢字音韻学においても、きわめて重い意味を持つことになる。

しかし、梵語の発音は、直接インド人に学ぶ機会は皆無に等しく、中国における漢字音写を介して学ぶのが一般的であった。つまり、反切の操作を含めて、漢字音のことを知らなければ、梵語音を学習することができなかったのである。

結果的に、漢字音韻学と悉曇学とは、車の両輪のように、互いに欠くことのできない関係で、古代日本の音韻学を支えることになった。

3 漢字音研究の転換点

日本における漢字音研究の歴史には、さまざまなトピックスがあるが、本論で重視するのは、①『韻鏡』の導入(鎌倉時代)、②中国近代音との対照(江戸時代)、という二つの転換点である。前者は、中国語音を体系として考究する手段が獲得されたことを意味する。後者は、具体的には、文雄『磨光韻鏡』(1744年刊)による『韻鏡』理解の進展であり、従来の日本漢字音(呉音・漢音)のみによる『韻鏡』の研究が持っていた限界を、華音(当時の中国語音)を利用することにより、乗り越えることに成功し、その後の漢字音研究にも、大きな影響を与えることになった。

これらの漢字音研究における二つの転換は、保守的と見なされがちな悉曇学の分野にも、新しいスタイルの研究を登場させることになった。

4 悉曇学への『韻鏡』の導入

日本悉曇学は、平安時代初期に安然『悉曇蔵』(880年成)による集大成があり、その後、明覚・心蓮らによって日本的展開がなされており、鎌倉時代に入る前に、すでに独自の学問体系ができあがっていた。こうした中で、漢字音研究の方では、鎌倉時代に『韻鏡』の伝来という大きな事件があり、悉曇学の方でも、おのずとその新しい音韻学の知見を取り入れようとする動きが出てくる。本論では、子音の分類の問題に限定して検討を進めることにする。

伝統的な日本悉曇学における子音分類には、表1のようなものがある(子音の2分類「五類声」「遍口声」のうち「五類声」のみを取り上げる)。

表1　五類声（閉鎖音・破擦音・鼻音グループ）

	無声無気	無声有気	有声無気	有声有気	鼻音	字記	三内
喉音	ka 迦	kha 佉	ga 伽	gha 伽	ṅa 俄	牙声	口
口蓋音	ca 者	cha 車	ja 社	jha 社	ña 若	歯声	舌
反舌音	ṭa 吒	ṭha 佗	ḍa 茶	ḍha 茶	ṇa 拏	舌声	舌
歯音	ta 多	tha 他	da 陀	dha 陀	na 那	喉声	舌
唇音	pa 波	pha 頗	ba 婆	bha 婆	ma 麼	唇声	唇

　一番左側の欄（喉音・口蓋音・反舌音・歯音・唇音）および一番上の欄（無声無気・無声有気・有声無気・有声有気・鼻音）は、現代のサンスクリット語の教科書の子音分類の呼称である。五類声は、上のように5×5の整然とした体系をなしている。

　伝統的な日本悉曇学において子音の分類に用いられる用語として、第一に挙げられるのは、唐・智広『悉曇字記』の五声（牙歯舌喉唇）である。中国では、五行説の影響で、子音の調音部位を五分類する伝統がもともとあった。この伝統的な五分類を悉曇学の五類声に適用したいと考えるのはもっともなことであるが、梵語の子音には、五類声の他にも遍口声（摩擦音・接近音等、l-, v-, s-, h- など）があるのであり、特に h- が五類声の外側に出てしまっている以上、五類声と伝統的な五つの調音部位とを対応させるのは、本来的に無理がある。『悉曇字記』の場合も、上から四段目の ta の系列を喉声とする点で破綻している。『悉曇字記』以外にも、五類声と伝統的な五つの調音部位を対応させようとするものはあったが、いずれにしても無理があった。しかし、日本悉曇学において、もっとも重視されてきたテキストである『悉曇字記』に見られるこの子音分類は、おのずと尊重されることになる。

　一方、日本悉曇学独自の音分類と考えられるものに、三内説がある。典型的には、漢字音の子音韻尾（入声韻尾 -k, -t, -p、鼻音韻尾 -ŋ, -n, -m）を、順に口（喉）内・舌内・唇内と捉えるものであり、おそらく日本悉曇学の連声学説において発達した概念である（中国には根拠を見いだしがたい）。少なくとも、この三内説を頭子音や母音の分類にまで拡張するのは、日本独自のものであろう。三内説は、平安初期の安然の段階ですでに存在していた。表1の

一番右側の欄が、三内説を五類声に適用したものである。

　伝統的な日本悉曇学の調音部位の分類は、『悉曇字記』の五声と三内説の二重構造をなしていたのである。

　一方、清濁・無気有気に関わる用語は、日本韻学において多様なものがあったが、悉曇学においては、有気音を「断気」「絶音」「重」等と表現することが行われていた。

　以上のような状況に対して、悉曇学に『韻鏡』の音分類用語を導入するとしたら、以下のようになる（単純化して示す）。

①『韻鏡』の五音（半舌・半歯を含めれば七音）
　五類声は、順に牙音・歯音・舌音・舌音・唇音となる（一部例外あり）。
②清・次清・濁・清濁
　無声無気音は（全）清音、無声有気音は次清音、鼻音は清濁音となる。

5　信範『悉曇字記聞書』

　明了房信範（1223–1296（or1297））は、はじめて『韻鏡』の序文を解読したと伝えられる学僧であり、その悉曇学関係の著作にも、『韻鏡』の書名・用語が見いだされる。

信範『悉曇字記聞書』巻六（1285年成）
已上五句／第一／迦者吒多波、第二／佉車侘他頗＿韻鏡＝所／定清音之字也。五句／第三第四／伽伽社社茶茶陁陁婆婆＿韻鏡＝所／定濁音之字也。五句／第五／俄若拏那麽＿韻鏡＝所／定清濁之字也。是為南天所用／翻字卜。
（馬渕和夫編『影印注解 悉曇学書選集』第三巻、東寺観智院蔵1326年写本）

　しかし、明らかに『韻鏡』を参照しているにもかかわらず、梵語の無声無気音が（全）清音、無声有気音が次清音に対応することは指摘していないし、『韻鏡』の五音にも言及していない。悉曇学への『韻鏡』の本格的な導入はいまだなされていないと言える。

　その後、この信範の記述を受け継ぐ悉曇学書はいくつか存在するが、本格

的に『韻鏡』を利用して、悉曇学に新たな展開をもたらすのは、次節に紹介する『悉曇字記創学鈔』まで待たなければならなかった。

6 『悉曇字記創学鈔』と『麼多体文清濁記』

　中世の真言系教学を代表する者として、東寺の三宝と呼ばれる学僧がいる。頼宝(1279–1330?)・杲宝(1306–1362)・賢宝(1333–1398)である。うち、杲宝は東寺の塔頭の一つである観智院の祖として名高い。この学派の悉曇学の成果は、『悉曇字記』の注釈である『悉曇字記創学鈔』(以下『創学鈔』)にまとめられている。『創学鈔』の前半は、杲宝の講義を、弟子の賢宝・教深が筆録したものであり、後半(巻七下以降)は、杲宝の没後18年を経て、賢宝が作成したものとされる。中世真言宗における悉曇字記研究の最高到達点と目されるものである。

　『創学鈔』には、以下のように、『悉曇字記』に出てくる音訳漢字(反切注を含む)の一つ一つについて、「声調・韻目・韻鏡五音・清濁・広韻反切・玉篇反切」を注記(玉篇の反切は必須ではない)した部分がある(あくまで『創学鈔』の注釈部分から、該当する記述のみを抜き出したものであり、『創学鈔』自体には、字形・字義など、多岐にわたる長大な注釈が見られる)。つまり、『悉曇字記』の注釈に、『広韻』『玉篇』『韻鏡』が参照・利用されているのであり、『韻鏡』の五音・清濁の枠組みが、本格的に悉曇学に導入されているのである。

『悉曇字記』本文
a　　短阿字、上声短呼、音近悪
ka　迦字、居下反、音近姜可反

『悉曇字記創学鈔』(賢宝補筆部分)より抄出
a　　阿　平声　歌韻　喉声　清音　烏河切
　　　悪　入—　鐸—　喉—　清—　烏各切　烏故切
ka　迦　平—　戈—　牙—　清—　居伽切　玉云古牙居伽二切
　　　居　平—　魚—　牙—　清—　九魚切

下　上— 馬— 喉— 濁— 胡雅切 亦去— 禑— 胡駕切
姜　平— 唐— 牙— 清— 居羊切
可　上— 哿— 牙— 次清— 枯我切　玉—云口我切

（馬渕和夫編『影印注解 悉曇学書選集』第五巻、東寺観智院蔵1728年写本）

　これらの字音分析は、賢宝の補筆部分に見られるものであるが、この形式の分析の、東寺学派における淵源を、以下に探ってみたい。
　東寺観智院金剛蔵（第202函4号）に、『麼多体文清濁記』（著者・成立年不明、室町時代写、以下『清濁記』）という文献がある。これは、まさに『創学鈔』の上記の音注に相当するもののみで成り立っている著作である。はたして『清濁記』は、『創学鈔』から該当する記述を抄出したものなのであろうか、それとも、『創学鈔』の編纂過程において、その素材となるべく用意されたものなのであろうか。言い換えるなら、『創学鈔』が先か、『清濁記』が先か、ということを検討する必要がある。
　『創学鈔』と『清濁記』の音注を対照したものを表2に示す。紙幅の都合により、悉曇十八章の第二章直前の部分までのみを挙げる。全体の紹介は別の機会を期したい。

表2　『悉曇字記創学鈔』『麼多体文清濁記』対照表

		『悉曇字記創学鈔』	『麼多体文清濁記』
	悉		入声 質韻 歯内 清音 息七切
	曇		平— 覃— 舌— 濁— 徒含切
a	阿	平声 歌韻 喉声 清音 烏河反	平— 歌— 喉— 清— 烏何切
	悪	入— 鐸— 喉— 清— 烏各切	入— 鐸— 喉— 清— 烏各切
		烏故切	烏故切 玉云於各切 烏路切
i	伊	平— 脂— 喉— 清— 於脂切	平— 脂— 喉— 清— 於脂切
	於	喉— 清— 央居切	平— 魚— 喉— 清— 央居切
	翼	入— 職— 　　　 於力切	入— 職— 喉— 清— 於力切
u	漚	平— 侯— 喉— 清— 烏侯切	平— 侯— 喉— 清— 烏侯切
		於侯切	於侯切

	屋		入— 屋— 喉— 清— 烏俗切
			玉云於鹿切
e	藹	去— 泰— 喉— 清— 於蓋切	去— 泰— 喉— 清— 於蓋切
	桜	平— 清— 喉— 清音也 於盈切	平— 清— 喉— 清— 於盈切
			玉云於耕切
	係	去— 霽— 　　　　去詣切	去— 霽— 牙— 清— 古詣切
			玉云何計切 古、平— 姥— 牙— 清—
ai	於	喉— 清—	
	界	去— 怪— 　　　古拝切	去— 怪— 牙— 清— 古拝切
o	奥	去— 号— 喉— 清— 烏到切	去— 号— 喉— 清— 烏到切
	汚	去— 暮— 喉— 清— 烏路切	去— 暮— 喉— 清— 烏路切
		玉— 一故切	玉云一故
aṁ	暗	去— 勘— 喉— 清— 烏紺切	去— 勘— 喉— 清— 烏鍼切
		玉— 云於紺切、闇・紺の反切等	玉云於鍼切
	鑒	去— 鑑— 牙— 清— 格懺切	去— 鑑— 牙— 清— 格懺切
		鑑・銜の反切等	玉云古銜古職切二
			又平— 銜— 牙— 清— 古銜切
aḥ	痾	平— 歌— 喉— 清— 烏何切	平— 歌— 喉— 清— 烏何切
			玉云於何切
	疴	去— 禡— 喉— 清— 枯駕切	
	翳		去— 霽— 喉— 清— 於計切
	億		入— 職— 喉— 清— 於力切
	愛		去— 代— 喉— 清— 烏代切
			烏、平— 模— 喉— 清—
ka	迦	平— 戈— 牙— 清— 居伽切	
ki	機	平— 微— 牙— 清— 居依切	
ku	鉤	平— 喉— 牙— 清— 古侯切	
kha	佉	平— 戈— 牙— 次清— 丘伽切	
khi	欺	平— 之— 牙— 次清— 去其切	

khu	丘	平一 尤一 牙一 次清一 去鳩切	
ga	伽	平一 戈一 牙一 濁一 求迦切	
gi	其	平一 之一 牙一 濁一 渠之切	
gu	求	平一 尤一 牙一 濁一 巨鳩切	
ka	迦	平一 戈一 牙一 清一 居伽切 玉一云古牙居伽二切	平声 戈韻 牙内 清音 居伽切 玉云古牙居伽切二
	居	平一 魚一 牙一 清一 九魚切	平一 魚一 牙一 清一 九魚切 玉云挙居切
	下	上一 馬一 喉一 濁一 胡雅切 亦去一 禡一 胡駕切	上一 馬一 喉一 濁一 胡雅切 亦去声 禡一 胡雅切
	姜	平一 唐一 牙一 清一 居羊切	平一 唐一 牙一 清一 居羊切
	可	上一 哿一 牙一 次清一 枯我切 玉一云口我切	上一 哿一 牙一 次清一 枯我切 玉云口我切
kha	佉	平一 戈一 牙一 次清一 兵伽切	平一 戈一 牙一 次清一 兵伽切 玉云去茹切
	丘		平一 尤一 牙一 次清一 去鳩切
	去	上一 語一 牙一 次清一 丘拠切	上一 語一 牙一 次清一 丘拠切 亦去一 御一 兵倨切 亦郜呂切 玉云虎拠切
ga	伽	平一 戈一 牙一 濁一 求迦切	平一 戈一 牙一 濁一 求迦切
	求		平一 尤一 牙一 濁一 巨鳩切
	渠	平一 魚一 牙一 濁一 強魚切	平一 魚一 牙一 濁一 強魚切
	其	平一 之一 牙一 濁一 渠之切	平一 之一 牙一 濁一 渠之切
gha ṅa	疑	平一 之一 牙一 清濁語其切	平一 之一 牙一 清濁一 語其切
	我	上一 哿一 牙一 清濁一 五可切	上一 賀一 牙一 清濁一 五可
	哦	平一 歌一 牙一 清濁 五何切	平一 歌一 牙一 清濁一 五可切 五、上一姥一牙一清濁一疑古切
	魚	平一 魚一 牙一 清濁 語居切	平一 魚一 牙一 清濁一 語居切
	講	上一 講一 牙一 清一 古項切	上一 講一 牙一 清一 古項切

ca	者	上― 馬― 歯― 清― 章也切 玉― 云之也切	上― 馬― 歯― 清― 章也切 玉云之也切 平― 麻― 歯― 清― 正奢切
	遮		
	止	上― 止― 歯― 清― 諸市切 玉― 之市切	上― 止― 歯― 清― 諸市切 玉之市
	作	入― 鐸― 歯― 清― 則落切 亦則邐切 玉―子各切	入― 鐸― 歯― 清― 則落切 亦則邐切 玉子各切
cha	車	平― 麻― 歯― 次清― 尺遮切 玉―尺奢古魚二切	平― 麻― 歯― 次清― 尺遮切 玉尺奢古魚切二
	昌	平― 唐― 歯― 次清― 尺良切 玉― 尺羊切	平― 唐― 歯― 次清― 尺良切 玉尺羊切
	倉	平― 唐― 歯― 次清― 尺良切 玉― 尺羊切(ママ)	平― 唐― 歯― 次清― 七岡切 玉云且郎切 岡、平―唐―古郎切
ja	社	上― 馬― 歯― 濁― 常者切	上― 馬― 歯― 濁― 常者切
	闍	平― 麻― 歯― 濁― 以遮切	平― 麻― 歯― 濁― 以遮切 視遮切 又徳迦切
	杓	入― 薬― 歯― 濁― 市若切 又音酌	入― 薬― 歯― 濁― 市若切 又音酌
	昨	入― 鐸― 歯― 濁― 在各切 玉― 云才各切	入― 鐸― 歯― 濁― 在各切 玉云才各切
ña	而	平― 之― 舌歯― 清濁― 如之切	平― 之― 舌歯― 清濁― 如之切
	若	上― 馬― 舌歯― 清濁― 人者切 亦人勺切 平― 麻― 人賒切 又惹弱二音 入― 薬― 而灼切 玉― 如灼切	上― 馬― 舌歯― 清濁― 人者切 亦人勺切 亦 平― 麻― 人賒切 又惹弱二音 亦 入― 薬― 而灼切 玉―如灼切
	壤	上― 養― 舌歯― 清濁― 如両切 玉―如掌切	上― 養― 舌歯― 清濁― 如両切 玉云如掌切
	孃		平― 陽― 舌― 清濁― 女陽切

			又女良切
ṭa	吒	去― 禡― 舌― 清― 陟駕切	去― 禡― 舌― 清― 陟賀切
		玉―云知加切、陟嫁切	玉云知加切、陟嫁切二
	卓	入― 覚― 舌― 清― 竹角切	入― 覚― 舌― 清― 竹角切
ṭha	侘	去― 禡― 舌― 次清― 丑亞切	去― 禡― 舌― 次清― 旦亞切
		平― 麻― 勅加切 戈― 湯河切	平― 麻― 勅加切 勅 恥力切
			玉云恥各都嫁丑家切三
	拆	入― 陌― 舌― 次清― 女白切	入― 陌― 舌― 次清― 女白切
ḍa	茶	平― 麻― 舌― 濁― 宅加切	平― 麻― 舌― 濁― 宅加切
		広―麻―云茶苦菜又音徒	亦倉遮切 玉云杜胡除加切二
		亦食遮切 玉―云杜胡除加二切	
	宅	直格切 舌― 濁―	入― 陌― 舌― 濁― 場佰切
	搦	入― 覚― 舌― 清濁― 女厄切	
ḍha	幢	平― 江― 舌― 濁― 宅江切	平― 江― 舌― 濁― 宅江切
ṇa	拏	平― 麻― 舌― 清濁― 女加切	平― 麻― 舌― 清濁― 女加切
		玉―云尼牙切	玉云尼牙切
	搦		入― 覚― 舌― 清濁― 女厄切
			又女各切 玉云女卓女革切二
ta	多	平― 麻― 舌― 清― 得何切	平― 麻― 舌― 清― 得何切
		玉―云旦何切	玉云旦何切
	怛	入― 曷― 舌― 清― 当割切	入― 曷― 舌― 清― 当割切
		玉―云丁割切	玉云丁割切
		又平― 麻― 子邪切	亦平― 麻― 子邪切
tha	他	平― 歌― 舌― 次清― 託何切	平― 歌― 舌― 次清― 託何切
		玉―云吐何切	玉云吐何切
da	陀	平― 戈― 舌― 濁― 徒何切	平― 戈― 舌― 濁― 徒何切
		亦歌― 普何切 玉―云大何切	亦歌― 普何切 玉云大何切
	大	去― 泰― 舌― 濁― 徒蓋切	
	扡		平― 歌― 舌― 次清― 託何切

na	大		託、入—鐸—舌—次清— 上声 哿— 徒何切 去— 泰— 舌— 濁— 徒蓋切 箇— 唐蓋切 玉云達賴切
	那	平— 歌— 舌— 清濁 諾何切 上— 哿— 奴哥反 去— 箇— 奴帶切 奴哥切 毛光上—哿—云那奴可切 又歌箇二韻	平— 歌— 舌— 清濁 諾何切 上— 哿— 奴哥切 去— 箇— 奴帶切 奴哥切
	娜		奴可切 玉云奴多切
	捺 曩	入— 曷— 舌— 清濁 奴曷切 上— 藹— 舌— 清濁— 乃朗切 亦奴朗切	入— 曷— 舌— 清濁 奴曷切 上— 蕩— 舌— 清濁— 奴朗切 乃朗切
pa	波	平— 戈— 唇— 清— 博禾切 玉—博何切	平— 戈— 唇— 清— 博禾切 玉云博何切
	跛		去— 果— 唇— 清— 布火切 被義切
	鉢	入— 末— 唇— 清— 北末切 玉—云補末切	入— 末— 唇— 清— 北末切 玉云補末切
pha	頗	平— 戈— 唇— 次清 普火切 普波切 亦去— 過— 唇— 次清— 普過切 又音禾	平— 果— 唇— 清— 普火切 普波切二 亦去— 過— 唇— 次清— 普過切 亦音禾
	破	去— 過— 唇— 次清— 普過切 玉—云普臥切	去— 過— 唇— 次清— 普過切 玉云普臥切
ba	婆	平— 戈— 唇— 濁— 薄波切	平— 戈— 唇— 濁— 薄波切 入— 月— 唇— 濁— 房越切
	罷 蟹	上— 蟹— 唇— 濁— 薄蟹切 胡買切 玉—云皮解切	上— 蟹— 唇— 濁— 薄蟹切 胡買切 玉云皮解切
	麼	上— 果— 唇— 清濁— 亡果切	上— 果— 唇— 清濁— 亡果切

		玉一云亡可亡波二切	玉云亡可亡波切二
			亦去一 過一 磨摩模臥莫禾梅摩切三
			摩磨平一 戈一
bha	薄	入一 鐸一 唇一 濁一 傍各切	入一 鐸一 唇一 濁一 傍各切
		玉一云蒲各切	玉云蒲各切
ma	庵		上一 感一 喉一 清一 烏感切
	莫	入一 鐸一 唇一 清濁一 莫各切	入一 鐸一 唇一 濁一 慕各切
	莽	上一 蕩一 唇一 清濁一 模朗切	上一 蕩一 唇一 清濁一 模朗切
		莫古切 玉一云莫党忙傍二切	莫古切 玉云莫党忙傍切二
ya	也	上一 馬一 喉一 清濁一 羊者切	上一 馬一 喉一 清濁一 羊者切
	耶		平一 麻一 喉一 清濁一 以遮切
			又似嗟切
	藥	入一 藥一 喉一 清濁一 以灼切	入一 藥一 喉一 清濁一 以灼切
			玉云与灼切
	祇	平一 支一 牙一 濁一 巨支切	平一 支一 牙一 濁一 巨支切
ra	羅	平一 哥一 舌歯一 清濁魯何切	平一 歌一 舌歯一 清濁一 魯何切
	勒		入一 徳一 舌歯一 清濁一 力徳切
	曷	入一 曷一 喉一 濁一 胡葛切	入一 曷一 喉一 濁一 胡葛切
		玉一 云何葛切	玉云何葛切
	喝		入一 曷一 許葛切去一 夬一
			於犗切犗、古喝切 夬、古夬切
	力	入一 職一 舌歯一 清濁林直切	入一 職一 舌歯一 清濁林直切
		玉一 云呂職切六直切	玉云呂職切
la	剌		入一 曷一 喉一 清濁一 盧達切
	洛	入一 鐸一 舌歯一 清濁一	入一 鐸一 舌歯一 清濁一
		歴各切	盧各切 玉云力各切
va	縛	去一 過一 唇一 濁一 符臥切	去一 過一 唇一 濁一 符臥切
		入一 藥一 符钁切	入一 藥一 符钁切
	房	平一 唐一 唇一 濁一 歩光切	平一 唐一 唇一 濁一 歩光切

	和	玉― 云扶方切 平― 戈― 喉― 濁― 戸戈切 玉―云胡戈胡過二切	玉云扶方切 平― 戈― 喉― 濁― 戸戈切 玉云胡戈胡過切二
śa	奢	平― 麻― 歯 清― 式車切 玉―云式邪切	平― 麻― 歯 清― 式車切 玉云式邪切
	捨		上― 馬― 歯― 清― 書冶切
	舍	去― 禡― 歯― 清― 始夜切 玉― 云舒夜切 亦上― 馬― 書冶切	去― 禡― 歯― 清― 始夜切 亦上― 禡― 書冶切 玉云舒夜切
ṣa	沙	去― 禡― 歯― 清― 所嫁切 亦平― 麻― 所加切	去― 禡― 歯― 清― 所加切 亦平― 麻― 所加切
	灑		上― 馬― 歯― 清― 所買切 所寄切又所綺切 又上―蟹―所蟹切
	瑟		入― 櫛― 歯― 清― 所櫛切
	府	平― 虞― 唇― 清― 方矩切 玉―云弗武切	平― 虞― 唇― 清― 方矩切 玉云弗武切(俯)
sa	娑	上― 哿― 歯― 清― 蘇哥切	上― 哿― 歯― 清― 蘇哥切
	薩		入― 曷― 歯― 清― 桑割切
	索		入― 鐸― 歯― 清― 蘇各切
ha	訶	平― 歌― 喉― 次清― 虚何切 玉―云呼多切	平― 歌― 喉― 次清― 虚何切 玉云呼多切
	許	上― 語― 喉― 次清― 虚呂切 玉―云虚語切	上― 語― 喉― 次清― 虚呂切 玉云虚語切
	賀	去― 箇― 喉― 濁― 胡箇切	去― 箇― 喉― 濁― 胡个切
llaṁ	濫	去― 闞― 舌歯― 清濁― 盧瞰切	去― 闞― 舌歯― 清濁― 盧瞰切
	陷	去― 陷― 喉― 濁― 戸韽切 玉―云乎監切	去― 陷― 喉― 濁― 戸韽切 玉云乎監切
	郞	平― 唐― 舌歯― 清濁―	平― 唐― 舌歯― 清濁―

kṣa	紺	魯当切 玉一云力当切 去― 勘― 牙― 清― 古暗切 玉一云古憾切	魯当切 玉云力当切 去― 勘― 牙― 清― 古暗切 玉云古憾切
	叉	平― 麻― 歯― 次清― 初牙切 玉一云測加切	平― 麻― 歯― 次清― 初牙切 玉云測加切
	楚	上― 語― 歯― 次清― 創挙切 玉一云初挙切	上― 語― 歯― 次清― 創挙切 玉云初挙切
別麼多	紇		入― 屑― 喉― 濁― 乎没切 玉云戸結切 又下没切
	里		上― 止― 舌歯― 清濁― 良止切
	梨		平― 脂― 舌歯― 清濁― 力脂切

　『創学鈔』と『清濁記』とでは、一致する記述も多いものの、項目自体の有無・記述の多寡において、相違も見られる。また、『創学鈔』は、『悉曇字記』の注釈であるため、原則として『悉曇字記』の漢字出現順に音注も出現するが、『清濁記』は、悉曇十八章の第二章以下の結合文字（第二章は、第一章の子音と母音の間に -y- が入るもの、第三章は、第一章の子音と母音の間に -r- が入るもの etc.）に出てくる音注を、部分的に第一章の同音の箇所に繰り上げるなど、整理が加えられている。また、『創学鈔』では、麼多と体文の間の箇所で、『悉曇字記』本文には存在しない「ka 迦 ki 機 ku 鉤 kha 佉 khi 欺 khu 丘 ga 伽 gi 其 gu 求」の９字が分析対象となっている（うち８字は『清濁記』の他の箇所でたまたま分析されている）。『悉曇字記』では、麼多と体文の間に配置される別麼多は、『創学鈔』では分析対象とされず、『清濁記』では第一章と第二章の間で分析されている。

　配列の違いは無視し、また、明らかに異なる文脈で出現する場合でも、同じ漢字を分析している場合は同一のものと見なして集計すると、以下のようになる（今回使用したテキストは両書とも転写本であり、転写の結果として数値にずれが生じている可能性もある。ただし、誤写と判断できる小差は同一のものとしてカウントしている）。

共通して分析される漢字　　　149字
　　うち内容に差があるもの　　　39字　　　　　　　＊うち『玉篇』の反切
　　　　『悉曇字記創学鈔』の方が情報の多いもの　　8字　　　　1字
　　　　『麼多体文清濁記』の方が情報の多いもの　　28字　　　10字
　　　　両者で情報に出入りがあるもの　　　　　　　3字
　　独自に分析される漢字
　　　　『悉曇字記創学鈔』　　16字
　　　　『麼多体文清濁記』　　18字

　『悉曇字記』の音注を拾い出して、『韻鏡』『広韻』『玉篇』で調べてゆくだけなのだから、基本方針さえ一致していれば、それぞれ別に作業を行っても、ある程度は同じ結果になるかもしれない。実際、両者の情報が一致しない箇所も、無視できない程度には存在するので、両者は一方から一方が作られたというほど単純な関係にないことは明らかである。しかし、内容も一致している110字に関しては、『広韻』の索引がおそらく存在しない状態で作業をして、ここまでの一致を見ることが可能であるのか、はなはだ疑わしい。『清濁記』が観智院に伝来したという事実を考えても、偶然ではない、何らかの関係を認めるべきであろう。
　『清濁記』は、『創学鈔』から関連記事を抄出しのちに、独自に増補を加え整理したものではありえない。それならば、『創学鈔』にある分析は、一通り存在しなければおかしいからである。『清濁記』のように、悉曇学の具体的考察には一切踏み込まない機械的著作が、情報を取捨選択する理由はない。つまり、『清濁記』（または、その元となった本）は、賢宝らによる『創学鈔』増補の過程において、『悉曇字記』研究の深化の一環として行われた作業の成果と考えるのが穏当であると考える（『清濁記』は、初歩的な誤解を含むため、賢宝自身の作業ではないと思われる）。賢宝は『清濁記』（または、その元となった本）の情報を取捨選択して（そもそも悉曇学において、『広韻』の反切と『玉篇』の反切を併記するメリットはほとんどないし、反切下字の五音・清濁も不要な情報であった）『創学鈔』に取り込みつつも、独自に『広韻』『韻鏡』を利用して、不足する情報を補充していったものと考えられる（『玉篇』は不使用か？）。

7 杲宝『字記勘注第二』

『創学鈔』前半の杲宝の講義部分には、基本的に梵字の発音に触れた部分はないのだが、皆無というわけでもなく、そこで『韻鏡』を利用したと考えられる部分がある。

『悉曇字記創学鈔』巻三(杲宝の講義部分)
　　第一句ノ五字 ka〈清声〉kha〈次清〉ga〈濁〉gha〈濁〉ṅa〈清濁〉也。餘准シテ而可知之。

『創学鈔』の成立過程はかなり複雑で、個人の著作というよりも、この学派の『悉曇字記』研究の集大成という側面がある(馬渕 1991)。上の記述も、これだけだと、賢宝らによる加筆の可能性も否定しにくい。
　そこで、杲宝の自筆であることが判明している悉曇学書を何点か調査した結果、『字記勘注第二』という本に以下のような記述を見いだした。

『字記勘注第二』(東寺観智院金剛蔵第 208 函 4 号、1332 年、杲宝自筆本)
　　韻鏡云宮〈平声東韻牙声清音〉商〈平〃陽〃歯〃清〃〉角〈入声覚〃牙〃清〃〉徴〈上〃止〃舌〃清〃〉羽〈上〃麌〃喉〃清濁〃〉
　　曷〈入声曷韻喉声濁音胡葛反玉云一何葛反〉

　杲宝は明らかに『韻鏡』を参照しており、また、わずかに「曷」1字の例であるが、音注漢字の字音情報として、『韻鏡』の五音・清濁を挙げ、『広韻』『玉篇』の反切を併記する形式が見え、これが賢宝の師である杲宝にまでさかのぼるものであることが判明する。
　さらにさかのぼって頼宝の場合、悉曇学関係の著作自体があまり残っていないため、確かなことは言えないが、『悉曇綱要抄』には関連する記述は見られないので、やはり杲宝あたりに、悉曇学における本格的な『韻鏡』利用の淵源が求められるであろう。

8　江戸期悉曇学の新展開―まとめにかえて―

　最後に、漢字音研究史の第2の転換点である、「中国近代音との対照」に呼応する、悉曇学分野における新しい動きを紹介しておく。

　文雄『磨光韻鏡』以降の『韻鏡』研究の合理化は、悉曇学にも大きな影響を与えた。特に、悉曇学書等に見られる音訳漢字を、日本漢字音の呉音や漢音で読むのでは、「正しい梵語の発音」は得られないとする考え方が登場し、伝統的な梵字の発音を修正しようとする動きが出てきたのは注目に値する。たとえば、梵字の pa 波・ha 訶・ca 者（左）は、標準的な日本悉曇学では、順に「ハ・カ・サ」と読まれていたが、これらは唐音を利用すれば、「パ・ハ・チャ（ツァ）」に修正することができるはずである。

　唐音を利用した悉曇学としては、文雄『悉曇字記訓蒙』（成立年未詳・都立中央図書館蔵）、山形大弐『華曇文字攷』（1755年成・愛知学院大学附属図書館竹田悉曇文庫に青焼あり）などがある。特に後者は、梵字の読み方を大胆に修正し、pa パ・ha ハ・ca チャ・ツァ等に読むべきことを主張した。

　さらに、行智『悉曇字記真釈』（重訂8巻本・1836年成・都立中央図書館に行智自筆本が蔵される）は、中国語の発音も歴史的に変化することを主張し、日本漢字音（呉音・漢音・禅宗の唐音）や中国近代音・朝鮮漢字音、万葉仮名、地名の漢字表記等々、さまざまな素材を参照し、『韻鏡』の枠組みを利用することにより、古代中国語音を復元、その上で音訳漢字を読むことにより「正しい梵語の発音」を得ようとした。ごく素朴な方法ながらも、江戸時代に比較言語学に通じる発想の漢字音研究が行われていたのは、驚くべきことである。行智は、伝統的な梵字の読み方を修正し、pa ファ・pha パ・ha ハ等に読むべきことを主張した（肥爪1997a）。

　これらの研究には、外国語の発音に関心を持つ人ならではの、精緻な日本語音声観察が含まれることがある。語頭のガ行音と語中のガ行音の発音が異なることや、ハ行音が「ファ・フィ・フ・フェ・フォ」と「ハ・ヒ・ホゥ・ヘ・ホ」の混合体であることを指摘するなど、国学者流の五十音図至上主義からは、完全に解放されていたのだった（肥爪1997b, 1998a）。

　中世以降の悉曇学は、国語学者には、あまり関心を持たれていない分野である。しかし、鎌倉時代における『韻鏡』の伝来、江戸時代における中国近

代音との対照による『韻鏡』研究の深化、この二つの漢字音研究の転換に応じる形で、悉曇学の分野においても、十分に注目に値する新しい展開が見られるのである。

参考文献

肥爪周二(1997a)「行智の悉曇学とその発達段階」『茨城大学人文学部紀要　人文学科論集』30: 35-65．茨城大学

肥爪周二(1997b)「悉曇学者行智の江戸語音声観察―ガ行音の場合」『明海日本語』3: 29-40．明海大学日本語学会

肥爪周二(1998a)「江戸末期音韻学者の江戸語母音観察―悉曇学・蘭語学・国学・韻鏡学の交渉」『東京大学国語研究室創設百周年記念 国語研究論集』634-652．汲古書院

肥爪周二(1998b)「唐音による悉曇学―文雄『悉曇字記訓蒙』を中心に(上)」『茨城大学人文学部紀要　人文学科論集』31: 23-31．茨城大学

肥爪周二(1999)「唐音による悉曇学―文雄『悉曇字記訓蒙』を中心に(下)」『茨城大学人文学部紀要　人文学科論集』32: 23-38．茨城大学

馬渕和夫(1986)「善本解題(分担執筆)」『東寺観智院金剛蔵聖教の概要』京都府教育委員会

馬渕和夫(1991)「解題・悉曇字記創学鈔」『影印注解 悉曇学書選集』第五巻、勉誠社

近世語学 "軽重" 義

岡島昭浩

[概要]

「軽重」という用語（ないし概念）は、「ハマの二つは唇の軽重」などのように、唇の動きに関わることをあらわすほかに、アクセント表示における平声の軽重などのように、音の高低に関わる意味で用いられていることが知られているが、他にも、テニヲハの説明の際など、多くの意味で用いられているように見える。

本稿では、日本に於ける音韻研究で使われた「軽重」のうち、主に、江戸時代の、漢字音研究で使われたものを中心に見た。

1 はじめに

本居宣長の「字音仮字用格」にある「おを所属弁」には、

おハ軽クシテあ行ニ属シ、をハ重クシテわ行ニ属ス

という一文がある。「お」がア行に属し、「を」がワ行に属す、とだけ示さずに、「お」は軽く、「を」は重い、としている。

音の軽重は御國言に就ては古來このさたもなく無用の論なれども。

と言う一方で、「お」は軽く、「を」は重い、としているわけである。

義門もそれを受けて、オヲのアワ行所属問題を「於乎軽重義」と題して、軽重の問題として論じている。この、宣長らのいう「軽重」が何であるのかは、釘貫(2007)などが論ずるところであるが、本稿は、宣長が、

俗書のかなづかひどもに言語の輕重を云るはみな杜撰の臆度にて

と評したような俗書の軽重、また、宣長が「おハ軽ク、をハ重シ」とした後の時代の軽重など、日本語を論ずるときに言われる「軽重」が、どのようなものであったのかを見ておくことを目的とする。
　金田一(1951)は、平上去入の四声の音価の他に、軽重についても、

　輕…高く初まる聲調の稱　重…低く初まる聲調の稱

と結論づけた。これが、古代の日本語についての軽重と知られるもので、その後も、この影響下にある使われ方はあるが、このほかにも「軽重」はさまざまな使われ方をする。
　語学以外での「軽重」に話を広げると、文字通りの軽重に始まって、共感覚の領域にまでゆき、話がやや広がりすぎるので、語学の範囲にしぼって述べることにする。ただし、語学の世界に影響するような、あるいは関連が見られるようなものについては、言及することがある。
　中国の語学における「軽重」についても、小西(1948)や、遠藤(1988)で考証が成されている。もちろん、中国においても、古く羅常培「釋軽重」などあたりから考証されているが、この「軽重」は、中国においても、複雑な意味を呈しているようである。小西や遠藤の問題にする『文鏡秘府論』『悉曇蔵』の軽重も、中国語についてのことであり、日本語の場合は、漢字音にのみ関わる問題である。
　「軽重」は「清濁」と共に、「軽重清濁」と纏めて言われることも多いが、声母に関わる問題と韻母並びに声調の両方に渡る用語である、という意味でも「清濁」と通じるところがある。「清濁」が、韻母に関わる用語でもあったことは、馬淵和夫氏や佐藤喜代治氏の説くところである。
　ただ、清濁という術語が、声母に関わることに絞られていったのに対して、軽重は、長く、声母にも韻母・声調にも関わり続けた用語であった、ということが違うところである。
　言葉に関わる「軽重」を纏めてみると、次のようなことになろう。

音声に関わる軽重
　①唇の軽重　　軽唇音・重唇音　　ハマ
　　①′　　　　唇音以外のもの
　②有気無気　（小西 1948、肥爪 1999）
　③声の軽重　　軽重清濁　（軽重深浅）　高低
　④楽の軽重　（松繁 2002、国語学会 1979）
　⑤開合　　　重中重＝開　　軽中軽＝合　　七音略
　　不明なもの
音以外の軽重
　Ａ手爾波大概抄　（軽重深浅）
　Ｂ意味　　　　　秋成・定家仮名遣の末書の一部
　　不明

これらについて、すべて触れることは出来ない。音声に関するものを中心としてみてゆくことにする。

2　声母の軽重

　声母の軽重について、すぐに想起されるのが「ハマの二つは唇の軽重」というような、唇音に関わるものである。これは、韻学書を中心に見える。中国の等韻学において使われてきたものである。それが日本に渡来し、本来は、この軽重は唇音に限られていたものだったのが、のちに他の声母にも広がっている、という指摘が、江戸時代の韻学書に見られる。

『磨光韻鏡』「韻鏡索隠」（原文漢文）
　　字音に軽重有り、惟唇音爾り。和の韻學者、舌上の四母及び正歯の五母を以て、之を唇軽の四母に合して以て軽と為し、其の餘の二十三母を重と為す。未だ據る所を詳にせず。然りと雖ど舌上を舌頭に較すれば則ち舌を用ること、差、軽し。正歯は則ち歯を之用、歯頭より軽し、軽重を立る所以也、牙喉及び半舌歯各分つ可き音なし。
　　咸各音を用すること重し。故に共に重と為す也、是れ其の音を用ふるに

就て。軽重を論ずるなり、或が、牙喉及び半舌歯は不軽不重音と曰ふは何の謂ぞや。又『玉篇指南』に「軽清重濁」と曰ひ。鄭樵が『七音韻鑑』に「重中重、軽中軽」と曰ふは今と同じからず。

「七音韻鑑」(「七音略」)の「重中重・軽中軽」は、「韻鏡」で言う「開合」、唇の丸めをともなうか否かにあたるもので、「重中重」が、開合の開にあたるもの、「軽中軽」が開合の合にあたるものである。上記の⑤である[1]。

文雄『韻鏡指要録』(原文片仮名、以下の引用も同じ)
　舌音の第二第三等歯音の第二第三等も唇音に準へて軽音とす。其知徹澄孃は端透定泥に比れば舌を用ふること軽し。照穿牀審禅は精清従心邪に比ぶれば歯に当ること軽ければ各軽音とするに失なし。又、説文長箋に牙音喉音にも軽重を立つるは甚穏ならず、与すべからず。

文雄は、和の韻学者が、唇音の軽重に加えて、舌上音・正歯音についても軽重を分かつことについて、漢土における典拠は不詳だが、舌の使い方、歯の使い方に照らして、理由のあることだとしている。ただ、牙音・喉音や半舌音・半歯音について、これらを「不軽不重音」と称する向きがあることについては批判している。
　文雄の批判をしている泰山蔚は、これらのうち、喉音について反論している。

『音韻断』　寛政十一年
　索隠の中にも云へる如く、軽重と云名はもと惟唇音にかぎりたることにて舌音にては舌頭舌上【又舌腹とも云】と云ひ、歯音にては歯頭正歯と云ふ。されども其音の別を論ずるに全く唇音の軽重に類したることなれば、概してこれを軽重とも云ふ。これ本邦諸家より創謂せる名にて未だ何に據と云ことを詳にせず。按に音の軽重、たゞ唇舌歯の三音にあるのみならず、喉音にも亦軽重あり。浅喉深喉と名く。呂維祺が音韻日月燈に、「暁匣重出為深喉、影喩軽出為浅喉」と是なり。然れば影喩の二行は唇音の例の如く字を更て白にすべし。又趙宧光が説文長箋に、牙音喉

音ともに軽重の別ありとす。文雄、指要録に於てこれを駁せり。按に牙音に軽重あること、予未だこれを詳にせず。恐くは鑿ならん。喉音に軽重あること甚明なり。文雄未だ深く考ざるに似たり。

泰山蔚は、文雄のしりぞけた『説文長箋』の説のうち、喉音については、『音韻日月燈』の説明に基づいて、これを是としたのである。『音韻日月燈』については、その江戸期韻学への影響が強いことを、岡島(2001)において記したが、泰山蔚もこれによっているわけである。

「影喩の二行は唇音の例の如く字を更て白にすべし」というのは、図に示したように、『磨光韻鏡』で声母をしめした軽重字母定局の図、黒地に白が「軽」で、白地に黒が「重」で、唇音の他に、歯音でも軽重を立てているのが分かる。

軽重字母定局図(『磨光韻鏡』)

これが、たとえば、或る程度あとの時代になるが、大澤赤城『韻鏡発輝』という本では、喉音に白くしているところがある(なお、大澤赤城は、宣長

の『字音仮字用格』を批判した『字音仮字用格辨誤』という本を著している。同書の軽重の図も次頁に掲げる。）。

字母定局図（『韻鏡発揮』）

なお、『音韻斷』は、『磨光韻鏡』を批判している本であるが、「韻鏡藤氏傳」を批判した部分もある。『韻鏡藤氏傳』は、釘貫（1998）で、上田秋成の依拠学説として名前を挙げられた砺波今道の韻学上の師と見られる富森一齋によるものである（一戸 2008）。『藤氏傳』の軽重については、文雄に従っているだけだ、という評が見えるが、「唇に触れることが重い・軽い」と言った表現が見える。

また、『音韻斷』の著者は、巻末の目録によれば、寺尾東海の『解経秘蔵』を駁した本を書いているようだが、これは、現存未詳である。その寺尾東海の「軽重」論は、一応は、一等を重、二等から四等を軽、とはしているようである。なぜ他の韻学者と違って四等を軽としているのか、などその理由の説明などは、かなり観念的なものである。「獨輕・獨重なる者はなし。毎字に輕重が具わる」などという文言も見える。

以上のような軽重が、純粋な韻学書だけでなく、仮名遣などの書にも見え

近世語学"軽重"義　219

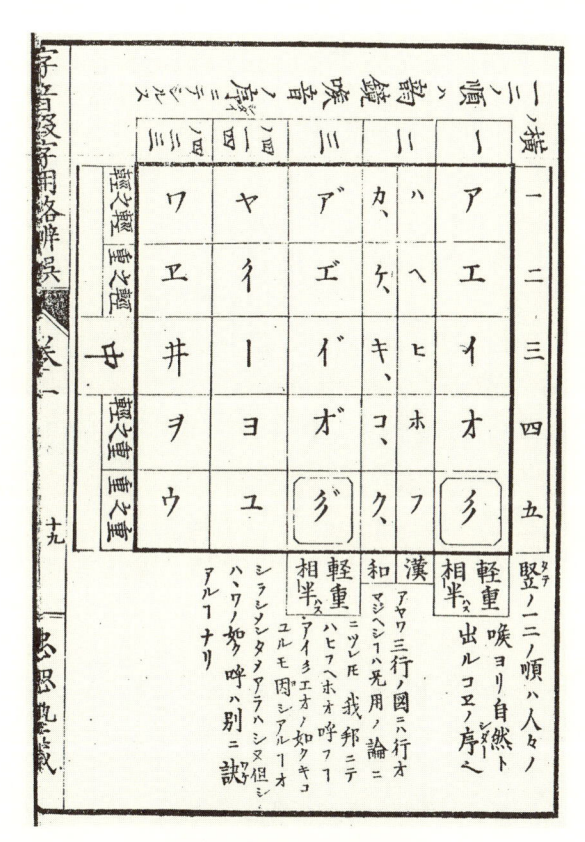

大澤赤城『字音仮字用格辨誤』

ることを見ておく。

契沖『和字正濫鈔』
　はは脣の内に觸て輕く。まは脣の外に觸て重し。
　わは喉音ながら、脣音を兼て、はの字よりも猶脣の内に柔らかに觸ていはる。

『和字古今通例全書』(仮名凡例 五音五位)には、舌音の軽重が見える。

　　ハ軽音　マ重音　タ舌上軽　ナ舌頭重

新井白石『東音譜』では、唇音の軽重のみ。

 軽重 旧譜軽声如字 重声用一圏 即今従旧
 パピプペポ
 已上重音
 外国之音有牙喉声重者亦倣此

『蜆縮涼鼓集』には、喉音の軽重に関する記述が見える。

 韻учがく学より是をいはゞあやわの三行は元同じく喉音にて其中の軽重なれば三音の相通と謂つべし（釘貫 1998 所引）

以下も、時代が下がるし、仮名遣系の書ではないが、

行智（肥爪 1997）
 息を半鼻に入れて唱ふることにて、これ即清音よりは重く、濁音よりは軽く、

『筑紫方言』（肥爪 1997、馬淵・出雲 1999）
 ひとりカキクケコの仮名は、おもくもかろくも自在に濁るべき仮名なるを、一むきにおもくのみ濁りいへり。

と、鼻濁音について、これを軽重と関連づける説もあるが、前記のような牙音の軽重と直接関わるものではないと見られる。
 また、唇音の軽重だけを見ても、様相は複雑である。宣長との交流もあった谷川士清『倭訓栞』大綱（96 条）のように、

 出雲人は［はひふへほ］の音甚重く［ふわ］［ふゐ］［ふう］［ふゑ］［ふお］と聞ゆ　平家を［ふゑいけ］半分を［ふわんぶん］といふ類也

と、ア行とワ行の関係だけではなく、ハ行が唇音に発音されてることを、

「重し」と言っているものである。
　韻学の世界でも、ハ行を意識して、唇音と喉音が通じるなどの考えがあるが、貝原益軒『和字解』には、

　　咽より出るおもきこゑ
　　くちびるより出るかろきかな

などというようなものもある。

3　高低に関わる軽重

　第1節で④としたもの、アイウエオを軽重でとらえることは、『韻鏡図』（元和頃、国会図書館蔵）にも見える。アカサタナハマヤラワが五音であり、アイウエオが軽重である、ということである。
　松繁（2002）でも説かれるように、軽重が高低に関連するといっても、基音の高低ではなく、母音フォルマントと関わる高低である。
　第1節で③としたもの、基音の高低に関わるものは、アクセントで論じられるものである。本稿冒頭にも示した金田一（1951）で示されたように、軽が高く、重が低い。大野（1950）が示したように、藤原定家の仮名遣のうち、「お・を」の使い分けはアクセントによるもので、「お低・を高」である。定家仮名遣は「語勢仮名遣」であって、四声によって書き分けられる、ということは、江戸時代にあっては「伝説」となっていたが、木枝増一『仮名遣研究史』で、定家仮名遣系の書を見ると、そこに「軽重」「重き・軽き」が出て来る。これは、語勢を表したものとも見えるが、何を指すのか判然としないものも多い。これらを以下に示す。下線は稿者による。

『假奈津可飛』
　　かな書に重き軽き有て事の分を口にはしるといへども、かなつかひの差別はさらにあらざりしを、河内守親行かなをかき分てあまねく人にしらせんとて一冊をつくりをかれしより、かなつかひは定れりとなり。

『仮名遣近道抄』
　　一　ゐ　井　同也
　おもき事に遣ふ也
　　　くれな井　　くらゐ
かやうにくれなへともくらふともいひ　かひのなきつまりたることに遣
ふなり　其外居のかなに遣ふ也
　　一　　江　え　同也
　　おもきはゑ也　かろきはえ也
　　　　もえ　　　　　もゆる
　　　　きえ　　　　　きゆる
　　　　さえ　　　　　さゆる
　　　　きこえ　　　　きこゆる
　　　かやうにゆの字に通ふ事に專遣ふ也　其外得に遣ふ也
　一お　お　眞草也
　　おもきはお也　かろきはを也
　　　　大　　　　尾　　　御　　　　思
　　　おほ　　　　お　　おほん　　おもふ
　たとへば
　　　　大原山　　　尾上　　御惠　　　思　　　御座
　　　おほはらやま　　おのへ　おほんめぐみ　おぼし召　たはします
此外おもき事に遣ふ也　是にて伺ひ知べし
　たとへば
　　　男は重く　　　女は輕し　奥山重く　送輕し
　　　他皆是に准ふべき也
　　一　を　越　同也
　　かろき事に遣ふ也
　　　　を　　　　　　をと　をさへ　小原　　音信
　　　　小　　　　　　音　　押　　　をはら　をとつれ
　　　　押
　　　　をし　　　　　をさへ

惣ておもきかろきといふ事分がたき物也　海はおもく川はかろし　山はおもく谷はかろし

軽重の書別
　おけ　こをけ　おとこ　まをとこ　おる　手をる　おもむき　をもむく　おもしろうして

『かなつかひ近道』
　重きはゑ、軽きはえなり
　惣ておもき軽きといふ事分がたし　海は重く波は軽し　山はおもく谷はかろし　木は重く枝は軽し　おとこをんなの假名も如此
　男は重し女は軽し　軽重合點すべし
　おは重し　をは軽きなり
　わとわと同じおもきかなにて字の上に置と心得べし　字の中に不書てにはに遣事なし

貝原益軒『和字解』
　五音の内のこゑの軽重によりて用ゆる字かはる
　音は億音の類　皆形體なくして軽き音なり。
　應翁などの咽より出るおもきこゑは、「おう」と書べし。「を」の字書べからず。又上に有ておもき字に「お」の字かけども、其上につゞき字あればかろくなるゆゑに、「を」の字を書事あり。

服部吟笑『假名遣問答抄』
　　第二　軽次重差別とは
　譬ば「たまへ」「おもへ」といふ時の「へ」は軽く、又「さかえ」「おぼえ」と云時の「え」は重く、又「こゑ」「すゑ」と云時の「ゑ」は軽と重との間也。
　てにをはの「を」は、ひとゝせを、とまをあらみ、ひとをうらみ、物を思ふ、かすみをあはれび、此類てにをはの「を」の字をつくるに、皆中の「を」の字を用ゆ。かろきゆゑなり。

或書に曰、「を」の字は唇より出てかろきかな也。加大なる誤也。
　　　皆くちびるより出るかろきかななり。(和字解)
　或書に曰、「い」の字は其聲かろくしてよはきに用べし、といふ是大なる誤也。
　　　「い」の字はその音輕して弱きに用ゆ。(和字解)

『能書仮名遣』
　いゐをお江ゑの書分は輕重の第一也

『假名遣の歌十五首』
　一　をお軽重の事　　男おとこ　女をんな
　　おけ　小をけ　おとこ　小をとこ　おる　手をる　おもむく　をもむき　おもしろうして

『和歌童蒙抄』
　わつか成　いろはの内におなじこゑ　あるは　かろきと　おもき音なり(中略)
　はじめの歌は、いろは四十七字の内　いゐ　をお　江ゑと同じこゑのあるは、「い」はかろく「ゐ」はおもし。「を」はかろく「お」はおもし、「江」はかろく「ゑ」はおもし。おなじこゑにても、かろきおもきのかはり有ゆへなり。(釘貫1998所引)

「軽き音」「重き音」などと、音にかかわるものであることを明示している文献もあるが、「おもきこと」などと、意味に関わる軽重であるように見えるものもある。意味の軽重もさまざまで、広地(1985)なども参照のこと。
　本居宣長も『字音仮字用格』以外の書で、

『紫文訳解』
　軽重アリ、「イト」ハカロク、「イタウ」、「イミシウ」ハ重シ、又用ヒヤウモ少シツ、カハル也、(四五九〇ノ六)

『詞玉緒』
　「は」「も」は軽く、「ぞ」「の」「や」「何」「こそ」は重き故に、重きかたの格によりて結ぶ也。
　清てはなほ語勢の軽き故に、おのづから濁り来れるなるべし。

など、意味に関わると思われる「軽重」を使っている。
　明らかにアクセントに関わる「軽重」としては、中村惕斎『韻学私言』(元禄)がある。

　　浅音(低音)には浅濁・浅清
　　深音(高音)には深清・軽清

ということで、これは、『音韻日月燈』の影響下にあること岡島(1986)参照。アクセントの高低によって文字を使い分けているが、定家仮名遣との交渉などはなさそうである。また、『和訓栞』大綱150条の、

　　[くも] と云に雲と蜘との別ありて音の軽重自ら判然たり

も、アクセントである。『和訓栞』大綱が『韻学私言』を引用していることも、岡島(1986)参照。
　『韻鏡問答抄』(湯浅重慶、貞享四年刊)にある、

　　問　四声共に文字の軽重あること何を以てか別たんや
　　答　軽字は唇舌歯の復行に限る也　單行は皆重字也　軽重は復行の字母
　　　　に属して知也　唇音の軽母は四声共に三位に限る也　而も一轉二轉
　　　　十二……
　　　　又音の軽重あり　軽清重濁と可知　天は軽く清んで上り、地は重く濁て
　　　　下るの義也

のうち、「音の軽重」は、上がり下がりで説明されているので、アクセントとの関わりもありそうだが、はっきりしない。

契沖の「軽重」などについては坂本(1993)、上野(2009)などで論じられているが、上野(2009)では、『和字正濫通妨抄』の記述について「ここに「音の軽重」というのはア行とワ行の別、すなわち「本音」と「末音」の違いをいうのではないか」、としている。「お」と「を」は、ワ行とア行でもあり、定家仮名遣における高低でもあり、軽重のかさなるところである。

宣長が、

　おハ軽クシテあ行ニ属シ、をハ重クシテわ行ニ属ス

としたことで、つまり「お」が軽く「を」が重いとした際には、アクセントとの関連は考慮に入らず、宣長の後もアクセントとの関連は薄れてしまったようである。

現在においても、「を」のことを「重いオ」と呼ぶことは、学校教育などにおいて、しばしばあるようであるが、その際にも、アクセントの関連で説かれることは無いようで、意味や字形から説明されたりするようである。唇の軽重との関係も忘れられたようである。

はなはだ、纏まらない内容だが、江戸時代において、「軽重」が、雑多な使い方がなされていた、ということを示したものである。最後に、本稿に組み込みえなかったものを掲げて、本稿を閉じる。

加藤宇万伎「静舎随筆」（『上田秋成全集第六巻』）
　　言葉に清濁のふたつと。重き軽きの二は必ある也。もの皆清濁重きかるきあるは。即陰陽にして。天地おのつからのことわりなり。
　　こゑには必韻あり。おもきあり。かろきあり。すめるあり。にごれる有は。声即音をかぬるが故に。字音の如くに声音とわけいふことはなし。

鶴峯戊申『語学新書』
　　虚体言は、実体言に附属して、其深浅軽重などを形容する辞にて、漢の虚字也。
　　すべて仮字は言語の軽重と字音の開合とによりて定期あることなるに、用言の仮字づかひは、用言の転変にしたがふ格也。

安藤昌益(1703–1762)　稿本「自然真営道　第七　私法仏書巻」
　　音韻ノ清濁ト言フハ、自然・一気ノ進退、小大・厚薄ノ名ナリ。自然・
　　一気、小進シテ木発生ノ気ハ、小厚気ニシテ小濁ナリ。厚《アツキ》ハ
　　重《ヲモ》シ。薄《ウスキ》ハ軽《カロ》シ。小厚ハ小重ナリ。厚ケレ
　　パ重シ、重ケレパ濁ルナリ。薄ケレバ軽シ、軽ケレバ清《ス》ムナリ。
　　　　　　　　　　　　　　　　　（『安藤昌益全集四』農山漁村文化協会 p. 365）

小島一騰『日本新字発明』明治 20 年
　　羅馬字は dmuptz 等に重音(ぢうおん)の文字が有りません
　　新字は dmuptz 等悉く軽音の文字と重音の文字と御坐います

注
1　また、この「重中重、輕中輕」というのは、文鏡秘府論には、「重中の軽、輕中の重」
　　などもあって、小西(1948)の考証するところである。
　　　　輕重有る者の、輕中の重、重中の輕有るが如きに至りては、韻に當て即ち見よ、
　　　且く荘の字は全く輕く、霜の字は輕中の重、瘡の字は重中の輕、牀の字は全く重
　　　し、清の字の如きは、全く輕し、青の字は全く濁れり、詩の上句の第二字、重中
　　　の輕ならば、下句の第二字と同聲にして一管と爲さざれ(江戸期版本の訓読)

参考文献
朝山信彌(1941)「古代漢音における四聲の輕重について」朝山信彌著作集刊行会編『朝山
　　信彌国語学論集』和泉書院
有坂秀世(1936)「悉曇蔵所伝の四声について」『国語音韻史の研究 増補版』三省堂
一戸渉(2008)「礪波今道年譜稿」『総研大文化科学研究』4、総合研究大学院大学
上野和昭(2009)「四声観と定家仮名遣批判」新編荷田春満全集編集委員会編『新編荷田春
　　満全集月報第 11 巻』おうふう
遠藤光暁(1988)「『悉曇蔵』の中国語声調」『漢語史の諸問題』京都大学人文科学研究所(の
　　ち遠藤(2001)に再録)
遠藤光暁(2001)『中国音韻学論集』白帝社
大野晋(1950)「仮名遣の起原について」『国語と国文学』27(12)東京大学国語国文学会
岡島昭浩(1986)「元禄期における字音 M 尾 N 尾の発見——中村惕斎の「韻学私言」」『文

献探究』18、文献研究の会
岡島昭浩(2001)「江戸期韻学における『音韻日月燈』」『明清時代の音韻学』(高田時雄編)京都大学人文科学研究所
金澤庄三郎(1931)「四聲輕重考」『東洋學研究』創刊號
木枝増一(1933)『仮名遣研究史』賛精社
金田一春彦(1951)「日本四声古義」寺川喜四男・金田一春彦・稲垣正幸共編『国語アクセント論叢』法政大学出版局
釘貫亨(1998)「「喉音三行弁」と近世仮名遣い論の展開」『国語学』192、国語学会(釘貫(2007)に再録)
釘貫亨(2007)『近世仮名遣い論の研究』名古屋大学出版会
国語学会(1979)『国語学史資料集』「於乎軽重義」武蔵野書院
小西甚一(1948)「四聲における輕重と清濁」(第三章六)『文鏡秘府論考』研究篇上、大八洲出版
坂本清恵(1993)「契沖の定家仮名遣い批判——四声観との関係から」『国文学研究』109、早稲田大学国文学会(坂本(2000)に再録)
坂本清恵(2000)『中近世声調史の研究』笠間書院
佐藤寛(1903)「本朝四声考」国学院編纂『国文論纂』大日本図書
肥爪周二(1997)「悉曇学者行智の江戸語音声観察——ガ行音の場合」『明海日本語』3、明海大学日本語学会
肥爪周二(1998–1999)「唐音による悉曇学——文雄『悉曇字記訓蒙』を中心に」『茨城大学人文学部紀要』31,32、茨城大学人文学部
広地聖史(1985)「橅井道敏の文法語彙 軽重と緩急」『国語語彙史の研究5』和泉書院
松繁弘之(2002)「本居宣長『字音仮字用格』の基礎 「喉音三行辨」の本質」『国語学』53(2)(通巻209号)、国語学会
馬渕和夫・出雲朝子(1999)『国語学史』笠間書院
* 中国関係の資料は省く。遠藤光曉(1988)などを参照のこと。

7 本稿では語義を〈 〉に入れて表示する。

8 「見出し項目の漢字表記であると同時に釈義をかねている」と表現したが、『[和漢/雅俗]いろは辞典』では、見出し項目直下の漢字列がどのような意図で置かれているかについて、凡例等に述べられていない。また例17「うめく(自)呻吟、うなる」のようなかたちの項目では「呻吟」が漢語釈義として置かれているのかどうか判然としない。結局、見出し項目直下の漢字列は表記を示していると同時に語釈としても働いている、とみるのが自然であろう。「漢字列」という概念の設定に関わるが、このようにみることができるのは、「漢字列」と捉えていることによる。

9 「→」という符号によって「平凡」が示されているが、「凡例」にはこの符号についての説明がみられないように思われる。

注

1 本稿では引用に際して、漢字字形/字体、合字、分かち書きの保存はしなかった。

2 こうしたみかたそのものについても検討をしておく必要がある。『新撰字鏡』『類聚名義抄』『和玉篇』『会玉篇』『合類節用集』といった、所謂漢和（系）辞書を「漢語ニ和訓ヲ付シ」たものとみることはできる。となると、「和語ニ漢字ヲ当テタルモノ」は『節用集』『名物六帖』『雑字類編』などを指していることになりそうであるが、『名物六帖』『雑字類編』などを指していることになる。例えば『節用集』の「恩賞(ヲンシャウ)」(正宗文庫本、言語門)を、「和語ニ漢字ヲ当テタルモノ」とは言いにくいのではないか。また、漢語に和語を配した『和名類聚抄』には漢語も見出し項目として収められている。もし『和名類聚抄』が「和語ニ漢字ヲ当テタルモノ」に含まれているとしたら、（和語ニ漢字ヲ当テタルモノ）漢語と「漢字」とが重なり合って、当該辞書の編者に理解されていることになる。

3 本稿では辞書体資料の基本的なかたちを「見出し項目＋語釈」ととらえ、そうした用語を使い、「見出し項目＋語釈」全体を単に「項目」とよぶ。

4 外国語ではなく、片仮名で表示されている見出し項目、すなわち「唐音ノ語」にあたると思われる見出し項目には、例えば「シチン(繻珍)」「シツクイ(漆喰)」「シツポク(卓袱)」「ションスヰ(祥瑞)」などがある。山田忠雄は『近代国語辞書の歩み 上』(一九八一年三省堂刊)において、「語釈にはカタカナを用い、引用すのみ平がなを使用した。見出しは、洋語のみカタカナ、他は平がなを用いた」(五六一頁)と述べているが、「唐音ノ語」も片仮名で表示することがはっきりと述べられている。また、平仮名に二種類の活字を使用して、和語と漢語とを表示し分けていることの指摘がないことは不親切にみえる。

5 高橋五郎『和漢／雅俗』いろは辞典』は、角書きに「和漢／雅俗」とうたわれており、「和語」と「漢語」ということが当期の日本語使用者には意識されていたと思われる。したがって（と表現しておくが）、当期の日本語の語彙体系を考えるにあたっては、（漢語単独ではなく）和語と漢語との結びつき／関わり合いを注視することが求められていると考える。

6 『新明解国語辞典』第四版の「すぎわい」の項目には「食って行くための職業」の意の老人語」とあるのみで、この見出し項目にあてられる漢字列は示されていない。「すくよか」「ずけずけ」「すっかり」「すばしこい」など、こうした項目は少なくないが、これらの見出し項目は、だいたいにおいて仮名書きされる、という判断が示されているとみることができる。

段階の飛躍があることになる。ここが粗い。右に述べたように、『言海』の語釈は、当期の日本語の語彙体系のあり方を丁寧にたどりながら、そして見出し項目となっている語の、いろいろな意味合いでの「成り立ち」を大事にしながら、施されていると覚しい。特に語構成要素に対しての配慮にすぐれ、和語と漢語とを結びつけながら語義を説明するという方法が(おそらくは)意識的に採られていると思われる。

六　おわりに

『言海』については、「明治における「日本普通語」の辞書として最も整備されたものであり、以後の国語辞書の範となった」(二〇〇七年明治書院刊『日本語学研究事典』「言海」の項目)と評されながら、話題が、大槻文彦という「個人」、あるいは先行辞書体資料との関連、版種などを中心に展開してきたように思われる。本稿ではそうしたことからあえて離れ、「本書編纂ノ大意」が「辞書ニ挙ゲタル言語ニハ、左ノ五種ノ解アラムコトヲ要ス」といわば言挙げした、その一つで、辞書体資料の本体ともいうべき「語釈(Definition)」に話題を絞った。『言海』の語釈が、当該時期の和語と漢語とのあり方を充分にふまえたかたちでかたちづくられていることを指摘できたと考える。

辞書体資料は、従来の枠組みでいえば「国語学史」、「国語」を「日本語」に置き換えれば「日本語学史」、すなわち「日本語学=日本語の観察」の歴史という枠組みの中で扱われるものであった。それは、当該辞書体資料が成った時期における「観察」ということであって、当該時期の日本語の様相を映し出しているものといえよう。これまでもしばしば引用してきたが、仮名遣書について述べられた「仮名遣書の展開は、国語学史の問題と共に、表記史、広く国語史の問題としても処理されなければならないことになる」(安田章「平仮名文透視」一九九四年『国語国文』第六三巻第九号)をもう一度ここに掲げて、本稿を終えることにする。

65 ひぼん（名）＝非凡＝平凡ナラヌコト。
ヨノツネ
ひぼん　抜群。

例54などは『日本大辞書』に何らかの錯誤があるか。『日本大辞書』はそもそも振仮名を使用していない。両辞書を対照すると、『言海』が振仮名を使用することを前提にして、と言っておくが、語釈内において漢字をかなり使っていることが感じられる。『言海』は、その「凡例」「四十」において「語釈ハ、一二語ヲ以テセルアリ、数語ヲ以テセルアリ、或ハ、同意ノ異語ニテ釈キ、種種ニ説キ、迂回ニ述ベテ、一二意ノ融クルヲ期シテ已メリ、看ル者、善ク玩味シテイ解スベシ」と述べる。『言海』の語釈に、古言ヲ今言ニ易へ、雅言ヲ俗言ニ当テ、或ハ、今言俗言ヲ古言雅言ニテ釈キ、種種ニ説キ、迂回ニ述ベテ、一二意ノ融クルヲ期シテ已メリ、看ル者、善ク玩味シテイ解スベシ」と述べる。本稿では漢語を軸にして、和語との関わりという面から考察を加えたが、古語と現代語＝当代語、雅言と俗言、などの枠組みからの検討も今後必要であろう。『言海』の成った時期の日本語の語彙体系のあり方をよく反映し、きわめて丁寧に今後必要であろう。『言海』の成った時期の日本語の語彙体系のあり方をよく反映し、きわめて丁寧に施されているということもできる。

ところに、『言海』の語釈の特徴が現われているということもできる。

例65は両者の語釈のあり方の違いがはっきりと現われている好例とみえる。『新明解国語辞典』第四版で、「ひぼん」を「普通よりはるかにすぐれている様子」と説き、「平凡」が（おそらく）対義語として示されている。同じ『新明解国語辞典』第四版では「ばつぐん」は「他を断然引き離して、その人だけがすぐれていること」と説かれており、表現のしかたは異なるが、結局「ヒボン」と「バツグン」とはもともとの漢語の成り立ちにおける、いわば発法が異なるけれども、語義としてはきわめてちかいことになる。したがって、漢語「ヒボン」に漢語「バツグン」とよって説明することはできる。できるが、「ヒボン」の語義と重なるのだから、「ヒボン」と「バツグン」とをすぐに結びつければ、いわば一ナイコト〉は「バツグン」の語義と重なるのだから、「ヒボン」と「バツグン」とをすぐに結びつければ、いわば一

今野真二　88

56 ちめい 土地ノ名(人名ナドノ対)
57 つやつやと(副)光沢多ク。ツヤヤカニ。＝光沢ガ多ク。＝瑩瑩。
58 つやつやと ツヤヤカニ。
59 つゆはらひ(名) 露払－先導シテ路ヲ開クコト。
60 つゆはらひ 先導シテ路ヲ開クコト。
61 にくしん(名) 肉親－親子兄弟ナド、血系ノ近キ人。
62 にくしん 血系ノ近イ人。
63 ねんぐ(名) 年貢－毎年ノ貢物。(多ク米ニイフ)
64 ねんぐ 年年ノ貢ギ物(米ニイフ)。
65 ねんぱう(名) 年報－一箇年ノ事ノ報告。
66 ねんぱう 一箇年ノ事ノ報告。
67 はいめい(名) 拝命－命ヲ承ハルコト。(多ク官職ニ補任セラルルニイフ)
68 はいめい 命ヲ承ハル(官職ニ補任セラレル時)。
69 はうかん(名) 芳翰－他ノ書翰ヲ敬称スル語。
70 はうかん 他ノ手紙ノ敬称。
71 はもの(名) 端物－零余ナル物。
72 はもの ハシタノ物。
73 びふく(名) 微服－貴人ナドノ服装ヲ偽スコト。
74 びふく 服装ヲ偽スコト。

五 振仮名の機能―山田美妙『日本大辞書』との対照―

山田忠雄(一九八一)は、明治二六(一八九三)年に成った山田美妙『日本大辞書』について、その語釈のあるものを「揚げ足取りの典型」(六一六頁)と評し、「美妙の念頭に有ったのは、恐らく言海打破だけであったのであろう」(同前)と述べ、「要するに、この本は、今日の言葉で言えば、言海のイミテーションである」(六一八頁)とみる。山田忠雄(一九八一)の言説は、「大槻博士と美妙とは年齢において相離れ、経歴・学問においても隔たることと遠いものが有るが、それが国語辞書の編纂を巡って火花を散らしたのだから面白い」(六一二頁)という表現が示すように、大槻文彦、山田美妙という、辞書編纂を行なった「個人」を軸に展開している。それは「美妙の方に理が有るものと思うが、肉迫の仕方が妙にねちねちしているのは彼の体質に因るものであろうか」(六一八頁)といった表現に端的に現われている。

山田忠雄(一九八一)が述べるように、もしも『日本大辞書』が具体的に『言海』を素材とした「イミテーション」であるのだとすれば、むしろ両者を対照することによって、両者の特徴が明らかになるのではないか。個人の「体質」を話題にする必要はない。ここでは前節で述べた、『言海』の語釈にみられる振仮名を一つの手がかりとして、『言海』と『日本大辞書』との対照を試みることにする。『日本大辞書』の引用は語釈を中心にして、さまざまな符号の類は省いた。『言海』、『日本大辞書』の順に示した。

54 ちちかた(名)―父方―父ノ血統ニ属キタル族。(母方ノ対)。＝内戚。
　　ちちかた　父ノ血統ニ属シタ部分(母方ノ対)。(母方ニ対ス)内戚

55 ちめい(名)―地名―土地ノ名。

やくなん(名)=厄難=ワザハヒ。サイナン。

くわなん(名)=火難=火ノワザハヒ。火事。火災

けんなん(名)=剣難=刀傷ノ災難。

語構成要素「ナン(難)」はいずれも、「ワザワイ」「サイナン(災難)」のいずれかに置き換えられており、先に指摘した「サイナン(災難)」=「ナン(難)」=「ワザワイ」という結びつきは相当にかたいものであったことが窺われる。

また例43では漢語「ゾウヘイ(造幣)」を「ゾウ(造)」+「ヘイ(幣)」と分解して、「ゾウ=セイゾウ(製造)」、「ヘイ=カヘイ(貨幣)」ととらえた上で、漢語「カヘイ(貨幣)」を和語「カネ」に置き換えて説明をしている。語釈「カネヲセイゾウスルコト」を「カネヲ製造スルコト」あるいは「金ヲ製造スルコト」と表記することも当然できるが、「ヘイ」が「カヘイ(貨幣)」であることを積極的に示そうとした表記であるといえよう。同様のことは例46にも窺われる。例46では漢語「シュウシ(収支)」を「シュウニュウ(収入)」と「シシュツ(支出)」ととらえ、それぞれの漢語をさらに和語「トリイレ」と「ハライダシ」とに置き換えて説明をしている。例46の語釈を振仮名を使うことで、「シュウニュウトシシュット」という語釈であるようにみえ、振仮名を施さずに「収入ト支出ト」と書くと、漢字列では見出し項目の語構成要素を漢語で説明し、それをさらに和語に置き換えていることを振仮名によって示しており、振仮名を使用することによって、一段と丁寧な語釈をかたちづくっていることになる。

タツコト」は「交ハリヲ絶ツコト」と表記することももちろんできるが、「交ハリ」ではなく「交際」と書いたのは、語構成要素「コウ(交)」＝「コウサイ(交際)」という理解を表記面に反映させるためと思われる。他の項目「かうさい(名)－交際－マジハリ。ツキアヒ。」「ぐわいかう(名)－外交－外国トノ交際。」も一貫している。漢字二字で構成される漢語を、二つの語構成要素に分解してとらえ、その各々をさらに他の漢語で理解するということは、これも漢語理解の一つの方法といえよう。例44では漢語「ザッピ(雑費)」を「ザツ＝ザッタ(雑多)」＋「ヒ＝ニュウヒ(入費)」ととらえている。「ざつくわ(名)－雑貨－雑多ノ貨物。シロモノ。コマモノ。」「ざふじ(名)－雑事－雑多ノ事柄。ザツジ。」「ざふむ(名)－雑務－雑多ノ仕事。」いずれも、「ザツ＝ザッタ(雑多)」という理解が一貫している。

例51では漢語「スイナン(水難)」の「ナン(難)」を漢語「サイナン(災難)」で説明している。例2では漢語「サイナン(災難)」が和語「ワザワイ」で説明されていた。漢語「ナン(難)」＝「サイナン(災難)」＝「ワザワイ」という結びつきが形成されていたことが窺われる。「ナン(難)」を後部の語構成要素とする漢語項目を次に掲げてみる。

こうなん(名)－後難－後ノワザハヒ。ノチ

たうなん(名)－盗難－盗ミニ遇フワザハヒ。

びやうなん(名)－病難－病気ノ災難。

わうなん(名)－横難－不慮ノワザハヒ。

きなん(名)－危難－アヤフキコト。ワザハヒ。

こくなん(名)－国難－一国総体ニ被ムルワザハヒ。

53 せいれい（政令）政府ノ命令（オホセ）。

漢字二字で構成される漢語の場合、それぞれの字（で表わされている語）を語構成要素とみて、それをその漢字と結びつきのつよい（と思われる）和語＝和訓で説明するというのは、漢語理解の一つの方法と考えることができる。例24であれば、「サクジョ（削除）」という漢語を、語構成要素「サク（削）」＋「ジョ（除）」と分析的にとらえ、それぞれの和訓である「ケズル」＋「ノゾク」によって、漢語全体を説明／理解するという方法である。右にはそうした例を掲げたが、このようなかたちで漢語が説明されていることが少なくない。漢語の理解としては、不充分にみえやすいが、例えば右の例でいえば、語構成要素「削」と和語「ケズル」、語構成要素「除（ジョ）」と和語「ノゾク」との結びつきがかたければ、言い換えれば、漢語「サク（削）」と和語「ケズル」の語義の重なり合いがしっかりとしたものであれば、こうした理解のしかたであっても、まったくの見当違いにはならないことが予想される。例えば例28で採り上げた漢語「シンキ（新奇）」は『新明解国語辞典』第四版において「新しくて変わっている様子」と説かれているが、『言海』は和語「メヅラシキ」と結びつけて理解し、『新明解国語辞典』第四版は「カワッテイル」と結びつけて理解しているという違いはあるが、理解の方法は等しいといえよう。

例26では漢語「サンヨ（参与）」を「政事ニ参(マジ)リ与(アヅ)カルコト」と説いている。「マジリアヅカル」を「参リ与カル」と書いたのは、いうまでもなく、「参与」の語構成要素を表記面に反映させるためであることが予想され、漢語を語構成要素に分解して理解／説明しようという方向性がこうした表記に明らかにうちだされている。例41の「潜(ヒソ)ミ伏(フ)スコト」も同様に考えることができる。

また例40では漢語「ゼッコウ」を「ゼツ（絶）」と「コウ（交）」とに分解し、その「コウ（交）」を漢語「コウサイ（交際）」ととらえた上で、その漢語「コウサイ」を和語「マジハリ」に置き換えていると覚しい。語釈「マジハリヲ

36 すゐそく（推測）オシハカルコト。
37 すゐび（衰微）オトロヘテカスカニナルコト。
38 すゐりやう（推量）オシハカルコト。推察。
39 せいきう（請求）コヒモトムルコト。
40 ぜつかう（絶交）交際ヲ絶ツコト。（朋友ノ）
41 せんぷく（潜伏）潜ミ伏スコト。匿ルルコト。

［漢語＋漢語］
42 ざうしよ（蔵書）己ガ所蔵ノ書物。蔵本。
43 ざうへい（造幣）貨幣ヲ製造スルコト。
44 ざつぴ（雑費）雑多ノ入費。雑用。
45 さんち（産地）産物ノ出ヅル土地。
46 しうし（収支）収入ト支出。
47 しきよく（色欲）女色ト欲心ト。
48 しやうしや（商社）商業ノ会社。商人ノ組合ヒテ営業スルモノ。商会。
49 じゆくたつ（熟達）熟練シ上達スルコト。上手ニナルコト。
50 すゐかん（水旱）洪水ト旱魃ト。
51 すゐなん（水難）水ノ災難。（洪水、難船ナド）
52 せいこん（精根）精力。根気。

また、ここには一つの非辞書体資料にみられる例を非辞書体資料に同様の例を見出すことができるのであって、『言海』が見出し項目直下に掲げる「和用」あるいは「和漢通用」の漢字列、さらには、語釈末の「漢ノ通用字」は、『言海』が述べるように、当該時期に実際によく使われていたことがわかる。こうした点はいままで充分に指摘されてこなかったのではないか。

四 漢語の語釈の方法

[和訓＋和訓]

24 さくぢょ（削除）ケヅリ、ノゾクコト。

25 さんくわん（参観）マキリテミルコト。

26 さんよ（参与）政事ニ参リ与カルコト。

27 しうにふ（収入）ヲサメイルルコト。トリイレ。

28 しんき（新奇）新ラシク、メヅラシキコト。アタ

29 しんどう（震動）フルヒウゴクコト。動キ響キテ鳴リワタルコト。

30 しんぼく（親睦）シタシミ、ムツムコト。ナカヨクスルコト。

31 しもん（諮問）トヒハカルコト。タヅネトフコト。

32 しやうあく（掌握）掌中ニ握ルコト。我ガ物トシタルコト。タナゴコロ ニギ

34 すゐかう（推考）オシハカリ考フルコト。

35 すゐじやく（衰弱）オトロヘヨワルコト。

23 しくじる(他動)［為挫クルノ略カ］しそこなふニ同ジ。失敗（＋＋）
 しくじり（名）。―する（自）失敗、しそこね。しくじる、やりそこなふ
 〜甘く遣り損つた失敗話は手前達未だ知るめへ

（同前二〇三頁二行目）

　例14・18・21では見出し項目直下に置かれた漢字列が「和用」であり、これらの項目では、語釈末に、二重傍線が施された「漢ノ通用字」がかならず置かれている。逆に、これら以外の項目では、見出し項目直下に置かれた漢字列が「和漢通用」のものであり、語釈末に「漢ノ通用字」は置かれない。このことが辞書全体で徹底しているとすれば、見出し項目直下の「和用」の漢字列と語釈末の「漢ノ通用字」は見出し項目に対して、相補的にはたらいているともいえ、『言海』が「和」と「漢」の対応を十分に意識しながらつくられていることを窺わせる。
　高橋五郎『［和漢／雅俗］いろは辞典』の項目は、「見出し項目＋漢字列＋漢語釈義＋和語類語＋漢語釈義＋和語類語」というかたちをとっていると覚しい。例20「いつぞや」をこれにあてはめてみれば、漢字列＝日外、漢語釈義＝他日、和語類語＝さるころ、かつて、漢語類語＝他時、異時で、和語類語は見出し項目に置かれていないと判断できる。そうだとすれば、例21「まとゐ」では、見出し項目の漢字表記であると同時に釈義をかねているものと思われる。二番目に置かれている「團欒」は、『［和漢／雅俗］いろは辞典』においては「漢ノ通用字」である。しかしここまで述べてきたように、『言海』においてもその「漢ノ通用字」は結局は語釈としても機能しているとみることができよう。高橋五郎『［和漢／雅俗］いろは辞典』もそれにきにあるように、和語と漢語とを積極的に対置させて辞書がかたちづくられていると思われるが、『言海』もそれと同等に、あるいはそれ以上に、（組織上も）和と漢との対応をその基軸にもっている辞書体資料であると評価することができる。

17 うめく(自動)－呻吟－(一)憂ヘテ大息ツク。(二)力ヲ入レテ声ヲ出ス。(三)ヲメク。ヲメク。ウナル。（同前一三九頁九行目）（振仮名は「く」が衍字か）

うめく(自)呻吟、うなる
〜エラは少し／く蠢めき出し微かに呻吟き居たるにぞ〜（同前八八頁八行目）

18 ながらふ(自動)－存命－[長歴ノ義ト云]生キテ長ク世ニアリ。死ナズシテ世ニ残ル。存命ス。長生　生存

ながらへる(自)存命、存生、生存、いきてをる
〜所詮此の倔生存へては居られぬとは云へ〜（同前一二六頁一行目）

19 たやすし(形、一)－容易－[たハ発語ナリ]易シ、ニ同ジ。為ルニ難カラズ。ヤウイナリ。

たやすき(形)容易、輙、やさしき、ぞうさもない
〜何か殺伐なる所業／を仕遂げたる道具とは容易く想像し得らるれば〜（同前一三六頁五行目）

20 いつぞや(副)－日外－[何時ゾヤ、ノ意]サキツコロ。過ギシ頃。

いつぞや(副)日外、他日、さるころ、かつて、異時
日外郎君と結婚しました夜奴家が怖ろしい夢を見まし／たことは〜（同前一四一頁二行目）

21 まとゐ(名)－円居－衆人、輪ノ如ク居並ブコト。車座。一ツ座敷ノ寄合。団欒

まとゐ(名)団居、団欒、くるまざ、まるくすわること、わにすわること（一家族等が）
其の大いなる卓子の周囲に数名の博徒団欒を為し〜（同前一九五頁六行目）

22 しやべる[俗](自動)多ク煩ハシク物言フ。饒舌　多辨（＋＋）

しやべる(自)喋、くちたたく、喋喋、饒舌、多言
若し君が忘れてお饒舌りなさると生命は無い／と思ふてお出なさい（同前二〇〇頁三行目）

に置かれた「漢ノ通用字」は「標」によって区別されているのであり、その方向からみれば、当該辞書編集者は、両者を区別していたことになるが、両者は限りなくちかい。つまり「災難」のように、和語「ワザワイ」にとって、漢字列「災難」を「漢ノ通用字」ということもできることになる。さらに幾つかの見出し項目を左に掲げ、具体的に検討を行なうことにする。『才子／佳人／艶話』の記事及び非辞書体資料である『才子／佳人／艶話』（明治二〇年刊）の例を併せて掲げる。

14　こころぐみ（名）－心計、心算、もくろみ　若しエラが身に禍害のふり掛／ることあれば之を拯はんとの心算にて〜

（『才子／佳人／艶話』欧洲美談　七三頁四行目）

こころぐみ（名）心計、心算、思ヒ設クルコト。心算。

（『言海』）

きくわい（名）－機会－ヲリ。マギハ。マアヒ。

きくわい（名）機、機会、をり、とき、よきはづみ　〜他人に此の事を打ち明けて相談すべき機会もなく〜

（『和漢／雅俗』いろは辞典）

15　きくわい（名）－機会－ヲリ。マギハ。マアヒ。

16　ささやく（自動）－私語－耳語－［細小ヲハタラカス］小声ニテヒソヒソ話ス。内障話シヲスル。ササメク。

ささやく（自）密語、耳語、低語、咕囁、囁、ひそひそばなしする　暫らく此所』に残り居るべしと耳語き徐ろに此室を出で〜エ／ラは幽かなる声音にて「静かにお為なさい」と低語くにぞ〜

（同前七六頁四行目）

（同前八三頁一行目）

今野真二　78

が置かれ、語釈末に「漢ノ通用字」として「商賈」が置かれている。「ショウニン」という漢語の、漢＝中国における通用字、すなわち通用表記が「商賈」であるとは考え難い。漢字列「ショウニン」は漢語「ショウコ」にあてられる漢字列であって、中国語において「商人」と「商賈」とは（語義がちかいことは予想できるが）そもそも表わしている語が異なるとみるのが（当たり前のことであるが）自然である。ただし、「ショウニン」は相当に和化した漢語であるともいえ、非辞書体資料において、「商賈」という例が見いだせる可能性は充分にある。「相当に和化した」はここでは稿者の臆測であるが、そうした場合は、漢語「ショウニン」の語釈として置かれている和語「アキビト／アキンド」に漢字列「商賈」をあてたとみることができる。「ショウニン」に漢字列「商賈」「商人」を「利用」としているとに現われているとみてよいか。また、「ショウニン」の語釈として置かれている和語「アキビト／アキンド」に漢字列「商賈／商賈」といった例が存在することと、このように語釈内に置かれた和語を媒介とすれば、「商賈」が「漢ノ通用字」（傍点稿者）とされていることも理解しやすい。

例6「ヨスギ」、例8「ヨワタリ」、例9「クチスギ」は、いずれも見出し項目が和語であるので、語釈末の「漢ノ通用字」は、見出し項目にあてることのできる、（漢語としての資格をもつ）漢字列ということになる。つまり、非辞書体資料に、「ヨスギ」「ヨワタリ」「クチスギ」に「送世」「送世」「生計」「糊口」とある可能性はあろう。

右のように考えれば、語釈末に置かれた「漢ノ通用字」は、（そうした例を見いだすことのできる可能性のたかさ、ひくさは措くとして）見出し項目にあてることのできる漢字列であるといえよう。見出し項目との関係でいえば、結局、「漢ノ通用字」は、見出し項目にあてることのできる漢字列または漢語と語義のちかい漢語ということになる。例1では見出し項目となっている和語「ワザワイ」の語釈中に漢語「災難」が置かれているし、例4でも、見出し項目となっている和語「ナリワイ」の語釈中に漢語「家業」がみえる。このように、和語の語義を、ちかい語義をもつ漢語によって説くということは、当該辞書で行なわれており、このことには注目しておきたい。語釈中の漢語と、語釈末

ことになり、見出し項目が漢語である場合、その見出し項目に対して、「和用」と「和漢通用」とをどのようにみればよいのかが不分明に思われる。このことについては今後さらに考えていくことにしたい。それはそれとして、見出し項目の語種に応じて、左に示すA〜F、六つの場合があると予想される。

A　見出し項目和語＋語釈
B　見出し項目和語＋語釈＋漢通用字
C　見出し項目和漢通用字＋語釈
D　見出し項目漢語＋語釈
E　見出し項目漢語＋（和用）＋語釈
F　見出し項目漢語＋（和漢通用字）＋漢通用字

——例13
——例6・8・9
——例1・4・5・10
——例2
——例3
——例7

先に述べたように、辞書の体例のもっとも具体的な説明ともいえる「種種ノ標」の條においては、「漢ノ通用字」、（傍点稿者）という表現が使われ、右に示したように、「凡例」中においては、「漢用字」（同前）という表現が使われているが、いずれにしても、「字」と表現されている。

三　語釈として機能する「漢ノ通用字」

語釈末に「漢ノ通用字」が置かれている、例3・6・8・9をまず採り上げることにする。例3では見出し項目となっている漢語「ショウニン」に対して、見出し項目直下では和用字として漢字列「商人」

ツバタ)にあてられることがあるが、この漢字列があてられる漢語「トジャク(杜若)」は、『漢語大詞典』において〈香草名。多年生草本、高一二尺。叶広披針形、味辛香。夏日開白花。果実藍黒色〉と説かれており、Iris laevigataではなくて、「ヤブミョウガ」の類のことであるとされており、同じ漢字列で表記したとしても、日本と中国とで、語義(というよりも植物の実体そのもの)が異なることになる。中国側に基準をとれば、日本語における漢字列「杜若」の使い方は誤用ということになる。あるいは誤用とまではいわないとしても、日本的漢字使用=和用ということになる。そうであっても、「普通用」、すなわち一般的に使用されている漢字列をできるだけ、見出し項目直下に表示するというのが『言海』の方針ということになる。そして中国語において、漢字列「燕子花」があてられている植物も実は日本語の「カキツバタ」の方針とは異なるが、『言海』においては、こちらは「漢用」とみなされているということになろう。

右に述べてきたようにみてよいとすれば、「和用」はその漢字(列)が、そのような語にあてられる漢字列ということになろう。そうしたことをとにもかくにも、当該辞書は記号によって示そうとしているということには注目しておく必要がある。

ただし、例2においては、見出し項目「さいなん」の直下に示されている漢字列「災難」は「和用」であることになる。これは見出し項目がそもそも漢語であるために、その漢語が借用されて日本語となっているとみて、その(日本語となった漢)語を日本語においても、もっとも普通に表わす漢字列が「災難」であるから、これが「和用」と分類されていると考えることになるか。一方、例7では、見出し項目「せいげふ」の直下に示されている漢字列「生業」に二重傍線が施されており、この「生業」は「和漢通用」である

ている。こうした見出し項目については今後検討することとしたい。

```
          ┌─ 普通用
          │         ┌─ 和用
          └─────────┤
                    └─ 和漢通用
          └─ 漢用
```

　日本語「カワ」の語義をどのように考えるかということも難しいが、例えば『新明解国語辞典』第四版では〈地上のくぼんだ所へ集まって、自然に流れる水(の道)〉と語義を示している。今これを日本語「カワ」の語義とみることにする。一方、『漢語大詞典』には〈中国語で〉〈河流〉と語義を説明されている語があり、その中国語は漢字「川」で書かれる。先の〈地上のくぼんだ所へ集まって、自然に流れる水(の道)〉という日本語語義と、〈河流〉という中国語語義が重なっているのかどうか不分明ともいえるが、これを(だいたいにおいて)重なっている語義をもつ日本語と中国語とが同じ文字＝漢字で書かれるということ、これを「正字(表記)」とみなしていることになろう。「正字」は結局は「和漢通用」ということになるらしい。

　日本語「ツジ」の語義を〈道が十字形に交差した所。十字路〉(『新明解国語辞典』第四版)とみて、それと語義が重なる中国語を探した時に、それが漢字列「十字街」によって書き表わされる語であったとする。日本語「ツジ」の語義にあてる漢字を中国に探した時に、漢字列「十字街」をあてるようになっていたが、周知のように、この漢字「辻」は中国語には存在しない、所謂国字＝和製漢字であって、それは漢字が和製であるという意味合いにおいて、「和用」の漢字ということになる。

　Iris laevigata を学名とするアヤメ科アヤメ属の多年草を日本語で「カキツバタ」と呼ぶ。漢字列「杜若」は「カキ

二 和用・和漢通用・漢用

「凡例」の「卅八」を左に引く。

篇中、毎語ノ下ニ、直ニ標出セル漢字ハ、雅俗ヲ論ゼズ、普通用ノモノヲ出セリ、「日」「月」「山」「川」等ノ正字ハ、固ヨリ論ゼズ、「辻」「峠」「杜若」ノ如キ和字又ハ誤用字ニテモ、通俗ナルヲ挙ゲタリ、而シテ、和漢通用ナルハ、―日―ー月―ー山―ー川―ナドト標シ、又、和用ナルハ―辻―ー杜若―ナドト標シテ、語釈ノ末ニ、別ニ漢用字ヲ掲ゲテ、十字街（左振仮名ツヂ）、燕子花（左振仮名カキツバタ）ナドト標セリ、此類、識別スベシ、但シ、漢字ノ当ツベカラザルモノハ、スベテ闕ケリ。

右の記述を整理すれば、見出し項目直下の漢字列は「普通用」のもので、それとは「別ニ」（そうしたものがあれば、と理解すべきであろうが）「漢用字」を「語釈ノ末ニ」置いていることになる。また「普通用／漢用」の対立を図示するのものとに分けることができる。「普通用」のものの内部は、二重傍線を附した「和漢通用」のものと、傍線を附した「和用」のものとに分けることができる。「漢用」の表示は、語釈末と決められているように、見出し項目直下の漢字列ということであり、見出し項目直下に漢語にも用いられる漢字列という（ので）原理的にみて、「普通用」であった場合、（漢用）はそこに示されていることになるので「和漢通用」字がそこに示されていることがあり、とみておくべきであろう。ただし、実際には見出し項目「あさぬの」のように、語釈末に「漢用字」が示されることはないと思われる。つまり、見出し項目直下に「和用」であった場合に（のみ）、語釈末に「漢用」が示されながら、語釈末に「漢用字」―絎布―が示されている見出し項目が存在し直下に―麻布―と「和漢通用」字が示されながら、

して漢字列「辻」が置かれ、語釈末尾に二重傍線を付して漢字列「十字街」が置かれている。この「(漢ノ)通用字」については、後に詳しく検討を加えることにする。

さて、見出し項目「すぎはひ」を掲げた直下には、漢字列「生業」が置かれている。これは、現代刊行されているいわゆる国語辞書にもみられる形式であるが、例えば『新明解国語辞典』第四版(一九九一年三省堂刊)では「漢字かな交じり文中における漢字を主体とする表記の、最も標準的な書き表わし方として一般に行われるもの」を「正書法」と呼び、それを見出し項目直下に挙げ、「表記が二つ以上有る場合は、正書法欄に掲げないものを、表記欄に古来の慣用・もとの用字・代用字などの別を示しながら掲げ」ている。「最も標準的な」というみかたや「表記が二つ以上有る」ということは厳密な意味合いでは「正書法」と相いれないことと思われるが、ここでは措く。いずれにしても、これは見出し項目をどう(漢字で)書くかということ、つまり見出し項目の書き方＝表記を示していることになる。『新明解国語辞典』第四版においては、そうした項目の見出し項目直下に漢字列が示されていない項目が外来語以外にも存在している。

『言海』においても、見出し項目直下に漢字列「生業」を置かなければならないことが「不可避な一種異様ノ現象」と表現されていると覚しい。具体的にいえば、「すぎはひ」という項目に漢字列「生業」を置いているといえよう。そのことが「日本辞書」では不可避な「一種異様ノ現象」と表現されていると覚しい。「異様ノ現象」は、「本書編纂ノ大意」は、そのことを結局は(和漢・漢和)「対訳ノ体」とみているとあっても、それを結局は(和漢・漢和)「対訳ノ体」とみていると覚しい。そしてそれを結局は(和漢・漢和)「対訳ノ体」とみていると覚しい。本稿では漢語(側)に着目しながら、具体的に『言海』の語釈(の積極的に表現しているようには感じられないが、辞書そのものは、この和語と漢語ということを(結果的に)積極的に使いながら語釈を行なっていると覚しい。本稿では漢語(側)に着目しながら、具体的に『言海』の語釈(のありかた)に検討を加え、辞書の語釈ということがらについて考え、ひいては当該時期の日本語の語彙体系についての知見を得ることを目的としている。

8 よわたり(名)―世渡―世ヲ過シ行クコト。ヨスギ。スギハヒ。クチスギ。渡世。送生。生計
9 くちすぎ(名)―口過―食ヲ得テ生活スコト。ヨスギ。スギハヒ。クラシ。糊口
10 あきうど(名)―商人―「商人ノ音便」商売ヲ生業トスル人。アキビト。アキンド。
11 あきびと(名)―商人―あきうどニ同ジ。
12 あきんど(名)―商人―あきうどニ同ジ。
13 かひぬし(名)―飼主―犬馬ナド飼ヒ置ク主。

右では表示し分けていないが、「索引指南」の（十二）において「活字ノ用ヰ方ハ左ノ如シ」と述べ、実例を掲げて、「此活字ナルハ和語ナリ」「此活字ナルハ漢語（字ノ音ノ語）ナリ」「此活字ナルハ唐音ノ語、其他ノ外国語ナリ」と説く。「漢語」とは別に「唐音ノ語」「其他ノ外国語」が一つに括られていることも注目されるが、この條の「此活字」は片仮名活字であり、活字というよりも、文字体系そのものが異なることになる。一方前二者は、平仮名において二種類の活字を使用し、その活字の種類によって和語と漢語との二つの語種を、見出し項目として表示し分けようということであり、これも注目される。もっとも注目しておきたいことは、見出し項目を「和語」「漢語」（唐音の語を含めた）外国語」と、三つの語種に截然と分けていることである。語種に関しての意識が鮮明で、それが辞書の体例に明確なかたちで反映している。

また「種種ノ標」の條では見出し項目直下の漢字列に傍線を付したもの（右では――と表示）を「和ノ通用字」、二重傍線を付したものを「漢ノ通用字」とする。この「漢ノ通用字」の例として、ここには「十字街（左振仮名ツジ）」「燕子花（左振仮名カキツバタ）」が示されている。見出し項目「つじ」においては、見出し項目直下に傍線を付して、つまり「和ノ通用字」と

五種ノ解アラムコトヲ要ス[1]」と述べ、「発音(Pronunciation)」「語別(Parts of speech)」（=品詞）「語原(Derivation)」「語釈(Definition)」「出典(Reference)」の五つを掲げており、編者が「語釈」の重要性を認識していることが窺われる。これを承けるようにして、（三）ではまず「日本語ヲ以テ、日本語ヲ釈キタルモノヲ、日本辞書ト称スベシ」と述べ、『和名類聚抄』『新撰字鏡』『類聚名義抄』『和玉篇』『節用集』『合類節用集』『和爾雅』『会玉篇』（=『増続大広益会玉篇大全』）『名物六帖』『雑字類編』の名を挙げ、これらを「漢字ニ和訓ヲ付シ、或ハ和語ニ漢字ヲ当テタルモノニテ、漢和対訳、或ハ和漢対訳辞書ニシテ、純ナル日本辞書ナラズ」と評する。これに続いて「本篇、各語ヲ、仮名ニテ挙ゲテ、又、普通ノ漢字、又ハ、漢名、ヲ配シタリ、是レ、尚、対訳ノ体ヲ遺伝セルガ如シ。然レトモ、日本普通文ノ上ニハ、古来、仮名、漢字、并用シテ、共ニ通用文字タレバ、日本辞書ニハ、此一種異様ノ現象ヲ存セザルヲ得ズ」と述べる。大枠としていえば、掲げられた辞書体資料を「漢和対訳」、「和漢対訳」ととらえることは適切であると考える。『言海』の項目[3]は、例えば左のような形式をとる。

1　わざはひ（名）―禍―災―殃―［わざハ、鬼神ノ所為ナリ、はひハ、延力］マガゴト。凶シキ象(サガ)。災難。
2　さいなん（名）―災難―ワザハヒ。
3　しゃうにん（名）―商人―アキビト。アキンド。商賈。
4　なりはひ（名）―生業―［はひハ助辞、種はひノ如シ］又、業(ナリ)。農事ヲ元トシテ、スベテ、人ノ生活トスル業。スギハヒ。ヨスギ。家業。
5　すぎはひ（名）―生業―スギハヒ。ヨスギ。渡世。
6　よすぎ（名）―世過―世過ニ営ム業。
7　せいげふ（名）―生業―生業ニナリハヒ。スギハヒ。

（送世（「クチズキ」）は濁点位置が不整か）

辞書の語釈
― 『言海』の漢語を緒にして ―

今野真二

［概要］

明治二四（一八九一）年に成った『言海』は、「明治における「日本普通語」の辞書として最も整備されたものであり、以後の国語辞書の範となった」（二〇〇七年明治書院刊『日本語学研究事典』）と評されながら、大槻文彦という個人、あるいは先行辞書体資料との関連、版種などを中心に『言海』をめぐる話題が展開してきたように思われる。本稿では、『言海』が「本書編纂ノ大意」の（二）において掲げた、辞書に必須の「五種の解」の中の一つ、「語釈」を採り上げ、『言海』の「語釈」が当該時期の日本語のありかたを背景にして、どのような「方法」によって行なわれているのかについて、特に漢語に着目して考察したい。また振仮名に着目して山田美妙『日本大辞書』と対照することによって、両辞書の差異、『言海』の語釈、について考えることも併せて試みたい。学史という枠組みに置かれる、辞書（という）テクストの解読をとおして、当該辞書の成立した時期の言語についての知見を得ることを目的としている。

一　はじめに

明治二四（一八九一）年に成った『言海』は、「本書編纂ノ大意」の（二）において「辞書ニ挙ゲタル言語ニ八、左ノ

大島　晃（一九八二）「江戸時代の訓法と現代の訓法」（『講座日本語学7　文体史Ⅰ』明治書院）

近藤啓吾（一九八六）「嘉点『論語集註』の研究」（『山崎闇斎の研究』神道史学会）

齋藤文俊（一九八七）「近世における『論語』訓読法の展開」（『訓点語と訓点資料』77）

齋藤文俊（一九九一）『鶴牧版史記評林』と佐藤一斎」（『汲古』20）

齋藤文俊（一九九三a）「江戸・明治期における漢文訓読と一斎点」（『近代語研究』9）

齋藤文俊（一九九三b）「近世における漢文訓読法の復古」（『松村明先生喜寿記念国語研究』明治書院）

齋藤文俊（一九九五）「明治初期における漢文訓読体」（『情報文化研究』1）

齋藤文俊（一九九八）「近世・近代の漢文訓読」（『日本語学』第17巻第7号）

齋藤文俊（一九九九）「漢文訓読史上の佐藤一斎と宇野明霞」（『訓点語と訓点資料』102）

齋藤文俊（二〇〇六）「江戸・明治期における漢文訓読の展開」（『近代語研究』13）

齋藤文俊（二〇〇八）「近世における漢文訓読の変遷と一斎点」（『「訓読」論』勉誠出版）

齋藤希史（二〇〇五）『漢文脈の近代』名古屋大学出版会

齋藤希史（二〇〇七）『漢文脈と近代日本』日本放送協会

鈴木直治（一九七五）『中国語研究・学習双書12　中国語と漢文』光生館

高瀬代次郎（一九二二）『佐藤一斎と其門人』南陽堂

時枝誠記（一九六〇）『文章研究序説』（山田書院）

中田祝夫（一九七九）『改訂古点本の国語学的研究　総論編』（勉誠社）

中村春作（二〇〇二）「江戸儒教と近代の「知」」（ぺりかん社）

中村春作（二〇〇五）「「訓読」再考──近世思想史の課題として」（『文学』第6巻第6号）

前田　愛（一九九三）「音読から黙読へ」（『近代読者の成立』岩波書店）

村上雅孝（一九九八）『近世初期漢字文化の世界』（明治書院）

村山吉広（一九八〇）「漢文脈の問題」（『国文学　解釈と教材の研究』第25巻10号）

ては、近藤啓吾(一九八六)にも次のような指摘がある。

このことは、安政本に於いて、嘉点と道春点との差異あるものとして取上げた八十八個所のうち、一斎点の五十八個所までが嘉点と合し、乃至近く、それに反し道春点に合するものわずかに十個所であるといふ事実ともに、一斎点に極めて強く嘉点が影響を与えていることを示すものである。すなはち一斎は林家一門に属する儒官でありながら嘉点について徹底的に検討するところがあり、その長を採って林家伝来の訓みを改め、それに独自の主張を加へて完成したものが一斎点に外ならなかったのである。

この嘉点と一斎点との影響関係については、さらに嘉点の方を複数調査した上で再度検討してみる必要があるだろう。

4 高瀬代次郎(一九二三)参照。

5 村山吉広(一九八〇)では、

　また、江戸後期にもっとも有力でありかつ明治初期の訓読体の中心であった佐藤一斎のいわゆる一斎点は、敬語や助動詞の読み添えを極力少くした簡潔な形式のものであった。よく引用される『佳人之奇遇』冒頭の一節はこの系列のものである。

(『佳人之奇遇』冒頭の文章が引用されているが省略する)

この文章は用語、修辞、対句の技巧をはじめとする構文法、いずれをとっても漢文直訳の文体であるが、本来の「読み添え」に当る部分がきわめて少くそれがこの文を簡勁ならしめている。助動詞とくに時制に関するものは、右の例文において、わずかに文末の「計画セシ処ナリト」とある「計画セシ」の「シ」一つのみである。漢文本来の特色の一つは時制に関する用字の稀なことである。これは日本文にくらべても大いに違和感のあるところであり、道春点などはこれを丁寧に補っている。

と、『佳人之奇遇』の語法が、近世後期の最も簡略な訓読法、一斎点の影響を受けている可能性が指摘されている。(以下略)

6 齋藤文俊(一九九三b)参照。

7 齋藤文俊(一九九九)参照。

参考文献

石川洋子(一九九二)「『四書』の「一斎点」について」(『日本語論究』2)

○後藤点　後藤芝山（一七二一～一七八二、名は世鈞、字は守中、通称は弥兵衛）は林家の家塾に学び、後藤点の『四書集註』は「林家正本」として広まった。しかも幕府の寛政異学の禁のため、近世後期の代表格はこの後藤点ということになる。

○一斎点　佐藤一斎（一七七二～一八五九、名は坦、字は大道、通称は幾久蔵、また捨蔵）は昌平黌の儒官を勤め、多くの藩に招かれて、門人も多く有していた。そのため、一斎点は、後藤点とともに明治以降も版を重ねている。また、一斎点の影響を受け、近世前期の訓点本の代表的な訓点本が道春点であるならば、近世前期の訓読本にならう訓点本もみられる。しかし、その一方で、あまりにも機械的で簡潔な訓読法には批判も多かった。

また一斎点は「雖」についても、「及ヘトモ」で道春点・後藤点が「及ヘトモ」と読んでいる部分を「及ヒ」としているように、一斎点の訓読法は「雖」がない場合には「則」「而」と同じ訓読法を行っている。

と、もとの漢文に「雖」を補うことがない、つまり「ドモ・トモ」があるかないか知ることができる、という点では「則」「而」と同じ訓読法を行っている。

その他一斎点の詳しい特徴については、齋藤文俊（一九九三a）（一九九九）（二〇〇八）参照。

この一斎点の特徴的な訓読法がどのように形成されたのかということが注目されるが、太宰春台は、『倭読要領』で、

近時山崎氏ノ徒、文章ヲ解セス、「而」ノ字ヲ「テ」ト読ミ、「則」ノ字ヲ「レバ」ト読ムヲ定法トシテ、「而」ノ字アレバ、義理ヲ問ハズ、必「テ」ト読ミ、「則」ノ字アレバ、義理ヲ問ハズ、必「レバ」ト読ム。是ニ由テ「而」ノ字ナキ処ニテハ、死スレドモ「テ」トイフテニハヲ付ケズ、「則」ノ字ヲ上ノ句ニ属シテ読ム。是句読ヲ知ラサルナリ。「而」ノ字ナキ処ニテハ、死スレドモ「テ」トイフテニハヲ付ケズ、卒ニ大ニ文義ヲ害シテ、自誤ルノミナラズ、後学ヲ誤ラシム。固陋ノ至笑フベク痛ムベキコト、是ヨリ甚キハナシ

（巻中・三十七表）

としており、太宰春台の時代にすでに一斎点的な訓読法が行われていた可能性が考えられる。ただ、この記述によるとそれは「山崎氏」が行っていたということになる。

近世訓読史上「山崎氏」と言えば、その訓読法を「嘉点」と称する山崎闇斎（一六一八～一六八六、名は嘉、通称嘉右衛門、字は敬義、別号は垂加）ということになりそうであるが、従来、その説は否定されてきた。しかし、山崎闇斎の嘉点は近世前期の中では、比較的簡略な訓読法をとっているものでもあり、また、山崎闇斎と一斎点との影響関係につい

3 近世前期・後期
　　一斎点
　　〈⋯⋯ドモ／トモ　⋯⋯〉

2 【例二】

素読によって「訓読のリズム」が拡がり、そして訓読文が漢文から独立することによって、文語文〈普通文〉が成立したとしている。

以上二つの引用でみてきたように、「素読」によって漢文訓読という「型」が広がり、近代日本語の中で使用されるようになっていくのである。

1 注

使用した資料は以下の通りである。

道春点　四書集註　寛文四〈一六六四〉年刊
後藤点　（新刻改正）四書集註　寛政六〈一七九四〉年刊
一斎点　（林家正本）四書集註　文政八〈一八二五〉年跋

また、「道春点」「後藤点」「一斎点」の概要を下記にまとめる。

・道春点　林羅山（一五八三～一六五七、名は信勝、剃髪して道春）の訓読法。羅山は清原家の家学を学んでいるので、当然その訓読法も博士家の影響を受けていたものと考えられるが、その一方で、四書新注の公開講義を行い、新注による桂庵式の訓読法をも取り入れていたとされる。このように、道春点は、博士家の伝統的な訓読法に沿いつつも、新注による桂庵式の訓読法をも取り入れた部分もあるようである。また、この道春点は、江戸時代における訓点の代表格として、江戸時代を通じて刊行されている。しかし時代が下ると、名前こそ「道春点」とは称していながら、林羅山が加点した初期のものとは異なるもの、それも、その時代の訓読法の流行に合わせたものが登場してくる。つまり、道春点は、近世の『四書集註』訓読における代表的存在であり、また範とされてもいたのである。

形成されていったことを、前田愛(一九九三)が指摘している。

漢籍の素読はことばのひびきとリズムとを反復復誦する操作を通じて、日常のことばとは次元を異にする精神のことば――漢語の形式を幼い魂に刻印する学習課程である。意味の理解は達せられなくとも文章のひびきとリズムの型は、殆ど生理と化して体得される。やや長じてからの講読や輪読によって供給される知識が形式を充足するのである。そして素読の訓練を経てほぼ同質の文章感覚と思考形式とを培養された青年たちは、出身地・出身階層の差異を超えて、同じ知的選良(エリート)に属する者同士の連帯感情を通わせ合うことが可能になる。(一八一頁)

さらに齋藤希史(二〇〇七)においても、

子どもたちは、素読を習うことによって、日常の会話とは異なった言語のリズムがあることを知り、それが歴史や道理を語る言語として用いられることを知るのです。

この時点では、漢文と訓読は一体のものとして機能していました。前章で暗号文にたとえたように、訓読は、漢文という書記言語の解読と作成の技法として意味をもっていました。しかし、訓読のリズムが大衆的な拡がりを得ていくのと同時に、漢文と訓読との分離が始まります。より正確に言えば、漢文から訓読文が独立し始めるのです。そして、そうやってできあがった訓読文は、いわゆる文語文として、漢文に代わる公式文体としての地位を獲得し、詔勅や法律はもとより、教育や報道の場でも用いられるようになったのです。

(七八頁)

らずして、「則」「而」の有るところにも無き処にも「バ」「テ」なる送仮名を用ふるの不規則なるを発見すべし。故に後藤一斎に至りては、「則」の前ならでは「バ」を読まず、「而」の前ならでは「テ」を読まず、以て訳読のま〻諳誦しつゝ、直に作文の模範たらしめんと計りたるなり。

（中略）

第四節で示した、一斎点の「則」「而」についての機械的な訓読法が、もとの漢文に「則」「而」があるかどうかを判別することに役立つとし、一斎点の訓読法が、「漢文学ぶ便利に遠ざからんを恐るゝが故」以て訳読のま〻諳誦しつゝ、直に作文の模範たらしめんと計りたる」ことを意図した訓読法であると指摘しているのである。この「以て訳読のま〻諳誦」するというのは、まずはとりあえず訓読文のみを暗唱・暗記し、後に意味として講義されるという近世独特の漢文の学習方法、「素読」ということになるだろう。

（六二頁）

七 素読と「型」

すなわち、近世前期において、漢文訓読は、「翻訳」としての役割も多少果たし、『訓点復古』や三平点などのように「翻訳」を目指す立場もあったが、近世後期に訓読が簡略になった後も、「訓点復古」や三平点などによって生じた日本語はより不自然なものとなっていき、近代において批判の対象になる。後期になると、「漢文訓読」によって生じた日本語はより不自然なものが一斎点だったわけである。このようにして形成された「型」は、当然、日常の言語とは異なる独特のひびき（「リズム」）をもつことになる。

そしてこの漢文訓読という「型」を当時の人々が身につけそしてその「型」を広げるのに役だったのが、やはり「素読」という学習形態である。この素読を初学の段階で徹底することによって、文章の共通基盤が知識人達の中に

あるとしているように、一斎点とも言える訓読原理を一言で言うと、「もとの漢文に戻れる」漢文訓読であった。つまり、一斎点は、訓読文を意味のある日本語としてとらえようとしたものではなく、もとの漢文に戻れることを重視し、そのために、極端なまでに機械的な訓読法を行っていたということである。

さらに、大和田建樹『応用漢文学』（明治二六年刊）は主として一斎点を批判した書であるが、その一方で、一斎点のような語法にも「止むを得ざる理由の存するあるなり」として、次のように続ける。

かの後藤点一斎点の作者の如き、豈故なく我国語を破壊して快しとするものならんや。蓋し国語の語法にのみ拘はりて訓点せば、漢文学ぶ便利に遠ざからんを恐るゝが故に、かの和文にも国語にもあらぬ訳読方を用ひたるなり。たとへば「則」「而」「也」などの文字は漢文に極めて必要なれども、訓読する時は有るか無きか分からぬ位にて通り過ぐる事あり。読者試みに文章規範を取つて韓退之の送孟東野序を一二行読み下し見よ。

大凡物其平ヲ得ザレバ、鳴ル。草木ノ声無キ、風之ヲ撓メセバ鳴ル。水ノ声無キ、風之ヲ撓メセバ鳴ル。

の文句を得ん。而して書を閉ぢ黙想しつゝ「則」の文字は文中に幾個ありしやを考へ見よ。或は「バ」の字を以て「則」の合図とせば、三つありと答ふるもあらん。然れども実は「物不レ得二其平一則鳴」の一つ有るのみなり。又後赤壁賦に就きて、

是歳十月ノ望、雪堂ヨリ歩シテ、将ニ臨皐ニ帰ラントス。二客予ニ従ウテ黄泥ノ坂ヲ過グ。霜露既ニ降リ、木葉尽ク脱ツ。人影地ニ在リ。仰イデ明月ヲ見ル。顧ミテ之ヲ楽シミ、行クヽ歌ヒ相答フ。

の中に、「而」は幾個ありやと問はゞ、又或は「テ」の字を数へつゝ四つなりとの答を得んも知る可からず。然れども実は「顧而楽之」の一つあるのみなり。

今是等の訳読法を以て漢文学ばんとするに、其読み覚えて諳誦せし模範文も、「則」「而」の置き処を示すに足

六　一斎点の訓読原理

中田祝夫(一九七九)では次のように説明されている。

一斎点は佐藤一斎の盛名のために世に行はれた。一斎点の特長は極端に簡潔であって、訓読を和臭ならしめて、これを簡潔な漢文そのものにただちに即せしめようとする意図に出たもの、この意図そのものには無論それとしての根拠がある。それは原の漢文をどこまでも忠実に認識し、訓読に便乗してまつはらうとする和臭を洗うとする意図なのである。漢文の原文原義を尊重し、字音で読まれるものはなるべく字音で読み、落字なく置字をもみれ、補読を省略して行く態度は、漢文の原文原義を尊重して音読を支持し、音読を理想としながら仕方なくしばらく訓読をも用ゐるといった岐陽・桂庵・徂徠・春台の系統であることは説くまでもないのである。佐藤一斎の訓点は右のごとく相当の見識と根拠とにささへられてゐたものであって、必ずしも一面的に排斥されてはならない。しかし訓読の和臭をなるべく少くするために、語格を故意に破壊し、訓読そのものでは取意不能なものなどは意図のいかんにかかはらずまたそこに種々の矛盾を含む結果となった。

（一七一頁）

つまり一斎点の訓読態度のもとには、「原の漢文をどこまでも忠実に認識」し、「漢文の原文原義を尊重」することが

曽子曰、慎レ終追レ遠民徳帰レ厚矣

是モ、「終リヲ慎ミ遠キヲ追フトキハ」トカ、「追ヘバ」トカ読ネバスマヌ也。例ノ壁ヲ隔テ聞テ見ヨ。「終ヲ慎ミ遠キヲ追フ民ノ徳」ト一気ニ成テ、常ニ終ヲ慎ミ遠ヲ追フ民ヂヤト云コトニ聞ユルダラウ。且ツ壁ヲ隔テ聞ルノミデハナイ、此点ノ通リ仮名書ニシテ見セタラ何ト云コトニナル、試ニ見ヨ

終ヲ慎ミ遠キヲ追フ民ノ徳厚キニ帰ス

直下シテ読ダラバ、「追フ」ト云テ句ハキラレズ、延ツヾケニ成ル語勢〈コトバノイキホイ〉ニテ、余ガ議スルニ違ハアルマジ。ヨシ又左ニアラズト云トモ、斯読テハ上ノ一句ハ上バカリニテキレ、下ノ一句ハ下バカリニテ事スミテ、離々ニ成テ、朱子ノ注ニハカナハヌ也。又古点ノ通リニ、仮字ニ書下サンニ

終ヲ慎ミ遠キヲ追フ時ハ、民ノ徳厚キニ帰ス

是ナラバ（中略）、朱注ノ通リニ見ユル也

（巻下・六裏）

つまり、一斎点のように連体形を用いると、連体修飾句と間違えたり、あるいは、条件句と主句とがそれぞれ独立した一文になってしまうという批判である。右の記述のように、一斎点への批判の基準として日尾荊山が用いるのが、「壁ヲ隔テ聞テ見ヨ」ということで、これにより日本語としての不自然さを強調している。ただ、そのように主張する日尾荊山の訓読法（日尾点）も漢文訓読という枠組みの中にとどまり、その訓読文も自然な日本語ではなかった。[6]また、宇野明霞の訓読法（三平点）なども、一つの語を文脈に応じて複数に読み分けるなど、口語訳としての訓読をめざしたものではあったが、この宇野明霞の訓読法も「俗」であるとして近世において批判の対象となっている。[7]

明治四五年に「漢文教授ニ関スル調査報告」（「官報」明治四五・三・二九）が出され、以後の漢文訓読法の目安が

「而」がある　→　「テ」を付ける

「而」がない　→　「テ」を付けない

ということになり、やはりその「テ」の有無によってもとの漢文に「而」の字があるかないかがわかるようになっているのである。[2]

この二つの例のように、まさに機械的とも言える訓読法が一斎点ということになる。[3] しかし、佐藤一斎は昌平黌の儒官も勤め、多くの藩に招かれて門人も多く有していたということもあって、この特徴的な訓読法の影響を受け、一斎点にならう訓点本もみられる。また、この一斎点の訓読法は、丹羽純一郎訳の『欧洲奇事花柳春話』（明治一一年刊）、東海散士（柴四朗）著の『佳人之奇遇』（明治一八年より刊行）などの近代における漢文訓読体の文章にも影響を与えている。[4][5]

五　一斎点への批判

一方、近世においてもこの一斎点の訓読法に対して批判するものが出てきている。その典型的なものが日尾荊山（一七八九～一八五九）の『訓点復古』（天保六〈一八三五〉年刊）で、その書名通り、簡略になった近世後期の訓読法を廃し、道春点のような前期の訓読法にもどろうと主張したものである。前節で示した「則」が原漢文中にない場合の訓読法については、次のように記している。

57　近世・近代の漢文訓読と「型」

ば、「テ」を補うが、もとの漢文に「而」がない場合には「テ」をつけることはない。

「而」が原漢文中にある場合

近世前期　〈……テ而〉
近世後期　〈……テ而〉
一斎点　　〈……テ而〉

「而」が原漢文中にない場合

近世前期　〈……テ〉
近世後期　〈……テ〉
一斎点　　〈……φ〉

次の【例三】では、「而」が下にある「沐浴」に対しては、一斎点も「沐浴シテ」と補読しているが、「而」のない「告」に対しては、道春点・後藤点が「告テ」としているのに対し、一斎点では、「告ゲ」としている。

【例三】（論語・巻七・憲問）

道春点　孔子　沐浴シテ而　朝シ　告レテ於二哀公一ニ曰
後藤点　孔子　沐浴シテ而　朝シ　告ゲテ於二哀公一ニ曰
一斎点　孔子　沐浴シテ而　朝シ　告ゲ於二哀公一ニ曰

すなわち、「則」と同じく

まとめると、

「則」が原漢文中にある場合

　近世前期　〈……トキハ　則──〉
　近世後期　〈……レバ　　則──〉

「則」が原漢文中にない場合

　近世前期　〈……トキハ──〉
　近世後期　〈……レバ──〉
　一斎点　　〈……連体形──〉

となり、一斎点においては、

　「則」がある　→　「レバ」を付ける
　「則」がない　→　「レバ」を付けない（連体形で止める）

このように、「レバ」の有無によってもとの漢文に「則」の字があるかないかがわかるようになっているのである。

② **「而」の有無に対する補読語**

「而」に対する読み添えの場合も、「則」と「レバ」との関係と同様で、一斎点では、もとの漢文に「而」があれ

「則」に対する補読語については、次に示すように、近世前期に「トキハ」であったものが後期には「レバ(已然形・仮定形+バ)」の形になっていく。

前期　　〈……トキハ　則　――――〉

後期・一斎点　〈……レバ　則　――――〉

【例一】（論語・巻七・子路）

道春点　欲レ 速スルトキハ 則ス 不レ 達セ

後藤点　欲レ 速ナラント 則 不レ 達

一斎点　欲レ 速ナルヲ 則 不レ 達セ

【例二】（論語・巻八・衛霊公）

道春点　知レ 及トモ 之レ 仁 不レ 能レ 守ルコト 之ヲ 雖レ 得レ 之ヲ 必ス 失フ 之ヲ

後藤点　知レ 及ヘトモ 之レニ 仁 不レ 能レ 守ル 之ヲ 雖レ 得レ 之ヲ 必ス 失フ 之ヲ

一斎点　知レ 及ヒ 之ニ 仁 不レ 能ハ 守ルコト 之ヲ 雖レ 得レ 之ヲ 必ス 失フ 之ヲ

右の【例一】で、前期の道春点では「欲スルトキハ」とし、後期の後藤点と一斎点では「欲(ス)レバ」としている。

しかし、もとの漢文中に「則」がない【例二】においては、道春点が「守ルコト能ハ不ルトキハ」、後藤点が「之ヲ守ル能ハ不レ」と読んでいる部分で、「之ヲ守ルコト能ハ不レハ」と「レバ」さえもつけず、連体形で止めている。

一旦破壊のいとくちを開きしより、後の儒家の何点何点といふものにいたりては、古訓点の振仮名も、捨仮名も、甚しく抹殺して、己がじゝ、あらぬものに改めて、（国学とては、さらにせざれば、）さらに法をも格をもなさぬものを作り出でたり、その甚しきものを、一斎点なりとす。これぞ、語格破壊の禍源罪魁にはある。

以上四つの文章の記述をまとめてみると、近世に登場した様々な訓読法の中で、初期の道春点(林羅山の訓読法)は、博士家の訓読法を受け継いでおり、「捨仮名、振仮名に、自、他、能、所、過去、現在、未来、などの語格依然として存せり」「出来得るだけ国語に反せざるやう国語をくづさぬやうにと勤めた」と近代においても評価されているのに対し、後期の一斎点(佐藤一斎の訓読法)になると、「極めて誤りが多い」「全く漢文の奴隷」「もう一層日本の言葉を毀はした」さらには「語格破壊の禍源罪魁」とまで評され、非常に評判が悪い。つまり、近世において漢文訓読は次第に簡略になっていき、一斎点の訓読法によって生じた日本語(＝漢文訓読文)は、自然な日本語とはほど遠いものであったということである。

四　一斎点の特徴

その一斎点の特徴は、極端なまでに補読語を少なくし、また機械的とも言えるような訓読法であった。本節ではその「機械的」とされる具体的な例を挙げてみたい。なお、以下の例では、前期の代表的な訓点である道春点、後期の代表である後藤点、そして一斎点の三種を並べて示すことにする。[1]

① 「則」の有無に対する補読語

れた人には頗る俗に思はれるやうになつて来て、それが追々激しくなつて来て、輓近に至つては昌平学校に佐藤一斎と云ふ先生があつたが、其先生は漢文の読み方を成るたけ簡略に読ませる主義で色々直した為にもう一層日本の言葉を毀はした

加藤弘之「言文一致に就いて」（『言文一致論集』明治三四・二・一七）

さらに、大槻文彦『広日本文典別記』（明治三〇年刊）は文語文法の基準を示したものであるが、その序論にも次のやうな具体的な記述がある。

国文の語格のくだけたる、支離滅裂せる、今代のほどなるはあらじ。其原因をたづぬるに、多年の言語の変遷にも因るべく、学校の教育なかりしにも因るべしといへども、其最大原因は、全く漢文の訓点にありて、その禍源となりしも、近百年以来輩出せし訓点にあり。

四書五経にても、道春点などいふものは、訛れりし所なきにしもあらねど、なほ、古の菅家江家の点の遺流を受けて、捨仮名、振仮名に、自、他、能、所、過去、現在、未来、などの語格依然として存せり。然るに、かの寛政の三助先生の頃よりして、古訓点の振仮名を捨てゝ、専ら音読すること起りぬ。さるは、同訓なりとて、異字異義なるが多きを、唯、訓にて口拍子に覚えてのみありては、異字ある方に、注意薄くなりて、漢書を読むとするよりのわざなりしと聞く。さて此の三先生の頃よりして、漢学漢文の、大に進みて面目を改めしことも著し。漢文専攻の上に就きては、（音読するのみにて、漢書を解し、漢文を作らるにもあらねど、）されど、これよりして、古訓点といふものは、破れそめぬ。

三　近代から見た漢文訓読

では、その漢文訓読によってできた日本語（＝漢文訓読文）は、近代においてどのような評価を得たのであろうか。言文一致に関する文章から三種を引用する。もちろん、言文一致についての文章であるだけに、いずれも漢文訓読体については厳しい評価となっている。

漢文体とは、漢文へ施したる訓点より変化したるものにて、その訓点には種々ありますが、最も勢力ありしは、道春点、後藤点、一斎点の三でありました。其訓点によりて論語孟子抔を読み、その語路を覚えて居って、自分に文章を書く時にも、それを用ゐることであります。さてその訓点といふものも正しいものならば宜しかれど、甚不規則なるもので、特に一斎点の如きは、極めて誤りが多い、所が其誤りを其侭に読みて、それを其語気のまゝにか故に、その文章も甚拙劣であります。

　　　落合直文「文章の誤謬」（「皇典講究所講演」一一、明治二二・七・一五）

道春点は出来得るだけ国語に反せざるやう国語をくづさぬやうにと勤めたるに、闇斎点はやゝ之を破りて漢文の都合をよくしたる跡見ゆ。後藤点はなほ一歩を進めて音読を多く用ひ国語に遠ざかる事ますます甚だし。一斎点に至りては全く漢文の奴隷と為りて国語の為をば夢にも思はざるが如し

　　　大和田建樹「文体の一致を論ず」（『国会』明治二四・九・二〇～一〇・一七）

漢文を書き下しに翻訳したやうな塩梅のものが立派な話し方のやうに思はれ、却て口で言ふ言葉が漢文を読み慣

ものにならざるを得ない。

漢文訓読自体を否定し、漢文は外国語である以上、中途半端な「漢文訓読」などせずに外国語として読むことを主張する論は、すでに近世において、荻生徂徠（一六六六～一七二八）およびその弟子の太宰春台（一六八〇～一七四七）から出される。荻生徂徠は、『訓訳示蒙』（明和三〈一七六六〉年刊）で、

今、学者訳文ノ学ヲセント思ハバ、悉ク古ヨリ日本ニ習来ル、和訓ト云フモノト字ノ反リト云モノトヲ、破除スベシ

（巻一・三丁裏）

と、訓には読まずに音読し、返読することをやめよ、と述べ、また太宰春台も『倭読要領』（享保一三〈一七二八〉年刊）で、

凡中華ノ書ヲ読ムハ、中華ノ音ヲ以テ、上ヨリ順下ニ読テ、其義ヲ得ルヲ善トスレドモ、吾国ノ人ニシテ、華音ノ読ヲ習フコト容易ナラネバ、已コトヲ得ズシテ、倭語ノ読ヲナスナリ

（巻上・二表）

と漢文訓読はあくまでも便宜的なものにすぎないとしている。齋藤希史（二〇〇七）が「荻生徂徠によって漢文が異国の古代の言語であることが強調されてから、日本語らしく読んでしまうことへの抵抗が生まれてきました（六五頁）」と指摘するように、その主張とともに近世の漢文訓読は変化し簡略になっていく。

表現といふものが、型なくして成立するであらうかと考へると、それは甚だ疑問である。「思ふままに書く」といふことが云はれるが、一体、「思ふ」といふことが、果して型を離れて成立し得るものであらうか。我々の思考といふものは、日本語といふ言語形式を型或は枠として、その上に成立するものなのである。(中略)人を弔問する場合、哀悼の表現は、その自然の流露にまかせることが正しいことのやうに考へられるが、その表現に型といふものがなく、あってもそれを心得てゐない場合には、我々は自己の悲しみの感情を表現するすべを見出せず、いかに当惑することであらうか。このことは、文章史を考へる場合に極めて重要である。明治の普通文の成立には、漢文直訳体の文章が、或は欧文翻訳体の文章が型となつて作用したものであり、今日の漢字仮名交り文の形式は、漢文訓読形式を型とし、それからの脱化の過程において成立したものである。

(二四四頁)

引用の最後に述べられているように、近代日本語(右の引用では「明治の普通文」・「今日の漢字仮名交り文」)の「型」となったのは、漢文訓読であったということである。ただ、近代において、「型」として意識されるためには、日常の言語とも異なる独特なひびき(リズム)が必要であり、またかなり広い範囲で使用されなければならないはずである。それでは、そのような「型」は近世においてどのように形成され、また広がっていったのであろうか。

二 漢文訓読と翻訳

漢文訓読は、漢文を日本語へと翻訳するシステムとも言えるが、一般的な翻訳と異なるのは、原文である漢文を残したまま、そこに返り点などの符号および助詞・助動詞などを付け加えることによって日本語にすることである。つまり、そのような制約がある以上、漢文を訓読してできた日本語(=漢文訓読文)は、すでに日本語としては不自然な

近世・近代の漢文訓読と「型」

齋藤文俊

[概要]

近代日本語の形成において、江戸時代の漢文訓読の影響は非常に大きなものがある。時枝誠記が「今日の漢字仮名交り文の形成は、漢文訓読形式を型とし、それからの脱化の過程において成立したものである」と指摘するように、近代日本語の「型」になったのは、漢文訓読であったのである。しかしその一方で、言文一致という流れの中では、漢文訓読体の評価は否定的なものとならざるをえない。その中でも特に、佐藤一斎の訓読法である一斎点は、「漢文の奴隷」「語格破壊の禍源罪魁」などと評され、非常に評判が悪い。本稿では、その一斎点の訓読法に焦点をあてることで、漢文訓読によって生じた日本語(漢文訓読文)がなぜ不自然な日本語となったのか、また、漢文訓読という「型」が近世においてどのように形成されたのか、そしてその「型」がどのように広がっていったのかについて考察する。

一　はじめに

本稿では、近世における漢文訓読の変化、および近代への影響を「型」という点からとらえ直していきたい。まず「型」としての文体の役割について、時枝誠記(一九六〇)は次のように述べている。

安田尚道(二〇一一)「橋本進吉の未定稿「上世の假名遣に關する研究序論」について」〔青山学院大学日本文学会《青山語文》第41号 研究》第4巻第4号〕

金田一京助(一九三五)『増補國語音韻論』(言語誌叢刊)、刀江書院

小山　正(一九五〇)『内山眞龍の研究』、内山真龍会

小山　正(一九六〇)『國學者幕末八木美穂傳』、八木美穂顕彰会

静岡県立浜松北高校学校(一九九四)『浜松北高百年史』、静岡県立浜松北高校学校

静岡新聞社出版局(一九九一)『静岡県歴史人物事典』、静岡新聞社

田辺正男(一九六三)「上代特殊仮名遣と鈴屋翁」『国学院大学国語研究会《国語研究》第16号

寺田泰政(一九九九)「八木美穂伝」続貂《浜松史蹟調査顕彰会《遠江》22号》

中道朔爾(一九八六)『遠州画人伝』、浜松史蹟調査顕彰会

橋本進吉(一九一七)「國語假名遣研究史上の一發見——石塚龍麿の假名遣奥山路について——」〈帝国文学会《帝國文學》第23巻第11号、一二〇～一五四頁〉★再録：橋本(一九四九、一二三～一六三頁)

橋本進吉(一九三一)「上代の文獻に存する特殊の假名遣と當時の語法」〈東京帝國大學國文學會《國語と國文學》第8巻第9号、一～二四頁〉★再録：橋本(一九四九、一六四～一九一頁)

橋本進吉(一九四一)「古代國語の音韻に就いて」、神祇院

橋本進吉(一九四九)『文字及び假名遣の研究』(橋本進吉博士著作集第三冊)、岩波書店

橋本進吉(一九六六)『國語音韻史《講義集一》(橋本進吉博士著作集第六冊)、岩波書店

橋本進吉(一九八三)「上世の假名遣に關する研究序論」〈橋本『國語學史・國語特質論《講義集四・五》(橋本進吉博士著作集　第九・十冊)』、岩波書店〉★これは明治末年か大正初年に執筆されたと思われる。安田尚道(二〇一一)参照。

服部四郎(一九九二)『大野晋・服部先生対談速記録』(服部『言語学者の随想』、著者自刊

安田喜代門(一九七三)『国語の本質　第二巻』、汲古書院

安田尚道(二〇〇三)「石塚龍麿と橋本進吉——上代特殊仮名遣の研究を再検討する——」〈国語学会《国語学》第213号

安田尚道(二〇〇七)「神」と「上(かみ)」は同源だとする説をめぐって」《青山学院大学文学部紀要》第48号

安田尚道(二〇〇八)「『古事記伝』の「仮字の事」をどう読むか——上代特殊仮名遣の研究史を再検討する——」〈日本語学会《日本語の

7 『古言別音抄』では、二類の別を呼ぶのに最初(A系統本=八木美穂旧蔵本・静嘉堂本・京都大学本)は「汎用」「單用」としたが、後(B系統本=大久保本・木下俊夫識語本・草鹿砥氏本)には「上段」「下段」と呼び分けることによりわかりやすいものになった。A系統・B系統については江湖山恒明(一九七八、三二六頁、三三二〜三三六頁、尾崎知光(一九九一)参照。

8 龍麿について秋永一枝(一九七七、九一頁)は言う。

【=『仮字遣奧山路』】が遂に出版もされず埋もれていたのは、そのあまりにもぼう大な研究の成果を仮名表につきはなしてしまった龍麿の執筆態度にもあるだろう。たとえ理論家肌でなくても彼がもう少し自己の研究を語るに饒舌な人であったら、通用という二字のもつ意味をもう少しくわしく書きしるしたことだろうと思う。

参考文献

秋永一枝(一九七七)「発音の移り変り」《阪倉篤義『日本語の歴史(日本語講座6)』、大修館書店》

池上禎造(一九三二)「古事記に於ける假名「毛・母」に就いて」《京都帝国大学国文学会《國語・國文》第2巻第10号》

池上禎造(一九五二)「文字・假名遣の史的研究を跡づけて」《国語学会《國語學》第10輯》

江湖山恒明(一九七八)「上代特殊仮名遣研究史」明治書院

大野 晋(一九五四)「上代語の訓詁と上代特殊仮名遣」《萬葉集大成 3(訓詁篇上)』、平凡社》

大野 晋(二〇〇七)『日本語の源流を求めて』(岩波新書)、岩波書店

大橋博明(二〇〇二)「八木美穂の教育活動」《中京大学教養論叢》第42巻第4号》

尾崎知光(一九九一)「草鹿砥氏旧蔵、名古屋市立鶴舞中央図書館本『古言別音抄』について」《尾崎知光編『古言別音抄(草鹿砥氏旧蔵本)』(和泉書院影印叢刊)、和泉書院》

北岡四良(一九六五)「稿本古言清濁考とその刊行経過——」《皇學館大学紀要》第3輯》★再録:北岡(一九七七)『近世国学者の研究——谷川士清とその周辺——』、故北岡四良教授遺稿刊行会。なお、北岡は昭和一六(一九四一)年四月から昭和一八(一九四二)年八月まで、静岡県立浜松第一中学校(現、浜松北高等学校)に勤務した(静岡県立浜松北高校学校一九九四、一一九七頁)。

大野 恐らくあれは有坂さんの卒業論文なんかが出るというふうなことと関連があったんじゃないかと私は思っておりますけれども。

ここで言う、「橋本先生の昭和6年の論文と昭和18年の論文」とは、橋本(一九三一)「上代の文献に存する特殊の假名遣と当時の語法」と、橋本(一九四二)『古代國語の音韻に就いて』のことである。この対談では、本文中には『日本の言語学』の名は出てこないが、末尾に、

3 『大野・服部先生対談速記録』 昭和47【一九七二】年8月8日 於・大修館書店

とあることと対談の内容からして、大修館書店刊行の論文集『日本の言語学 第7巻 言語史』(服部四郎編)の編集に関する論議であることは確かだと思われる。服部が「確かにあのときは先生は非常にお急ぎになって研究成果を発表なさいましたね。あれはその必要があったんです。」と言うのは、"橋本(一九三一)は公表を非常に急いだために完成度が高くない" ということを言わんとしたものであろうか。なお、この服部の発言に対して「あれは有坂さんの卒業論文なんかが出るというふうなことと関連があったんじゃないか」と応じている大野は大正八(一九一九)年生まれで、当時の橋本周辺の空気を直接知ることはありえない。池上禎造の言う「意識的な仮名遣のやうに考へるむき」とは、京都大学の当時の国語学の教授の吉沢義則のことであろうか。

4 大野晋は、大野(一九五四)などでは、橋本が発見した、としてきたが、大野(二〇〇七、一六三〜一六四)では、安田尚道(二〇〇七)の主張を取り入れたものか、以下のように言う。なお、「発音上はっきりした区別があった」とするのはやや言い過ぎであろう。

5 本居宣長が『古事記』を詳しく研究して、神の場合のミは「微」(ミの乙類)の万葉仮名が使われ「両者の間には発音上はっきりした区別があることを立証した。それで神の語源は上にあるとする説は否定された。

6 早稲田大学図書館には小栗広伴あて石塚龍麿書簡が数通あり、インターネットで画像が公開されている。

荒木田尚賢は宝暦九(一七六〇)年に谷川士清に入門し、翌宝暦一〇(一七六一)年に士清の女婿となってから、自分が安永二(一七七三)年に筆写した再稿本『古事記伝』(一上)を谷川士清に見せるか、要点を伝えるかして、ということは十分に考えられる。

い。田辺正男(一九六三、七頁)は、"二類の別が音の区別に基づくとすると、上代音には五十音の範囲に収まらない「溷雑不正」な音があることになってしまい、宣長のかねてからの主張と重大な矛盾を来たすことになる。そこで再稿本に記した考えの公表を差し控えたのだろう。"と見る。石塚龍麿は現行本『仮字遣奥山路』の万葉仮名配列からすると、"音の区別に基づく"という考えを捨てなかったようだが、考えを変えた師の宣長と対決するようなことはしなかったのであった。[8]

注

1 橋本進吉(一九一七)には、江湖山恒明(一九七八、三九六～三九七頁)の言うように、この八木美穂の序文を草鹿砥宣隆によるものとする混乱がある(この混乱は、明治末年か大正初年に書かれた「上世の假名遣に關する研究序論」(橋本一九八三)にもすでに見られる)。宣隆自身は、開題や本文において、"音の区別に基づく"とは述べていないが、"今世には音同じきも、古言には音の異る所有りて……"と『仮字遣奥山路』を引用したのだから、それで十分だ"と考えたのであろうか。ただ、書名の『古言別音抄』には、音韻の問題であることが明示されている(これは橋本(一九八三、三三八頁)が指摘する)。

2 橋本進吉(一九三二)の成立について、ともに橋本の教え子である服部四郎と大野晋とが対談で述べている(服部一九九二)。この対談は、大修館書店から一九八一年に刊行された論文集、『日本の言語学 第7巻 言語史』(服部四郎編)の編集に関するもののようで、橋本の上代特殊仮名遣に関する著作のうちどれを採録するか、という議論だと思われるが、ここで服部と大野は言う(服部一九九二、三二四頁)。

服部 〈略〉それから橋本先生の昭和6年の論文と昭和[ママ]18年の論文の問題ですね。これについては、ぼくなりの考え方を持っています。ぼくは昭和6年の論文を十分よくは覚えておりませんけれども、確かにあのときは先生は非常にお急ぎになって研究成

43　万葉仮名の二類の区別はどう理解されたのか

は万葉仮名の配列については、宣長の不備を補い、中国中古音に基づいて配列した。

本居宣長は再稿本『古事記伝』では、「假字(カナ)ノ事」に以下のように述べた（一上・28オウ、37オ）

口(クチ)ニ云ハ同ク聞エテ字ニ書(カク)トキ異ナル音(コヱ)アリ伊(イ)ト韋(ヰ)延(エ)ト惠(ヱ)袁(ヲ)ト淤(オ)ナリ〈略〉其ハ神代ヨリ自然ニ別(ワキ)レタル音(コヱ)ニテ上代ハサラニモイハズ中昔天暦ノコロホヒマデモ人皆自(オノヅカラ)ワキマヘテロ(クチ)ニ云モ物ニ書(カク)モ混(マガフ)コト無リシト見エテ書籍ニモ此假字ノ違ヘルコトサラニナク〈略〉其後此音ドモ皆乱(ミダレ)テ一ニ聞ユルカラ物ニ書モ其別(ワキ)ナクナンナレリケル〈略〉

【二類の書き分けについて】凡テ此類イカナル故トハ知(シラ)レネドモ古オノヅカラ音(コヱ)ノ別(ワキ)レケルニヤ

版本『古事記伝』では、契沖仮名遣いについてかなり強い調子で"昔は音に区別があったからこそ表記にも区別があったのだ。そうでなければ、書き分けることはできない。"という趣旨のことを以下のように述べている〈版本・一之巻・38オ・假字の事〉。

其はみな恒に口にいふ語(コトバ)の音(コヱ)に、差別ありけるから、物に書(カク)にも、おのづからその假字(カナ)の差別は有けるなり。《然るを、語の音には、古も差別はなかりしを、たゞ假字のうへにて、書分(カキワケ)たるのみなりと思ふは、いみしきひがことなり。もし語の音に差別なくば、何によりてかは、假字を書分(キ)ることのあらむ》

版本『古事記伝』の主張はもっともなのだが、それならば"二類の別も音の区別に基づく"としなければおかし

十 まとめ

これまで述べてきたことを、時系列に従って整理すると以下のようになろう。

（1）本居宣長は"二類の別は音の区別に基づく"と考え、再稿本『古事記伝』に「凡テ此類イカナル故トハ知レネドモ古ノオノヅカラ音ノ別レケルニヤ」と書いた。また、万葉仮名を中国中古音に基づいて配列した。

（2）石塚龍麿は右の宣長の考えを受け入れ、草稿本『仮字遣奥山路』に「今世には音同じきも古言には音の異る所有りて、古書には用ひし假字に差別有りて甚厳然になむ有りけるを、」と記した（草鹿砥宣隆『古言別音抄』開題に引用）。

（3）八木美穂・草鹿砥宣隆は右の草稿本『仮字遣奥山路』の考えを受け入れ、開題に草稿本『仮字遣奥山路』の「今世には音同じきも古言には音の異る所有りて、……」の部分を引用した。八木美穂は「古言別音抄序」において、中国の韻書などに言及しつつ、二類の別が音の別に基づくことを明言した。

（4）本居宣長は版本『古事記伝』では"二類の別は音の区別に基づく"という記述を撤回した。ただし、万葉仮名の配列は従来と同じく中国中古音に基づいて配列した。

（5）石塚龍麿は現行本『仮字遣奥山路』で、"二類の別は音の区別に基づく"という記述を撤回した。しかし龍麿も、師に従って、「今世には音同じきも古言には音の異る所有りて、」という考えを表向きは撤回してしまった、ということではなかったろうか。

九　再稿本『古事記伝』と石塚龍麿

再稿本『古事記伝』には宣長存命中の転写本があることはすでに第五節で述べたが、田辺正男（一九六三）が言うように谷川士清も刊行前の『古事記伝』を見たらしく、版本『倭訓栞』（大綱）に、以下のように記した（句読点は安田が加えた）。

本居氏の説に、古事記は同音の假名の中にも語意によりて常に用る字を分てり。おには淤意二字を普く用る中に、大には意富とのみ書て淤を書例なし。〈略〉かかる類は古へおのつから音の別てるにや。

田辺（一九六三、三頁）も、「宣長の日記や手紙を照し合はせてみると、士清は記伝の稿本を見たことがあるやうだ。」と述べる。石塚龍麿はもともと内山真龍の門人であった（小山正一九五〇、五二九頁）。同門に高林方朗・小栗広伴・竹村尚規等がいた。石塚龍麿らの師の内山真龍が天明二（一七八二）年に『古事記伝』を見ていることは、すでに第五節で見たように北岡四良が指摘している。天明六（一八八六）年に内山真龍に入門した石塚龍麿は、内山真龍から、あるいはその教えを受けた高林方朗から、『古事記伝』の再稿本かこれに近い写本の「仮字の事」のことを知ったのであろうと思う。

この『古事記伝』の「仮字の事」を知ったからこそ、石塚龍麿の『仮字遣奥山路』は作られたのだろうし、その「仮字の事」には"二類の区別は発音に基づく"という考えが示されていたので龍麿も一旦はそれに従ったのであろう。

しかし、師の本居宣長自身は「古オノヅカラ音ノ別レケルニヤ」という考えを撤回してしまった。そこで石塚龍麿

満(まろ)の門人［文化一〇（一八一三）年入門］。本居大平の門人。依平の歌の門人は三〇〇名を数える。

八木先生＝八木美穂(よしほ)――寛政一二（一八〇〇）年〜安政七（一八五四）年。遠江国城東郡浜野村［のち、静岡県小笠郡大東町。今は掛川市］の大庄屋。夏目甕麿の門人［文化一三（一八一六）年入門］。

草鹿砥宣隆(くさかどのぶたか)――文化元（一八一八）年〜明治二（一八六九）年。三河国宝飯郡一ノ宮［現、愛知県豊川市一宮町］の砥鹿神社の神主。平田篤胤の門人［天保五（一八三四）年入門］。八木美穂の門人［弘化四（一八四七）年入門］。

木下俊夫――文化七（一八一〇）年〜明治二（一八六九）年。別名は榛原清蔭。遠江国磐田郡久努村［現、静岡県袋井市］の元代官。佐野郡掛川宿の宿役人。石川依平の門人［文政一三（一八三〇）年入門］。

村松弘道――寛政七（一七九五）〜文久二（一八六二）。遠江国小笠郡和田岡村吉岡［現、静岡県掛川市］の人。石川依平の門人。また、絵画を学び、谷文晁に就いた。

村松弘道かわわく子＝弘道の子（名は不明）

この木下俊夫の識語をそのまま信じれば、"『古言別音抄』は、『仮字遣奥山路』の未完成な段階の「草稿」を元に作られた"ということになり、そこには「今世には音同しきも古(イニシヘノコトバ)言には音の異る所有りて、古書には用ひし仮(ノ)字(コエオナ)に差(ケヂメ)別(イトオゴソカ)有りて甚厳然になむ有りけるを、」とあったことになる。

安田喜代門（一九七三、一五頁）は、「恐らく竜麿は古事記伝の初稿本系統お見たのであろお」とするが、以下、龍麿が草稿本『古事記伝』を見ることが可能であったかどうかを検討する。

給へるやうは、「此史のみにて事足るべくもおほえねと、先つ草稿にある限をものせさせたれバ、なほ洩れたる詞ともあまた有けれなれバ、後見およはんたひことに書加へたらんには、俊夫かまなひの一助ともなるへけれハ」と、いとねんころにさとしおかれけれハ、村松弘道かわく子におふせて先うつさしめて、其程ハ驛の勤わさいそき行なとして、本書をはかへしやりつ、みやひの道には筆とるいとまもなき程なりけれハ、村松弘道かあつかりもたりけれと、もとよりふること学にはさはかり心を用ひさりけれバ、いまそかりし時は其伜弘道かあつかりもちて来て、かの先生のいはれしこともあれハ、おのかいきのきはみは、欠たるを補ひのこれるをひろひなとかりもちて来て、今はおのかもとにおきてんとす。かれ人の史なれハ、そのこといさゝかしるしおくになむ有ける。吾か後に吾か如人もかきわけよのこること葉のおくの山路者

元治元年甲子六月表紙を附添ふる序に木下俊夫識

ここに登場する人々について、小山正二（一九五〇）（一九六〇）、静岡新聞出版局（一九九一）、中道朔爾（一九八六）、大橋博明（二〇〇二）などによって説明しておく。

石塚龍麿——明和元（一七六四）年～文政六（一八二三）年。遠江国敷智郡細田村〔現、静岡県浜松市西区協和町〕の人。内山真龍の門人〔天明六（一七八六）年入門〕。本居宣長の門人〔寛政元（一七八九）年入門〕。

小栗広伴——安永七（一七七八）年～嘉永四（一八五一）年。遠江国石原村生まれ。内山真龍・石塚龍麿・本居大平の門人。竹村尚規（歌人。遠江国入野村〔現、静岡県浜松市西区入野町〕で酒造業を営む。石塚龍麿の学友）に仕え和歌を学ぶ。[5]

石川翁＝石川依平（よりひら）——寛政三（一七九一）年～安政六（一八五九）年。遠江国佐野郡伊達方村〔現、静岡県掛川市伊達方〕の庄屋の家に生まれる。幼いときから和歌を詠む。一七歳のとき本居宣長『玉霰』を読んで国学に志す。栗田土

であるが、このほかに、浜松市立賀茂真淵記念館には、写本が二種、所蔵されている。

⑥八木美穂旧蔵本。表紙の題「古言別音鈔　稿」。「誦習庵蔵書」の印あり（誦習庵は八木美穂の居宅の名）。八木家の親戚に当る鈴木家から昭和六〇（一九八五）年に賀茂真淵記念館に寄贈された「八木家文書」のうち。

⑦山崎家旧蔵本（村松弘道旧蔵・木下俊夫識語。「弘道」「山崎常磐」朱印あり）。表紙見返しに木下俊夫の詳しい識語があり、成立の事情についての記述がある。山崎家の先祖の山崎八峰は八木美穂・石川依平の門人。

八　浜松市立賀茂真淵記念館蔵・山崎家旧蔵・木下俊夫識語本『古言別音鈔』

賀茂真淵記念館蔵・山崎家旧蔵本『古言別音鈔』の表紙見返しと裏表紙見返しには木下俊夫の識語があり、この写本の成立事情についての記述がある。すでに寺田泰政による翻字と解説があるが（寺田一九九九）、改めてここに識語を翻字する（原文には句読点などが全くないので、読みやすくするために句読点と括弧を補う）。

此別音抄ハ、吾遠江の敷智郡細田の村なる石塚龍麿翁の集めおける、「おくの山路」と標けたる草稿の小栗廣伴かもとにあると聞つたへまして、校正し給んとて吾石川の翁のかりもて来て見給ひたるに、いまたまことのしたかきにて、かりこものいとみたれにみたれて、或は書けちあるはそへもしなとしつゝ、とみにかき改むへくはたあらさりけれバ、師の君見わつらひつゝおはしゝに、其ころ八木先生のもとに三州の草鹿砥宣隆神主、物まなひに来やとりけるほとにて、先生はたいとまめやかにものし給へるほとなりければ、道ひきし給ひて宣隆神主におふせて、そのみたれたるをわかちついて、かくはものさせられし也けり。しかして後、先生持まうり来ての

橋本も私も、"後になるほど研究は進んで真実に近づいただろう"と考えたのであった。

しかし、ことはそう簡単ではないようである。ここで注目すべきなのが、山崎家旧蔵の『古言別音抄』(浜松市立賀茂真淵記念館蔵)の表紙見返しに記された木下俊夫(＝榛原清蔭)の識語である。この識語の全文は後に示すが、その内容の概略を記すと、"小栗広伴が『仮字遣奥山路』の写本を所持していたが、まったくの草稿本であって未整理のものであった。草鹿砥宣隆が師の八木美穂の指示により、これを元に『古言別音抄』を作り上げた。"というのである(後述)。

そうすると、「今の世にては音同じきも古言には音異るところ有りて」という記述は、『仮字遣奥山路』の草稿本にあって、のちに削除された、ということになろう。

七　『古言別音抄』の各種写本

『古言別音抄(鈔)』の諸本として従来知られているのは、

① 東京帝国大学国語研究室旧蔵本(高須葛根(つねね)自筆本。関東大震災で焼失)
② 京都大学蔵本(謄写版による刊本 [三ヶ尻浩] あり)
③ 静嘉堂文庫蔵本(マイクロフィルム [雄勝堂書店] あり)
④ 大久保家蔵本(大久保忠尚 [八木美穂の門人] 自筆本。複製本 [勉誠社] あり)
⑤ 名古屋市鶴舞中央図書館蔵本(草鹿砥氏] 印あり。複製本 [和泉書院] あり)

① 荒木田尚賢書写。「一之上」は安永二(一七七三)年書写。
② 荒木田経雅書写。「一之上」は安永三(一七七四)年九月書写。

このうち②については田辺(一九六三)がその存在を紹介している。

六 『仮字遣奥山路』の現行本と、『古言別音抄』に引用された『仮字遣奥山路』

さきに見たように、『仮字遣奥山路』の現行本には〝万葉仮名の二類の区別は当時の音韻の区別に基づく〟との考えは見られないのに、『古言別音抄』に引かれた『仮字遣奥山路』には、「今の世にては音同じきも古言には音異ると ころ有りて古書には用ひし假字に差別有りていと厳になん有りけるを」(橋本進吉一九一七の引用による)とある。そこで橋本(一九一七、一三六頁)は言う。

かやうに、奥山路の説は本によつて相違があつて、何れが龍麿の本意であるかわからないが、自分【=橋本】は古言別音鈔所引のものが後になつて得た説ではあるまいかと考へる。

この橋本の記述に関して、かつて私は以下のように記した(安田尚道二〇〇三、六頁)。

もっと簡潔に、"龍麿は、初めは書き分けの理由が分からなかったが、後には、それが音の区別によることに気づいたようだ。"と言うべきであった。そうすれば金田一や大野のような誤解は避けられただろう

『古事記伝』（初帙〈一之巻～五之巻〉）が刊行されたのは寛政二（一七九〇）年であるが、石塚龍麿の師の内山真龍が天明二（一七八二）年にすでに『古事記伝』を見ていることを北岡四良（一九六五、一〇二～一〇三頁）が指摘している。

安永四【一七七五】年の真龍の伊勢旅行で、勢遠国学の交渉関係が成立したことは既述の如くであるが、天明二【一七八二】年には、真龍は田中道麿より宣長訓の寛永版古事記を借覧したり（全書・奥書）記伝を読んだり（真龍日誌 三二一号）してゐる。翌天明三年には自説を加へて、当時の門弟である秀穂（小国重年）政定（山下政彦）方朗（高林方朗）等に講義を行なってゐたことは、高林家旧蔵「古事記聞書」によって知られる。〈略〉

前述の如く、龍麿が真龍の門を敵いたのは、天明六【一七八六】年であるが、〈略〉

ともかく、内山真龍は『古事記伝』を刊行前に読んだわけで、これがどの段階のものであったのかは、"二類の書き分けについては、再稿本の「凡テ此類イカナル故トハ知レネドモ古オノヅカラ音ノ別レケルニヤ」という記述に近いものであった"という可能性はあると思う。

天明六（一七八六）年になって内山真龍に入門した石塚龍麿は、真龍から、あるいは兄弟子の高林方朗（みちあきら）から、『古事記伝』の内容を教えられた可能性がある。

以上はあくまでも、「可能性がある」というだけで、確証があるわけではない。

なお、再稿本『古事記』を写した本が神宮文庫に二部ある（国文学研究資料館に写真あり）。

"甲類→乙類"の順"であるが、版本では"ケ・メは「乙類→甲類」の順、ヘ・ベは「甲類→乙類」の順"である。宣長は『韻鏡』の知識に基づいて万葉仮名を配列したものと思われる。オ段・イ段については、明確な配列原理が認められるから、宣長は『韻鏡』の知識に基づいて万葉仮名の利用法を知っており、オ段・イ段については、明確な配列原理が認められるから、宣長は『韻鏡』の知識に基づいて万葉仮名を配列したものと思われる。

（3）現存本『仮字遣奥山路』（東京大学国語研究室現蔵本）とあるが、稿本『仮字遣奥山路』には、「今世には音同しきも古言には音の異る所有りて、古書には用ひし假字に差別有りて甚嚴然になむ有りけるを、」とある。これにより、石塚龍麿も"二類の区別は音韻の区別に基づく"と考えた段階があったことが分かる。

（4）再稿本『古事記伝』（仮名の事）には「凡テ此類イカナル故ト八知レネドモ古オノヅカラ音ノ別レケルニヤ」とあったが、版本にはこれに当る記述はないから、宣長は"二類の区別は音韻の区別に基づく"という考えを版本の段階では撤回したらしい。

五　再稿本『古事記伝』における記述

『古事記伝』の版本（および、これに基づく各種の宣長全集）には、"万葉仮名の二類の区別は当時の音韻の区別に基づく"という考えは示されていない。しかし、『古事記伝』の自筆再稿本（本居宣長記念館蔵）には、「凡テ此類イカナル故ト八知レネドモ古オノヅカラ音ノ別レケルニヤ」とあることが、田辺正男（一九六三）によって報告された。ただ、版本にはこれに当たる記述がないので、田辺は、"宣長は版本の段階ではこの考えを撤回した"と見ている。

問題は門人の石塚龍麿がこの「古オノヅカラ音ノ別レケルニヤ」という再稿本段階の宣長の考えを知っていたかど

嘉永二年十二月　八木美穂

八木美穂は、石塚龍麿が草稿本『仮字遣奥山路』で「今世には音同じきも古言には音の異る所有りて、古書には用ひし假字に差別有りて」と述べているのを知った上ではあるが、その区別が音の区別であると理解していた。ただ、「延と愛の為については「漢土の韻書」「開合」に言及しており、これらの利用法を心得ていたものと思われる。ただ、「延と愛」のたくひは、彼開合また四聲なとに依るにあらず、いにしへより毎字につきたる中國の字音の差別を古言の音の差別に配たるものなれは、古書を類聚して知るより外には為へきやうなきわさなり。」とは、どういうことを言おうとしたのか、検討の必要があろうかと思うが、ともかく音の問題と考えていたことは確かである。

四　石塚龍麿と本居宣長の万葉仮名の配列のしかた

"石塚龍麿と本居宣長が「二類の区別は音韻の区別に基づく」と考えたらしいことが、万葉仮名の配列から窺われること" については、安田尚道（二〇〇三）（二〇〇八）で述べた。その概略を以下に記す。

（1）石塚龍麿『仮字遣奥山路』（カナ）の本文の見出しの万葉仮名の配列には、"エ段・オ段については「甲類→乙類」の順に並べ、イ段については「乙類→甲類」の順に並べる" という明確な原理があり、その背景には漢字の中国中古音の知識があったものと思われる。

（2）本居宣長『古事記伝』（カナ）（仮字の事）の万葉仮名一覧の仮名の配列は、オ段は「乙類→甲類」の順、イ段は「甲類→乙類」の順でほぼ揃っている。ただし、エ段については、再稿本では "ケは「乙類→甲類」の順、ヘ・ベ・メは

開題

此書は寛政の頃、遠江國敷智郡細田村石塚安右衛門龍麻呂と云ふ人の著はせる、假字つかひ奥之山路と云ふ書を童蒙の爲に見安く抄出し記せるなり。其書の始に云へるやう、今世には音同しきも古 言には音の異る所有りて、古書には用ひし假字に差別有りて甚嚴然になむ有りけるを、奈良の朝廷の末なと自りか此差別亂れつると見えて〈略〉

つぎに、『古言別音抄』巻頭の八木美穂「古言別音抄序」の全文を以下に引く(句読点を補う。平仮名には濁点はなく濁音は濁音字母で表しているようだが無視し、濁点は補わなかった。)

古言別音抄序

伊韋延惠於袁の類の音、古昔は各別なりしを、今は混りて一つのやうなれと、物書くには凡て混ふましき事として、歌なとよむ人はよく心得たるを、延と愛、伎と紀の類もまた、上古には音別なりけりと知られて、古書には皆厳に假字を分て用ひたり。其は凡て知れる人なかりしを、松坂の先生の始めて見得たるより、石塚龍麻呂、奥の山路をひらきて明らかにそなしたりける。さて又いま參河人草鹿砥宣隆、此書をつくりて初學の便とせり。もむかしより人のよく知れる伊と為の類は、漢土の韻書に開合なといへる事あるに依てつかひわけて中國の言に當たる物なるを、今此書に集たる延と愛のたくひは、彼開合また四聲なとに依しへあらす、いにしへより毎字につきたる中國の字音の差別を古書の音の差別に配たるものなれは、古書を類聚して知るより外には為へきやうなきわさなり。古書讀む人も歌よみてかきつけむ人も、まつ此書を見て、さて身自もよく古書にくらへ考つしものしてよかし。

右の三人は〝万葉仮名の二類の区別が当時の音韻の区別に基づくことは橋本進吉が発見した〟と理解していたと見られるが、この三人の中に池上禎造が含まれているのはやや意外である。

しかし、橋本進吉自身は、すでに見たように、上代特殊仮名遣について最初に公表した論文「國語假名遣研究史上の一發見――石塚龍麿の假名遣奥山路について――」(橋本一九一七、一三六頁、一五〇頁)において以下のように述べている。

古言別音鈔に引用した假名遣奥山路には「今の世にては音同じきも古言には音異るところ有りて古書には用ひし假字に差別ありていと嚴になん有りけるを」とあつて、これによれば、古代語にあつた音韻の差別に基くと解して居たやうに見える。〈略〉

此の書【=『古言別音鈔』】は明に音韻の相違によると説いて居るのであけれども、これも、既に、此の書に引用した奥山路に説いた所である。

すなわち、"草鹿砥宣隆『古言別音抄』"に引用された石塚龍麿『仮字遣奥山路』、および『古言別音抄』【実はそこに付載されている八木美穂「古言別音抄序」】には、万葉仮名の二類の区別は当時の音韻の区別に基づく、との考えが示されている"と橋本は言っているのである。さきの金田一・池上・大野は、橋本(一九一七)のこの部分をきちんと読まなかったことになる。

以下に、『古言別音抄』(名古屋市鶴舞中央図書館蔵・草鹿砥氏旧蔵本)の「開題」の冒頭部分を引く(原文には句読点がないので補った。平仮名には濁音はなく濁音は濁音字母で表しているようだが、清音仮名と濁音仮名の区別を無視し、濁点は補わなかった。片仮名には濁点がある)。

昭和七（一九三二）年、京都大学文学部在学中の池上禎造（昭和八年卒業）は、「古事記に於ける假名「毛・母」に就いて」（池上一九三二）を発表するが、池上はのちに、当時の学界の状況について言う（池上一九五二、五四～五五頁）。

石塚竜麿においては用字法の問題として取上げられてゐたのが、橋本博士に到つて音韻の問題にせられたのである。それも初めは個々の語の意味に関して、或は語法に関して発表されたがために、何だか意識的な仮名遣のやうにも考へるむきもあつて、これが音韻現象によるといふことを説得するのに主力を注がねばならなかつたのがわたくしの卒業論文（昭和八年、未公表）であつた。

三　石塚龍麿と橋本進吉の理解についての諸家の見解

二類の書き分けに対する石塚龍麿と橋本進吉の理解について、橋本以後の人々はどう見ていたか。

① 「奥山路は、〈略〉發音の問題には少しも触れて来なかつた。」（金田一京助一九三五、四〇三頁）
② 「石塚竜麿においては用字法の問題として取上げられてゐたのが、橋本博士に到つて音韻の問題にせられたのである。」（池上禎造一九五二、五四頁）
③ 「橋本博士の研究が、石塚龍麿の研究と全く相違してゐるのは、この二類の区別が、當時の音韻體系の反映であることを看取された點にある。」（大野晋一九五四、三三頁）

右の假名の區別は、國語内に於ける音の通用の状態から觀ても、之にあてた字音の假名(萬葉假名として用ゐた漢字)の、支那、朝鮮等に於ける發音や、韻書に於ける音の區別などに對照して觀ても、上代の國語に於ける發音の區別に基づいたものらしく考へられる。

なお橋本は、橋本(一九三二)に先立つて、昭和二(一九二七)年度の東京大学の講義「國語音聲史の研究」において以下のように述べた(橋本一九六六、一五六頁、一五八頁)。なお、これが活字で公表されたのは昭和四一(一九六六)年である。

　それならば兩類の區別は何に基くか、これまでの研究者は何も述べてゐない。龍麿も、これに對してははつきりとした考へには持つてゐなかつたらしい。

　『古言別音鈔』の引用してゐる所では、發音上の區別があつたといふ風になつてゐる。

　この假名の區別は、單なる文字上のものとは考へにくい。〈略〉

　かやうな文字の用法上の區別は、どうしても發音上の區別に基いたものと言ふより考へられない。〈略〉

　母音の違ひに基くものではないかと想像されるのは、字音を用ゐた萬葉假名について調べて見ると、同じ類に屬する假名には、同じ韻のものを用ゐたものが多いが、違つた類に屬する假名に用ゐたものは、大抵は違つた韻の字を用ゐてゐるのであつて、即ち、假名の兩類の區別は韻の違ひにあるしく考へられるからである。尤も、兩類の萬葉假名に用ゐた文字の韻がきつぱり分れてゐるのは、才段の假名に當るものだけで、そのほかのものにあつては、〈略〉確かに斷定する事は出來ないが、多分さうであつたらうと思はれる。

だが、橋本は何も説明していないのである。だから、「音韻上の差別に基くものである事は略疑の無い所である。」などと言ってはいけないのである。

橋本(一九一七)は、この部分以外では、"万葉仮名の二類の区別は当時の音韻の区別に基づく"ということを主張してはいない。ただ、石塚龍麿『仮字遣奥山路』の記述方法を批判したところで、以下のように言う(橋本一九一七、一三四頁)。

【石塚龍麿は】或は数百の例の中、数箇の例外があつても、意に介するに足りないと考へて居たのであるかもしれないが、これを古代の文献に於ける假名の用法の問題として、當時の音韻組織にまでも關係させて考へようとすれば、一つの例外でも忽諸に附することは出来ないのである。

橋本がこの段階で、音韻の区別に基づく、と考えていたことは確かであろう。ただ、具体的に音韻のどういう区別なのかについては「自分の研究も未だ定説を得るに至らない」(橋本一九一七、一三七頁)としか言わないのである。草鹿砥宣隆『古言別音抄(鈔)』に引かれた『仮字遣奥山路』や、『古言別音抄』に八木美穂が寄せた「古言別音抄序」の、"二類の区別は音の区別に基づく"という考えに賛同した。ただし、これらには具体的な説明はない。橋本もまた、"音の区別に基づく"ということの根拠を明示せず、橋本に新たな発見や主張があるわけではないのだから、この橋本(一九一七)の段階を以て、"橋本は、「万葉仮名の二類の区別は当時の音韻の区別に基づく」と主張した"とは言い難い。

橋本が根拠をあげて〝十数個の仮名の二類もまた音韻の区別による〟と述べたのは、上代特殊仮名遣に関する橋本の二番目の論文、橋本(一九三二)「上代の文献に存する特殊の假名遣と當時の語法」である。[2] 橋本は言う(四頁)。

遣奥山路には「今の世にては音同じきも古言には音異なるところ有りて古書には用ひし假字に差別ありていと嚴になん有りけるを」とあつて、これによれば、古代語にあつた音韻の差別に基くと解して居たやうに見える。かやうに、奥山路の説は本によつて相違があつて、何れが龍麿の本意であるかわからないが、自分【＝橋本】は古言別音鈔所引のものが後になつて得た説ではあるまいかと考へる。しかしながら、龍麿が果してこれを音韻の別に因るものと認めたとしても、其の一々の音が如何なるものであるかに就いては未だ定説を得るに至らないのである。さうして此の問題については自分の研究も未だ定説を得るに至らないが、エ音の假名の兩類の別が阿行と也行のエ音の別（即、eとyeの別）に相當するものであると明であるのを觀ても、此等の假名の區別が奈良朝又は其以前にあつた音韻上の差別に基くものである事は略疑の無い所である。

橋本は、"「衣」と「延」の區別は、奥村栄実『古言衣延辨』や大矢透『古言衣延辨證補』の言うように、ア行のエとヤ行のエの區別、すなわちeとyeの區別だ"と見る。この結論自体は正しいのだが、問題はその先の論の展開のしかたである。

橋本が「此等の假名の區別が奈良朝又は其以前にあつた音韻上の差別に基くものである事は略疑の無い所である。」と言う時の「此等の假名の區別」とは、キヒミケヘメコソト等十数個の假名の二類の區別のことであるが、ここで橋本は、"エの二類は音韻の區別に基づくものであったから、エ以外のキヒミケヘメコソト等十数個の假名もまた音韻の區別に基づくものである"と主張しているのである。

これは全く論理が飛躍している。こう主張するためには、"エの二類の違いと、キヒミケヘメコソト等十数個の假名の二類の違いとは、同じ性質のものである"（実際は同じとは言えないのだが）ということをきちんと説明しなければならな

一 はじめに

"万葉仮名の二類の書き分けが当時の音韻の区別に基づく"というのが妥当でないことは、安田尚道（二〇〇三）で簡単に述べた。本稿では、"音韻の区別に基づく"という事実に気づいたのは誰なのか、その人はそれを外に向けてどう主張したのか、について考える。

なお、引用文において、【 】内は安田が加えたもの、〈略〉は安田が省略した部分、《 》は原文が二行割であることを示す。また、「ドモ」「コト」を表わす合字は印刷の都合で普通の片仮名に直した。

二 橋本進吉は"音韻の区別に基づく"という考えをいつ述べたのか？

"万葉仮名の二類の書き分けが当時の音韻の区別に基づくことは、橋本進吉が発見した"とかつては言われた。そこでまず、"万葉仮名の二類の区別は当時の音韻の区別に基づく"ということについて、上代特殊仮名遣に関する橋本の最初の論文、「國語假名遣研究史上の一發見——石塚龍麿の假名遣奥山路について——」（橋本一九一七）で橋本がどう述べたのかを見ておこう。橋本（一九一七、一三六〜一三七頁）は言う。

此等の假名に兩類の別があるのは何に由るかといふに、龍麿は「上つ代にはその音おなじきも言によりて用ふる假字定まりていと嚴然になむありつるを」（總論）と云つて居るから、音には關係なく唯文字だけでの定まりと考へて居たやうに思はれるけれども、其のすぐ後に、「しか定まれるはいかなるゆゑともしれねど」とあるのを觀れば、これに就いて確實な意見を有して居なかつたやうに思はれる。しかしながら、古言別音鈔に引用した假名

万葉仮名の二類の区別はどう理解されたのか

——"音の区別に基づく"という考えの提起と撤回——

安田尚道

［概要］

"万葉仮名の二類の区別が当時の音韻の区別に基づくことは橋本進吉が発見した"というのは否定されている。本居宣長も一旦は「古ヘオノヅカラ音ノ別レケルニヤ」（『古事記伝』再稿本）と述べたが、門人の石塚龍麿の「仮字遣奥山路」にも、「今の世にては音同しきも古言には音異なるところ有りて古書には用ひし仮字に差別有りて……」とあったという（草鹿砥宣隆『古言別音抄』開題）。しかし、現存の『仮字遣奥山路』には「今の世にては音同しきも古言には音異なるところ有りて……」に当る部分がない。そこで、この部分は石塚龍麿のどの段階の考えなのかが問題となるが、その手掛かりとなるのが、山崎家旧蔵（浜松市立賀茂真淵記念館蔵）の表紙見返しに記された木下俊夫の識語である。この識語によると、"小栗広伴が『仮字遣奥山路』を所持していたが、のちには削除された、『古言別音抄』の草稿本にあって、のちに削除された"という。そうすると、「今の世にては音同しきも古言には音異なるところ有りて……」という文が、草稿本であっては未整理のものであったには音異なるところ有りて……」というのは、『仮字遣奥山路』の草稿本にあって、『古言別音抄』を元にこれを『古言別音抄』を作りあげた。"という。そうすると、「今の世にては音同しきも古言には音異なるところ有りて……」という文が、草稿本であっては未整理のものであった、ということになろう。石塚龍麿は本居宣長に入門する以前、師の内山真龍を通じて本居宣長『古事記伝』再稿本の内容を知っていたようで、『仮字遣奥山路』版本では、「今にオノヅカラ音ノ別レケルニヤ」という考えを撤回してしまったため、宣長の門人となった龍麿も、『仮字遣奥山路』草稿の「今の世にては音同しきも古言には音異なるところ有りて……」を後には削除した、ということらしい。

野村伝四郎編(一九三八)『大国隆正全集 第四巻』有光社

芳賀 檀編(一九三七)『芳賀矢一文集』富山房

平田篤胤全集刊行会編(一九七七)『[新修]平田篤胤全集 第六巻』名著出版

福井久蔵(一九〇七)『日本文法史』大日本図書

藤井貞文(一九七七)『明治国学発生史の研究』吉川弘文館

藤井貞文(一九八七)『江戸国学転生史の研究』吉川弘文館

藤田大誠(二〇〇七)『近代国学の研究』弘文堂

古田東朔(一九七八)「音義派「五十音図」「かなづかい」の採用と廃止」古田東朔編『小学読本便覧 第一巻』武蔵野書院

保科孝一(一八九九)『国語学小史』大日本図書

松浦光修(二〇〇一)『大国隆正の研究』大明堂

村岡典嗣(一九四〇)『[増訂]日本思想史研究』岩波書店

村岡典嗣(一九五七)『宣長と篤胤 日本思想史研究Ⅲ』創文社

矢田 勉(二〇〇六)「「国語学史」再考―概説的記述と専門的研究をめぐって―」全国大学国語国文学会編『日本語日本文学の新たな視座』おうふう

山田孝雄(一九四二)『国学の本義』畝傍書房

〔付記〕 本稿は科学研究費補助金による研究成果の一部である。

大野晋編(一九六八)『本居宣長全集 第一巻』筑摩書房
岡島昭浩(二〇〇一)「半濁音名義考」迫野虔徳編『筑紫語学論叢』風間書房
折口博士記念古代研究所編(一九七六)『折口信夫全集第二十巻 神道宗教篇』中央公論社
亀田次郎(一九〇二)「高橋残夢伝」『言語学雑誌』三―一
川村 湊(一九九〇)『言霊と他界』講談社
清原貞雄(一九四〇)『国学発達史』畝傍書房
釘貫 亨(二〇〇七)『近世仮名遣い論の研究』名古屋大学出版会
阪本是丸(一九九三)『明治維新と国学者』大明堂
山東 功(二〇〇二)『明治前期日本文典の研究』和泉書院
國學院大學編(一九八二)『皇典講究所 草創期の人びと』國學院大學
國學院大學校史資料課編(一九九四)『國學院大學百年史 上』國學院大學
子安宣邦(一九九八)『江戸思想史講義』岩波書店
近石泰秋編(一九五一)「堀八左衛門秀成」『文芸』三一―二
東京帝国大学編(一九三三)『東京帝国大学五十年史 上冊』東京帝国大学
東京帝国大学編(一九四二)『東京帝国大学学術大観総説文学部』東京帝国大学
東京大学百年史編集委員会編(一九八四、一九八五)『東京大学百年史 通史一・部局史二』東京大学出版会
時枝誠記(一九四〇)『国語学史』岩波書店
豊田国夫(一九八〇)『日本人の言霊思想』(講談社学術文庫)講談社
管 宗次(一九九三)『幕末・明治上方歌壇人物史』臨川書店
神宮奉斎会編(一九一三)『音義全書 上・下』神宮奉斎会
山東 功(二〇一〇)「明治二〇年代の学校国文法教科書―落合直文・小中村義象『[教育中等]日本文典 全』について―」『言語文化学研究 日本語日本文学編』五

五十嵐政雄(一八八〇(明治一三)年刊)『言霊真澄鏡』(国立国会図書館)

5 これらの著述について主要なものは『音義全書』に所収されている。なお秀成の年譜については近石泰秋編(一九五一)を参照。

6 例えば、落合直文の著作には神代文字による検印の押されたものがある(図は『日本大文典 第二編』(一八九六)の刊記)。ここからも直澄の影響を見ることができるが、直文自身は神代文字論を積極的に肯定した論考を発表していない。

参考文献

伊東多三郎(一九八二)『増補版 草莽の国学』名著出版

からも詳細な検討が望まれる。この点についてはヤ行のエについての問題はおいておく。また、幕末・明治前期の音義派に関係する五十音図や仮名遣いの問題については、古田東朔(一九七八)が極めて参考になる。

2 ここではヤ行のエについての問題はおいておく。また、幕末・明治前期の音義派に関係する五十音図や仮名遣いの問題については、古田東朔(一九七八)が極めて参考になる。

3 ここで挙げられていなかった者については、中等教育機関の他、神職に従事していたものが多いが、この点については地方教育者と国学者という観点から、改めて検討を要する課題である。

4 高橋残夢(一八四三(天保一四)年成)『国語本義』(愛日文庫)例えば、残夢ら音義言霊派の七十五音図は以下のようなものである。

中村孝道(書写年不明)『言霊聞書』(早稲田大学附属図書館)

こうしたことから、明治期国学者の言語研究について研究が進んでいる維新史学や神道史学の分野のみならず、言語研究の分野から精査するといった、本格的な検討が必要であると思われる。具体的には、これまで神道史学的研究との交渉があまり見受けられなかった権田直助の言語研究や、逆に神道史学ではあまり言及されなかった富樫広蔭、堀秀成、落合直文の言語研究などを中心として活用研究や音義説、神代文字論などを日本語学史的に精査し、その研究史的意味について検討すべき段階にあると思われる。また、文法研究の分野ではその存在が知られているものの、『国学者伝記集成』や『和学者総覧』においても、ほとんど見るべき記述のない阿保友一郎や旗野十一郎といった地方教育者として活躍した国学者に関して、年譜考証ならびに国語教育史上の影響関係についても注目すべきであろう。

さらに、大国隆正や鶴峯戊申といった幕末期の国学者が常に蘭学を意識していたように、明治期国学者も近代西洋化の流れについて敏感に反応していたという事実をふまえ、明治期国学者がいかに西洋移入の言語学と対峙してきたのかについても検討を行う必要がある。これは国学者が著した折衷文典や音義書の分析を、批判対象となった研究と比較することが挙げられる。具体的には、谷千生のチェンバレン批判や、林甕臣の語源研究に対する新村出の評価などを分析することで、ほとんど顧みられることのなかった明治期国学者の言語研究の研究史的位置付けが可能となるものと思われる。

本稿は、かかる研究方向性を示す一つの試みであった。

注

1 なお、篤胤『古史本辞経亦云五十音義訣』「古言学由来 第十」は、国学史の記述であるとともに、一種の「国語学史」的様相を示している点に注意したい。その意味で国語学史の成立については、拙著（二〇〇二）での分析では不十分であり、今後は国学史、国学観史の観点

しまう。そのことが明治期国学者の評価を極めて矮小化していたとするならば、問題は、その観点そのものにあると言えるのではないだろうか。

四 おわりに—今後の展望について—

富士谷成章や本居宣長、本居春庭といった近世国学者の言語研究については、明治以降の国語学史の研究分野において、すでに多くの研究がなされている。また、近年では国民国家形成期の学知を問うという観点から、明治以降の近代国語学成立時期に関する言語研究についても言及がなされるようになってきた。明治以降の国語学については、拙著（二〇〇二）でも近代国語学成立前史として検討を行った。

しかしながら、明治以降の言語研究が近世国学における言語研究の成果をどのように継承し展開していったのかについて、本格的に検討したものはあまり見受けられないように思われる。さらには、現代でも一般社会で時折主張される恣意的な語源解釈についても、それらの解釈が幕末・明治期の音義言霊学派国学者の言語研究の中に見出されることは、あまり言及されていない。すなわち、近世国学と明治期とを繋ぐ時期の研究については、未だ十分に解明されていない実態が存在すると言えるのである。具体的には、明治初期に活躍した富樫広蔭、権田直助、堀秀成といった音義言霊学派国学者の言語研究などがこれにあたる。また明治前期には多くの鈴屋門流文法書が、主として地方の国学者の手によって刊行されている。さらに、近代西洋化の流れを受けて言語学を本格的に受容してからも、近世国学の言語研究を展開させていった、黒川真頼、物集高見、本居豊頴などの帝国大学関係者の言語研究も同様である。つまり、明治期に活躍しつつも、その後の近代西洋化の中で埋没した、明治期国学者の言語研究について、その言語研究史的意味を十分に検討する必要があると言えるのである。

このように、極めて縦横無尽な音義説を通していけば、逆に関係ないものが無くなるほど一義的な音義説が完成する。ここではヤ行のイにすら音義が成立する。それは五十音図の完全性の上では当然の帰結であった。

さらに、音義言霊論と密接な繋がりを持つ「神代文字」についても、篤胤の『神字日文伝』以来、鶴峯戊申『鍥木文字考』（一八三八（天保九）年）、『嘉永刪定神代文字考』（一八四八（嘉永元）年）、大国隆正『神字小考』（一八四〇（天保一一）年）などの他、明治以降においても、落合直澄『日本古代文字考』（一八八八（明治二一）年）が見られる。

こうした音義言霊学派や神代文字論に対する本格的な批判は、西洋言語学の流入によるところが大きい一方、神代文字を批判した宣長を出すまでもなく、考証派の明治期国学者達が、あえてそれらを扱わないことによって学知の継承をより確かなものにしていったとも言える。つまり、明治期国学者という位相は、音義言霊学派や神代文字論に代表される対極的な研究と対峙させることにより、その意味が一層明らかなものとなってくるのである。それが、今日における国語・国文研究の基盤となっていることは言うまでもないことだが、その出来について今一度振り返ってみることは、その後の流れを顧みる中で極めて有意義なことでもあるだろう。明治期国学者の研究成果については、あくまでも今日の研究における先行研究の一つとして捉えられるあまり、内容の稚拙さや論証の不確かさが目につい

二　アフレイヅル象
三　ウゴク象
四　ノビユク象
五　オホキナル象

右五本義

（『音義本末考』の記述より構成）

このような言語論について国語学（西洋言語学）的に検討などすることは、逆に滑稽ですらあるだろう。そこには、立場の相違としか言いようのない懸隔が存在するからである。

ちなみに、残夢の音義説は中村孝道『言霊或問』（一八三四（天保五）年成）や『言霊聞書』（早大本、扉に「言霊真洌鏡」）の影響下にあるもので、平田派の五十音図とは異なり七十五音図を重視する。その後、言霊学への展開としては、中村孝道、望月幸智、五十嵐篤好（五十嵐篤雄『言霊真澄鏡』）、大石凝真素美らへと連なっていき、復古神道（古神道）の流れへと通じていくことになる。当然ながら、ここに平田派における「アウトロー的学問の典型的手口」をアカデミズムの偏狭性として攻撃することも、あり方との共通性を見出すことも可能であろう。さらに、こうした懸隔（釘貫亨（二〇〇七）二二六頁）とでも称すべきあり方との共通性を見出すことも可能である点である。

また、残夢と同じく音義言霊学者であった堀秀成の音義説は、『言霊妙用論』（一八六六（慶応二）年成、一八七七（明治一〇）年刊）や『音義本末考』、『音図大全解』、『助辞音義考』、『仮字本義考』などによって知ることができる。これらの記述によれば、本音「阿伊宥衣於」は「宥、於、阿、衣、伊」の順で発生し、それぞれ「阿」と「於」が発生、「於」が「宥」と「於」の間に配置、さらに「衣」の音が進んで「阿」と「宥」の間に「伊」が配置されたのであるという。これらから、例えば「有（ウ）」には以下のような音義が存在するとしている。

「有（ウ）」　天地ノ初発ノサマニ思ヒ合スベシ
　　　　　　喉ヨリ発ル声進ミテ伸ル舌ニヨリテナリイヅル音
　　　　　　地球ノ成始ノ状ニ思ヒ合スベシ
　　　　　一　ヒラケソムル象

あは顕はれ出づるの霊、顕はるゝ義、顕はすの詞、五音の源、喉音未言なり。霊は音の味也。匂ひ也。あの声は顕出の味あり。之を譬へて言はゞ、夜将に明けんとする景色にて、光輝雲に匂ふに似たり。夜明くれば、万物形さやかに顕はる、よて顕はるゝ義となり、顕はすの詞となりて、変化出て来る。其変化を甘く心得ざれば、詞の訓義を説くこと難し。

『言霊之宿』（一八三六（天保七）年成、静嘉堂文庫

又言霊の幸はふ国といへるは。皇国は神代のはしめより歌と云もの有て具歌神代より幸はひわたりて長歌短歌旋頭混本とさきはひ。起り中古よりは連歌起り道歌起り狂歌起り近世は俳諧の発句起り。謡曲の謡なと。さま〴〵幸はひ来るを云也。上つ世も然りけむ。末の世いかに幸はふらむ。さきはは咲也。幸と書は彼義訓也。又言霊の八十とつゞけたるは枕詞にて。言霊七十五声の数多きを。八十の枕におけるにて。別義有にはあらし。加茂真渕か冠辞考にはもらせり。真洲鏡も霊義詞も。霊の宿はしたれと。此書みむ人の二方に渡りてわつらはしけれは。爰にも再ひあらはせり。

『国語本義』「惣論」（一八四三（天保一四）年成、愛日文庫

又近世言霊を唱ふる人こゝかしこに聞ゆれと。言語名義の上はいはすして。太占水茎なと怪しき業をつくり出て。世の人欺くか故に。心ある学者は中くに嘲り笑ひて。耳にも触ず又悲しむへし。

『国語本義』「惣論」

「あきらか」あきは明なり。明入赤といふ義なるを、きの韻きにいを含め、りあを約めて、らと云へるなり。あはは限りを極むるなり。夜明に入りて、四海隠れたる物なし。明らかなりといふ言の本なり。此一言けし、けく、けき、けみ、けさの活用あり。

『国語本義』「惣論」

によって、西洋言語学の移入をスムーズに成し遂げさせたという点は認めなければならないだろう。消極的な評価ではあるものの、音義言霊学派としての展開が国語・国文の領域では起こらなかった訳であり、上田万年や芳賀矢一に国学の優位性を語らしめる必須的な要素でもあった。上田は堀秀成や林甕臣など音義学者の著述に対して最大限の賛辞（序文）を寄せているものの、門下から音義言霊学者などを輩出させることは全くなかったし、その意図も決して持っていなかった。正確に言えば、上田の賛辞からもうかがえるように、音義説などについては、極めてユニークな言語哲学の一派として捉えられていたようである。それは、ある意味で異種（他領域）に対する扱いとも似ている。例えば幕末の音義言霊学者の一人である高橋残夢について、保科孝一の『国語学小史』（一八九九）では「或点は言語学の方よりは、寧ろ哲学の方から研究したら面白からうと思はれるところがあります。」（四四四頁）と評価しているように、言語研究とは異なる分野で評価を行っている点は注目しておきたい。

高橋残夢は歌人として名高いが、彼の音義言霊論は極めてユニークなものである。菅宗次氏による研究を参考に一部について紹介すると、例えば音義説については以下のような調子で展開されている。

㋞やは。㋰わ㋞やと。三声重なれるの初。㋑より。㋐と飛走りて生れし声。㋐と飛走り。必疑の意生ず。日光㋐と顕れ。㋰と形を定めしかして後。西へ行。其ゆく事矢のごとし。世其中にあり。物中にあれば。必疑の意生ず。日光㋐と顕れ。㋰と形を定めしかして後。西へ行。其ゆく事矢のごとし。世其中にあり。物中にあり。㋒の三ン韻ン中にあり。物中にあり。㋖の韻ン味也されば。㋞やは意のう。物のう。事のう。何のうへにも。意を飛走らせて云か。又は。重るの意を含みていへるか。又は。中にあるの義により　ていへるか。又は。疑意をいへるかの四韻ン也。此声手尓波声也発語にいへるもあり

朝に東に出て。夕に西に入。かくして一ンー三百六十余日ン重。是㋞やの韻ン味也されば。㋞やは意のう。物のう。事のう。何のうへにも。意を飛走らせて云か。又は。重るの意を含みていへるか。又は。中にあるの義により

『国語言霊辨明』「やよゆえゑ／わを／あおうゐゑい」部（成立年不明、愛日文庫）

東京大学文学部古典講習科(一八八二(明治一五)年〜一八八八(明治二一)年)

小中村清矩、木村正辞、本居豊穎、小杉榲邨、松岡明義、久米幹文、物集高見、佐々木弘綱、大和田建樹

皇典講究所(一八八二(明治一五)年〜)

桜井能監、矢野玄道、松野勇雄、川田剛、山田有年、平山省斎、小中村清矩、権田直助、井上頼圀、松岡郁之進、阪正臣、大河内信古、豊喜秋、高島嘉右衛門、大関克、矢島錦蔵、松見文平、徳岡久遠

國學院(一八九〇(明治二三)年〜)

市村瓚次郎、西村茂樹、飯田武郷、萩野由之、川田剛、阪正臣、高津鍬三郎、畠山健、内藤耻叟、井上頼圀、小中村義象、落合直文、有賀長雄、大瀬甚太郎、佐藤寛、久米幹文、木村正辞、黒川真頼、三上参次、島田重礼、小中村清矩、本居豊穎、物集高見

高等中学校(一八八九(明治二二)年〜)

久米幹文、落合直文、小中村義象

　今日から見れば、国史学や神道学の領域も含まれていることから、国語・国文系という捉え方からは大きく超えた学者も多く存在するが、逆にそのことが国学としての性質を物語っているともいえよう。つまり、この点に明治期国学者の実態が現れているのである。確かに、今日からすれば、日本語学史的に注目すべき所説を展開していたという例は、残念ながらあまり存在しない。しかしながら、一方で彼らが対峙していた相手を考えてみれば、考証的な研究

いて、在職期間とともに列挙すると以下のとおりである。[3]

東京大学文学部和漢文学科(一八七八(明治一一)年～一八八六(明治一九)年)
横山由清、黒川真頼、木村正辞、大沢清臣、飯田武郷、小中村清矩、本居豊穎

帝国大学文科大学和文学科(一八八六(明治一九)年～一八九七(明治三〇)年)・東京帝国大学文学部国文学科(一八九七(明治三〇)年～)
小中村清矩(～一八九一年、以後講師)、物集高見、B. H. Chamberlain(～一八九〇年)、久米幹文(～一八八年)、木村正辞(一八九一年～一八九三年)、高津鍬三郎(一八九一年～)

〈講座制以後(一八九三(明治二六)年～)〉

国語学国文学国史第一講座
　栗田寛

国語学国文学国史第二講座
　星野恒、本居豊穎(一八九五年)、飯田武郷(一八九六年～)

国語学国文学国史第三講座
　黒川真頼(～一八九九年)、上田万年(一八九四年～)、小杉榲邨(一八九四年～)、黒川真道(一八九四年～)

国語学国文学国史第四講座
　物集高見(～一八九九年)、高津鍬三郎、芳賀矢一(一八九四年～)

博言学講座
　上田万年(一八九四年～)

仰的言霊派といわれる人びとのなかでも、末期の高橋残夢・堀秀成などはその代表者である。とくに残夢は音義説の狂信派であった。「言霊社」（一八七七）というものを組織した秀成は、明治に入ってまでも活躍するが、それらの神秘観は泰西の実証主義の波によってもろくも消滅するのである。　豊田国夫（一九八〇）一八二頁〜一八三頁

それだけに、音義言霊学派に対する関心も、常に「国語学」成立以前の神秘主義的思想といった枠を超えず、結果として「国語学史」をはじめとする学史の流れには極めて乗りにくいものとなっている。そして、この流れを形成したのは、言うまでもなく、音義言霊学派と明らかに対峙する、実証的で穏当な、しかも明治以降のアカデミズムの中で主流の位置を占めた明治期の国学者たちなのである。彼らは教育制度整備の過程において、常に大学（帝国大学）をはじめとする高等教育機関に在籍し、学知を牽引していった。その意味において、明治以降の国学についても、学知の正当性を保証する高等教育機関の存在を無視することはできない。つまり、高等教育機関における国学者の関与については、もう少し精緻に位置付けておく必要があると言えるのである。例えば明治初年では、ヤ行のイとエがア行のものと異なる五十音図を示した音義派の仮名遣いが多くみられるが、これらが現行のものへと収斂して行く過程に、黒川真頼、佐藤誠実、物集高見らの仮名遣い論が存在していた。[2] 極端な推論であるかもしれないが、彼らの議論が存在しなければ、国語施策としての仮名遣いも大変歪なものとなっていた可能性すらあり得たのである。

三　明治期の高等教育機関と国学者

繰り返しになるけれども、明治以降における国語・国文系研究者の系統を概観すれば、当然のことながら、その多くは国学の流れに位置づけられる。試みに、明治二〇年代を中心とする高等教育機関在籍の国語・国文系研究者につ

戦後、篤胤研究に対しては一種の禁忌感が存在したものの、その後、音義言霊論の思想史的解釈について多くの関心が向けられている。中でも川村湊氏の「言霊」論に関する分析は、以下のように極めて刺激的である。

「言霊」という、現代ではすっかり死語となってしまった言葉と出会ったのは、神秘的言語観、言語の絶対主義が衣装を変えて私たちの社会に現れていて、それはどんな術語を使おうと「言霊」という言葉と本質的には変わりがない、ということに気がついたからである。小林秀雄、江藤淳、吉本隆明といった現代の文芸批評家たちの言語観の本質的な部分に、「言霊」と呼んでもよいような言語についての思惟が伏在しているのではないか。それは賀茂真淵や本居宣長を源流として、富士谷御杖、平田篤胤、橘守部、鈴木朖といった国学者たちに引き継がれ、小泉八雲、柳田国男、折口信夫などの文学者たちにまで流れ込んできているものではないかと考えた時、「言霊論」は「他界論」と別なものではないという確信が生まれたのである。　川村湊（一九九〇）三〇七頁～三〇八頁

ただ、一般的な理解としては、次のようなまとめでほぼ言いつくされた感もあり、幕末から明治期の国学に関する視点については、狂信的なものから実証的なものへ、という語りによって完結しているとも言えるだろう。

前期の国学は、僧職に失望したといわれる契沖の古典研究から始まり、春満、真淵とつづく。真淵の古典研究は、宣長の古義探究となり、これを神道として篤胤が継承する。この学統とその亜流には、古語から古義へ、古義から古道へという図式化があり、このプロセスのうちに、だんだんと特有な言霊思想も醸成されたのである。信

は、考証に重きをおいた国学者達であった。また平田派についても、アカデミズムとは異なる流れの中で、強い影響力を与えていた点は無視できず、信仰としての国学や、西洋近代化への反省と日本回帰といった文脈の中で、常に再生していくこととなるのである。その際には「音義・言霊」が重要な要素となっている。例えば昭和前期に、民俗学的見地からの鋭い洞察を示した折口信夫は、以下のように篤胤の国学への再評価を促している。

其後の学者は篤胤先生の学問から、さういふ方面の恩恵を受けないでしまつてゐる。併し今日われ〴〵が見れば、仄かながら篤胤先生の無意識の目的が、訣るやうに思ひます。だから篤胤先生の学問といふものは、もつと大きくならなければならぬし、もつと違つた方面にも進んで行かなければならぬものが、残つてゐるといふことになる。だからわれ〴〵の考へてゐる篤胤の国学といふものは一部面だけで、全面ではないといふことです。今まで残つてゐる材料のみならず、その曲解してゐる篤胤といふものがある。それをすべて改めなければならぬ。もつと広い篤胤先生といふものを見なければならぬ。さういふことを申したいのであります。

折口信夫「平田国学の伝統」（折口博士記念古代研究所編（一九七六）所収）

同じく戦前の例では、時枝誠記が『国語学史』の中で、平田派に代表される音義言霊学派について、次のような極めて意味深長な評価を下していることにも留意しておきたい。

以上の諸説〈音義言霊学派∷引用者注〉は、近世末期の国語研究の到達した言語の本質論乃至は言語哲学に関する思索であるが、それが若し、到達すべき極点にまで至つたならば、そこから更に新らしい言語に対する観点が生まれたであらうが、その暇なくして西洋言語学がこれに取つて代ることとなつたのである。

を見せていたことがうかがえる。

結果として、維新前後においては、松浦光修氏が指摘しているように、歌学的学統観(契沖・真淵・宣長→松浦光修(二〇〇一))に対して、神学的学統観(春満・真淵・宣長→松浦光修(同))が国学の主たる規定となっていったのである。結果として、国学における最も重要な関心事が神学との調和に向けられることになり、その代表的なものが「音義言霊学派」(時枝誠記)として現れる。このことは狂信的とも称される平田篤胤の扱いとも関係してくるが、明治以降は取捨選択がなされた上での評価となり、総体として把握されることは少なかった。[1]

こうした維新直後における平田派の隆盛は、以下に挙げる、福井久蔵の聞き取りによる物集高見の述懐からもうかがえる。

　予(を推す)が二たび上京せしは、明治二年なりしが、当時平田氏の学風は上下を圧し、鉄胤父子は顕官となり、その門に出入するものは志を得、否らざる者は用ひられず。予は父(高世…引用者注)は随ひその下に立ちたれど、竊に以へらく、今日の如く国学の九分科、悉く神道派に圧せられむには、語学文法の如きは遂に発絶の期あらむと、一日志を府中の祠官猿渡氏(容盛…引用者注)に告ぐ。氏はその議に同じたれば、大に力を得て、独り玉緒八衢などを繙き、知友の来るあらば、物議を避けむか為に、直に語学書を収め、机上に俗神道大意などを出すが如き有様なりしが、明治五六年の頃に至り、学風悉く変じたり。　福井久蔵(一九〇七)一二三頁～一二四頁

ところが、明治初年の神道国教化政策に対する平田派の挫折により、その後の流れは西洋化へと突き進んでいくこととなる。しかし、ここで平田派の放逐がそのまま国学の放逐となっていかなかった点を軽視してはならない。少なくとも、明治初年から上田万年の帰朝に至るまでの時期において、いわゆる国語・国文系の学知を牽引していたの

山東　功　8

し。三哲などと称して。此大人の事をば。都に称する者なきは。其徒みな哥作者にて。道の本義を知らざる故に。哥学の方より然は思ふにぞ有ける。契沖は仏者にし有れば。然ても有なむ。縣居。鈴屋の二翁をし。哥もて称せむは。其本意に違ふことなり。我が党の小子。よく此旨を思ひて。荷田大人の御蔭をも。常忘るまじき事なり。

平田篤胤全集刊行会編（一九七七）四八八頁

隆正以降では、例えば福羽美静（一九〇七年没）が、以下のように国学の四大人に隆正を加えて「五大人」としている例なども見られる。

荷田東麿大人　東やま　まなびの館を　国のため　おもひたちにし　君ぞたふとき
加茂真渕大人　加茂川の　君がながれを　汲みてみな　みやこをしたふ　世となりにけり
本居宣長大人　やまむろの　山さくらはな　かげ高し　雲のうへにも　あふぎまさとふ
平田篤胤大人　もみぢ葉の　照そふ御代は　秋田やま　君がいさをも　いちじるきかな
大国隆正大人　あらたまる　御代をただしく　みちびきて　いさをもいとど　おほくにの君

福羽美静「五大人像の賛」（野村伝四郎編（一九三八）所収）

さて、幕末において国学の学統観が整理されていった背景には平田派の勢力拡大が関係しているが、そこには政治的運動としての国学（伊東多三郎のいう「草奔の国学」）の側面が極めて強く反映している。事実、平田派国学の隆盛を示すものとして、『気吹舎門人帳』には、一八〇四（文化元）年〜一八七六（明治九）年間の門人として四、二八三名の名が挙がっており、内、篤胤没後（一八四三（天保一四）年〜）の門人は三、七三三名というように、桁外れの広がり

近き世にいたりその両部・唯一ともにわが古道にたがへりといふ眼をひらきて、神道のまことをひきおこしたる人よたりあり。羽倉春満・岡部真淵・本居宣長・平田篤胤これなり。吾国の神道久しくすたれてありけるによリ、道統つづかず。しかはあれど、羽倉春満翁の岡部真淵大人を得て発明の道を伝へられしは、我国にて道統おこれる始になんありける。契沖法師・下河辺長流、このふたり心を合せて、的伝によらぬ歌道をひきおこしたれど、それは歌の上の事にて、道にはかかはらぬことなりしを、それに催されて、的伝にかかはらぬ神道・本教をひきおこされしは、羽倉・岡部の二人の翁になんありける。

野村伝四郎編（一九三八）一五〇頁

おのれつらつら考ふるに、羽倉・岡部の大人を神の出したまへるは、道統の始をおこさしめたまへるにて、此国へ道統をたてん為のみ心とはかり奉ることなり。これにより隆正ひそかにこの二人の翁を初祖・二祖と仰ぐべく思ふことなり。（中略）三祖と仰ぐべきは本居宣長の翁になん。篤学古今にたぐひなく、精究よく人の心をうごかして多くの学士をかもし出せり。（中略）四祖とあがむべきは平田篤胤の翁なり。此人は該博、和漢古今にたぐひなく、識量五大洲をかねおほへりといふべし。著書ことごとく人の意表に出て、他の学者の遠く及ばざること多かり。

野村伝四郎編（一九三八）一五一頁～一五三頁

この大国隆正による学統観の前提には、当然のことながら平田篤胤の学統観が存在する。篤胤の『玉襷』（一八一一（文化八）年初稿、一八三二（天保三）年刊）の巻九には、次のように歌学よりも神学を重視する学統観が明確に示されている。

今の世に古学と称して。哥道を立る徒。蟻の如く多かるに。其先生たちの伝を物するに。契沖。縣居。鈴屋を

本稿は、主として国語・国文学の系統に連なる学知を検討に際して、特に明治期の研究ではどのような観点が有効であるのかという点について、方法論的視座の提示を目して若干の考察を試みるものである。

仮に現在において自明となっている「国文学」の概念を「狭義の国文学」と定義するならば、「国語・国文学・国史」が未分化である「広義の国文学」＝「近代国学」ともいうべき基盤から、「近代神道学」に関与する人々も立ち現われてくる。

　　　　　　　　　　　　　　　　　　　藤田大誠（二〇〇七）三九三頁

二　幕末における国学史観とその評価

国学の継承性について大いに興味と関心を払ったのは、平田篤胤に連なる一派である。例えば、国学における「四大人」観などは平田派の喧伝によるところが大きい。このことに対して、没後門人としての篤胤という出自の問題が関係しているとまでは断言できないが、少なくとも国学において重視されるべき側面について、学統といった正当性の言説を展開していった点については注目してよい。この点ついては村岡典嗣が、次のように簡潔にまとめている。

そもそも国学四大人といふ考へ方は平田篤胤の学派に於いてはやく幕末にはじまつた。吾々はその最も顕著なる現れを平田篤胤の高門で後に一派の本学をたてた大国隆正（明治四年歿八十歳）に求めうる。即ち彼が安政四年に著した学統弁論に述べたところがそれである。

　　　　　　　　　　　　　　　　　　　村岡典嗣（一九五七）三頁

この『学統弁論』（一八五七年序）で示された大国隆正の学統観とは、例えば以下のようなものである。

要するに、国学はその研究の基礎を国語と古典とにおいて、国史を通じて古代より今日までの文化を通じて見、以て、わが国家の特性本質を明かにし、わが国民精神をさとり、更に古今を通じて存する一貫の道を明かにするを目的とする。それ故にこれは、その手段としては之を知るといふ事にはじまるのであるが、それはたゞの知識に止まらず、わが国家の魂に直接触れようとすることを目的とするものである。さうして、この魂にふれ、それをつかんだものは、まさに国民の先頭に立ち、国家の針路を指導する大任を帯びなければならぬものであらう。

山田孝雄（一九三四）「国学とは何ぞや」（山田孝雄（一九四二）所収）

清原貞雄（一九四〇）一頁

この学知の系譜という観点から見ていけば、近世における「学」のあり方（漢学・国学・洋学など）が明治以降に再定義される場合、主として継承と断絶との区分けに関心が向けられる。こと近世国学に関しては、継承されるべき国学を決定づける学知として、近代以降の「国文学」や「国語学」（時に「国史学」、「神道学」）が存在する。つまり、国学史は国学観史を構成するものであるとともに、その後の諸学の学史の一部を構成するものとして位置づけられる（時には削除される）ものであるということである。その意味で、明治期における学知のあり方を、近世国学の継承という側面を重視するならば、「明治期国学史」とでも称すべき性質を持っているということになるだろう。この点について藤田大誠氏は、主として神道史学の立場から「近代国学」の観点から小中村清矩といった実証的国学者（いわゆる考証派）の評価を行い、学知の成立経緯について検討している。藤田大誠（二〇〇七）では、この近代国学が、以下のように「広義の国文学」との関連で捉えられ、極めて示唆的な議論が展開されている。

しは、歌書のみならず、すべての古書にわたりて、此こゝろばへを立テ給へりき、かくてわが師あがたゐの大人、この羽倉ノ大人の教をつぎ給ひ、東国に下り江戸に在て、さかりに此学を唱へ給へるよりぞ、世にはあまねくひろまりにける、

大野晋編（一九六八）一五頁

ここで注目すべきは、国学への言及が学統という研究の系譜とともになされているという点である。つまり、学知の把捉においては、正統性の付与という側面を踏まえつつ、一定の系譜の中で語り出されるのである。これは近代における「学史」の成立とも大いに関係する。

さて、宣長のいう「皇国の学」に該当する「国学」は、明治以降の日本における学知の系譜の中に定置されていくことになるのだが、当然ながら、そこには時代状況に即した一定の評価というものが反映される、芳賀矢一、清原貞雄、山田孝雄らの国学の定義は、国学観史を構成するという点から見ても、思想史的に極めて興味深いものに映るであろう。

国学は日本といふことを基礎としてやらなければならぬものである。国学とは国語国文に基礎を置いて、すべての学科を研究して行くべきものである。国学は西洋の文献学と均しいものである。またこれからの国学者は、古人の研究を基礎として、尚新しい方法によつて研究して行かなければならない。

芳賀矢一（一九〇四）「国学とは何ぞや」（芳賀檀編（一九三七）所収）

爰に所謂国学は自国に関する学問と云ふ意味で、外国の学問、主として漢学に対するものである。或は和学と云ひ又は皇学と云ふ。荷田大人創学校啓（之に就ては後に述ぶる）に国家之学とあるのが最もよく当つて居る。

一　はじめに ―近世国学と国学観―

本居宣長は一七九八（寛政一〇）年刊行の『うひ山ぶみ』において、国学を学ぶにあたっての留意点を示すとともに、その学びの対象について、神学（「まづ神代紀をむねとたて、道をもはらと学ぶ」）、有職の学（「官職儀式律令（中略）もろくの故実、装束調度などの事を、むねと学ぶ」）、史学（「上は六国史其外の古書をはじめ、後世の書共まで、いづれのすぢによるともなくて、まなぶ」）、歌の学び（「歌をのみよむと、ふるき歌集物語書などを解明らむると、の二やうあり」）の四つを挙げている。ただし、宣長はわざわざ「国学」と呼称することの恣意性に関して大いに批判しており、漢学などとの関係の中で認識するのではなく、以下のように、絶対的な存在としての「皇国の学＝学問」として捉えるべきことを力説している。

そもそもむかしより、たゞ学問とのみいへば、漢学のことなる故に、その学と分むために、皇国の事の学をば、和学或は国学などといふならいなれども、そはいたくわろきいひざま也、みずからの国のことなれば、皇国の学をこそ、たゞ学問とはいひて、漢学をこそ、分て漢学といふべきことなれ、

大野晋編（一九六八）七頁

また、契沖や荷田春満らから宣長に至るまでの国学研究の系譜について、次のように言及している。

古学とは、すべて後世の説にかゝはらず、何事も、古書によりて、その本を考へ、上代の事を、つまびらかに明らむる学問也、此学問、ちかき世に始まれり、契沖ほふし、歌書に限りてはあれど、此道すぢを開きそめたり、此人をぞ、此まなびのはじめの祖ともいひつべき、次にいさゝかおくれて羽倉ノ大人、荷田ノ東麻呂ノ宿禰と申せ

明治期国学と国語学

山東 功

［概要］

富士谷成章や本居宣長、本居春庭といった近世国学者の言語研究については、いわゆる「国語学史」研究によって多くの解明がなされているものの、「博言学」「言語学」「国語学」といった明治以降の言語研究が、近世国学における言語研究の成果をどのように継承し展開していったのかについては、意外にも不明な部分が多い。特に幕末から明治一〇年代という、近世国学と明治期とを繋ぐ時期については、未だ十分に解明されていない実態が存在すると言えよう。また、言語学の本格的な受容が始まった明治二〇年代以降についても、近世国学の言語研究を展開させた、黒川真頼、物集高見、本居豊穎などの帝国大学関係者の日本語研究などは、あまり言及されていない。つまり、明治期に活躍しつつも、その後の西洋近代化の中で埋没した、明治期国学者の言語研究を十分に検討する必要があると言えよう。本稿では、こうした明治期国学者の言語研究と、近代学知として成立した「国語学」との関係について考察を試みる。

あとがき

　本論集は、2010年9月に行われた国際研究集会に基づき、3日間の全日程、1講演14発表について、その後の進捗を反映した論考を収載し、主催責任者による序論を付してなったものである。

　すべての執筆者より原稿をいただき、とりまとめてほどなく、日本は1000年に一度といわれる大災害、東日本大震災に見舞われた。以来、災害復興と福島第一原子力発電所事故の収束に向け、文字通り国を挙げての努力が必要とされ、続けられている。本論集は、このような非常時というべき状況のなかで、公的な競争的研究資金に基づくグローバルCOEプログラム「テクスト布置の解釈学的研究と教育」の研究成果として刊行されるものであることを、まずもって銘記しておきたい。当初の予定通り約1年のうちに論集刊行の運びとなったことについて、編者両名より関係各位にただただ感謝申し上げる。

　本論集は、「ことばに向かう日本の学知」、すなわち日本語学史・学説史をメインテーマとする研究論集という点でこれまでにない試みである。

　グローバルCOEプログラムの理論的枠組みとしての「テクスト布置」および「解釈学」は、本論集の序論にも申し述べられるとおり、近現代ヨーロッパのテクスト論、テクスト布置構造観と解釈学を基盤としている。しかし本論集ではその枠組みを援用するというよりもむしろ、豊富な歴史的文献資料と書誌学の伝統を持ち、またこれに対する研究蓄積を背景とした日本語学史・学説史の研究成果をそのままに提示する形を採った。編者はこれによってグローバルCOEプログラムの研究推進への寄与を企図したものであり、執筆者のご尽力により、その目的を果たし得たものと自負している。

　日本語学史・学説史の蓄積と現状の取り組みは、日本語テクストの解釈や日本語の記述研究に根差す問題意識に発し、対象テクストとそれを取り巻く関連テクストとの関係に基づいて追求されている点で、テクスト布置の構造的観察および解釈の実践そのものといえる。漢字文化圏の日本は、ローマ字

アルファベットの表音文字を基盤とするヨーロッパとは、文字体系はもちろん文法体系も異なり、また独自の言語接触や印刷出版の歴史を持って、なおかつその歴史資料を比較的豊富に保存している。このようなフィールドでのテクスト解釈の大きな蓄積とケーススタディは、「テクスト布置の解釈学」にとって、新たな観点からの提言となる。日本語学にとっても、このプログラムの一環として成果が提示されることは、同様に新たな視点を得て、俯瞰的なテクスト観や解釈の方法論を得る契機の一つとなるだろう。また、日本とヨーロッパというそれぞれ独自の歴史を持つ文化圏のテクスト解釈を対置させながら重なりと異なりを見いだす取り組みは、この両文化圏の急速な接近と接触によって近代以降の日本にもたらされた学説史、科学史上の大きな展開にも、改めて大きな関心の立ち現れをもたらすだろう。

もちろん、プログラムの推進それ自体と教育への応用という目的に対しては、枠組みとしての整備と明示化、さらにその明示された枠組みの援用として研究を実践することが必須の課題となるが、それはプログラムの最終的な成果としてまたプログラム終了後も引き続き取り組むべき独立の課題である。

本論集では、テクスト解釈のうち「ことばに向かう学知」をテーマとしたことで、とくに言語観察および言語観の展開変遷について示唆の大きな論考が揃った。部分的ではあるが、ヨーロッパのテクスト解釈と日本のテクスト解釈の接点の一つとして、本論集が有機的な議論の端緒となれば、編者にとってこれ以上の幸いはない。

最後に、2011年という年に本論集を刊行することに改めて思いをいたしつつ刊行を喜び、関係各位のご支援ご助力に心からの感謝を表してあとがきとしたい。

2011年夏　　編者を代表して　宮地朝子

執筆者紹介　※五十音順（*は編者）

李漢燮（イ ハンソップ）
1949年生まれ。韓国・忠清南道出身。高麗大学日語日文学教授。
『近代漢語研究文献目録』（東京堂、2010年）、『和英語林集成 初版再版三版対照総索引』（港の人、1999–2001）、「近代における日韓両語の接触と受容について」（『國語學』54-3、2003年）。

岡島昭浩（おかじま あきひろ）
1961年生まれ。福岡県出身。大阪大学大学院文学研究科教授。
『シリーズ日本語史 2 語彙史』（共著、岩波書店、2009年）、「肩がこる」（『国語語彙史の研究』30、2010年）。

かりまた しげひさ
1954年生まれ。沖縄県出身。琉球大学法文学部教授。
「琉球語音韻変化の研究」（言語学研究会編『ことばの科学』12号、むぎ書房、2009年）、「琉球方言の焦点化助辞と文の通達的なタイプ」（『日本語の研究』第7巻4号、2011年）。

金銀珠（キム ウンジュ）
1972年生まれ。韓国・釜山出身。名古屋大学大学院文学研究科グローバルCOEプログラム研究員。
「近代文法学における「形容詞」「連体詞」概念の形成について―Adjectiveから形容詞・連体詞へ―」（『日本語の研究』2-2、2006年）、「現代語の連体修飾節における助詞「の」」（『日本語科学』25、2009年）。

釘貫亨（くぎぬき とおる）*
1954年生まれ。和歌山県出身。名古屋大学大学院文学研究科教授。
『古代日本語の形態変化』（和泉書院、1996年）、『近世仮名遣い論の研究』（名古屋大学出版会、2007年）。

今野真二（こんの しんじ）

1958 年生まれ。神奈川県出身。清泉女子大学文学部教授。

『文献日本語学』（港の人、2009 年）、『仮名表記論攷』（清文堂出版、2001 年）。

小柳智一（こやなぎ ともかず）

1969 年生まれ。東京都出身。聖心女子大学文学部准教授。

「係結についての覚書―学史風―」（『学芸国語国文学』33、2001 年）、「『あゆひ抄』の副助詞研究」（『国語と国文学』87-1、2010 年）。

齋藤文俊（さいとう ふみとし）

1961 年生まれ。東京都出身。名古屋大学大学院文学研究科教授。

『漢文訓読と近代日本語の形成』（勉誠出版、2011 年）、「漢文訓読の遺産」（『文学』第 12 巻第 3 号、2011 年）。

山東功（さんとう いさお）

1970 年生まれ。大阪府出身。大阪府立大学 21 世紀科学研究機構教授。

『明治前期日本文典の研究』（和泉書院、2002 年）、『唱歌と国語―明治近代化の装置―』（講談社、2008 年）。

Zdenka Švarcová（ズデンカ シュヴァルツォヴァ―）

1942 年生まれ。チェコ・プラハ出身。カレル大学教授。

Vesmír v nás: inspirace a útěcha v japonském jazyce a literatuře（我々の中にある宇宙：日本語と日本文学に慰めを求めること）, Praha: Academia, 1999. *Japonská literatura 712–1868*（日本文学 712–1868）, Praha: Karolinum, 2005.

肥爪周二（ひづめ しゅうじ）

1966 年生まれ。神奈川県出身。東京大学大学院人文社会系研究科准教授。

『日本語史概説』（共著、朝倉書店、2010 年）、「日本漢字音における拗音・韻尾の共起制限」（『訓点語と訓点資料』127、2011 年）。

執筆者紹介

Karel Fiala（カレル フィアラ）

1946 年生まれ。チェコ・プラハ出身。福井県立大学学術教養センター教授。
『日本語の情報構造と統語構造』（ひつじ書房、2000 年）、『源氏物語』チェコ語完訳（全四巻、プラハ、2002–2008 年）。

松澤和宏（まつざわ かずひろ）

1953 年生まれ。東京都出身。名古屋大学大学院文学研究科教授。
『生成論の探究―テクスト、草稿、エクリチュール』（名古屋大学出版会、2003 年）、"Le décousu du troisième cours de linguistique générale" (in *Le projet de Ferdinand de Saussure*, Edited par Jean Paul Bronckart Genève, Droz, 2010)。

宮地朝子（みやち あさこ）*

1971 年生まれ。三重県出身。名古屋大学大学院文学研究科准教授。
『日本語助詞シカに関わる構文構造史的研究―文法史構築の一試論』（ひつじ書房、2007 年）、「おく「より」の背景―富士谷成章の学説と助詞「より」にかかる文法史―」（『名古屋大学文学研究科論集』文学 51、2005 年）。

安田尚道（やすだ なおみち）

1943 年生まれ。東京都出身。青山学院大学文学部教授。
「石塚龍麿と橋本進吉―上代特殊仮名遣の研究史を再検討する―」（『國語學』54–2、2003 年）、「『古事記伝』の「仮字の事」をどう読むか―上代特殊仮名遣の研究史を再検討する―」（『日本語の研究』4–4、2008 年）。

	名古屋大学グローバルCOEプログラム
	ことばに向かう日本の学知
発行	2011年10月20日　初版1刷
定価	6200円＋税
編者	©釘貫 亨・宮地朝子
発行者	松本 功
装幀	大熊 肇
印刷所	三美印刷 株式会社
製本所	田中製本印刷 株式会社
発行所	株式会社 ひつじ書房
	〒112-0011 東京都文京区千石2-1-2 大和ビル2階
	Tel.03-5319-4916　Fax.03-5319-4917
	郵便振替 00120-8-142852
	toiawase@hituzi.co.jp　http://www.hituzi.co.jp
	ISBN978-4-89476-559-7

造本には充分注意しておりますが、落丁・乱丁などがございましたら、小社かお買上げ書店にておとりかえいたします。ご意見、ご感想など、小社までお寄せ下されば幸いです。

【既刊書ご案内】

山田文法の現代的意義

斎藤倫明・大木一夫編　定価 4400 円＋税

没後50周年・『日本文法論』刊行100周年を記念したシンポジウムを基に編まれた論文集。山田文法の有する現代的意義について様々な観点から究明する。

目次
山田文法が目指すもの―文法論において問うべきことは何か……**尾上圭介**
言語単位から見た文法論の組織―山田文法を出発点として……**斎藤倫明**
文法論の領域……**小針浩樹**
文の成立―その意味的側面……**大木一夫**
山田文法の文の論理と述体、喚体……**石神照雄**
山田文法での句の捉え方を尋ね、文について考える……**仁田義雄**
常識としての山田学説……**野村剛史**
「情態副詞」の設定と「存在詞」の存立……**工藤浩**
山田文法における格理論―近現代文典の流れの中における……**井島正博**
『日本文法論』の成立……**山東功**
『日本文法論』における文成立関連の概念とヨーロッパの言語学―陳述、統覚作用、モダリティ、ムード……**ナロック・ハイコ**
明治後期の松下文法―山田孝雄『日本文法論』との関係から……**服部隆**
近代日本語研究における教養主義の系譜……**釘貫亨**
連歌と日本語学と……**今野真二**